KB260393

대법원판례와 법제처 생활법령 사례들을 취합한

채권 회수 비법과 묘수

편저 : 김 만 기

- 수록내용 -

제1편 소액사건 재판으로 회수하기
제2편 가압류로 소액채권회수하기
모든 절차를 서식과 문답식 설명
부록으로 관련법령을 전문수록

머 리 말

날로 경제가 어려워지면서 은행과 같은 제도권 금융기관이 아닌 대부업체나 사채업자에게 소액의 돈을 빌리는 채무자가 점점 증가하고 있습니다. 그런데 이를 약속한 날짜에 제때 갚지 못하여 채권자는 이 돈을 회수하고자 법원에 소송을 제기하는 사례가 해마다 많이 발생하고 있는 추세입니다.

그래서 이러한 소액채권을 회수하기 위해 간편하고 신속하게 민사분쟁을 해결할 수 있는 제도를 만들었습니다. 이를 '소액사건재판'이라고 하는데, 이 재판은 소송의 당사자가 소송에 의해 청구하는 금액이나 물건의 가치가 3,000만원을 초과하지 않는 소액사건에 대하여 다른 민사사건보다 간편하게 소를 제기하고 소송을 수행할 수 있게 하는 제도를 말합니다.

그러나 소액사건재판에 승소하더라도 채무자가 미리 재산을 처분할 우려가 있어 이를 미연에 방지하기 위하여 채권자가 법원에 신청하는 가압류라는 제도도 있습니다. 가압류란 금전채권이나 금전으로 환산할 수 있는 채권의 집행을 보전할 목적으로 미리 채권자가 채무자의 재산을 동결시켜 채무자로부터 그 재산에 대한 처분권을 잠정적으로 빼앗는 집행보전제도를 말합니다.

이 책에서는 소액채권자가 소액채무자에게 채권을 간편한 방법으

로 회수할 수 있는 방법을 알기 쉽게 제1편은 소액사건재판으로 회
수하기, 제2편은 가압류로 소액채권회수하기로 구분하여 모든 절차를
서식과 문답을 통해서 자세히 설명하고 그 방법을 제시해 주고 있습
니다. 부록에서는 관련법령을 전문수록하여 참고토록 하였습니다. 이
러한 자료와 사례 등은 대법원판례와 법제처 생활법령 및 대한법률구
조공단의 상담사례들을 취합하여 체계적으로 정리하였습니다.

    이 책이 많이 보급되어 소액채권을 회수하려고 고민하시는 모든 분
들에게 큰 도움이 되리라 믿으며, 열악한 출판시장임에도 불구하고
흔쾌히 출간에 응해 주신 법문북스 김현호 대표에게 감사를 드립니
다.

편저자

목 차

제1편 소액사건재판으로 회수하기

제2편 가압류로 소액채권 회수하기

부 록

제1편
소액사건재판으로 회수하기

제1장 소액사건심판법의 주요내용
제2장 소송의 제기
제3장 이행권고결정제도
제4장 소액사건의 변론
제5장 판결의 선고 및 재판에 대한 불복

제1장 소액사건심판법의 주요내용

제1절 소액사건재판의 대상 등

1. 소액사건재판의 개념

① 「소액사건재판」이란 소송의 당사자가 소송에 의해 청구하는 금액이나 물건의 가치가 3,000만원을 초과하지 않는 소액사건에 대하여 다른 민사사건보다 간편하게 소를 제기하고 소송을 수행할 수 있게 하는 제도를 말합니다.

② 「소액사건심판법(이하 줄여서 '법'이라 씁니다)」의 적용을 받을 목적으로 청구를 분할하여 그 일부만을 청구할 수 없습니다.

③ 「소가(訴價)」란 소송목적의 값을 말하는 것으로, 원고가 소송을 통해 달성하려는 목적이 갖는 경제적 이익을 화폐단위로 평가한 금액입니다. 민사소송법 제26조 제1항에서 「소로서 주장하는 이익」이 이에 해당합니다.

■ 소액심판제도란 어떤 제도인지요?

Q. 청구금액이 적은 민사사건에 대해서는 법원에 소액심판청구를 하면 간편하게 해결할 수 있다는 이야기를 들었습니다. 소액심판제도란 어떤 제도인지요?

A. 소액사건심판법은 일정한 금액 이하를 소송목적의 값으로 하는 사건에 관한 소송을 간편하게 할 수 있도록 하기 위하여 제정된 민사소송법에 대한 특별법의 하나로서, 이 법에 의하여 제기되는 절차를 소액사건 심판절차라고 합니다(법 제1조).

소액사건은 소를 제기한 때의 소송목적의 값이 3,000만원을 초과하지 아니하는 금전 기타 대체물, 유가증권의 일정한 수량의 지급을 청구하는 제1심의 민사사건을 대상으로 하며, 소액사건의 소는 구술(口述)에 의한 소의 제기나 임의출석에 의한 소의 제기 등 민사소송절차의 예외를 인정하여 그 심판절차를 간소화하고 있습니다(소액사건심판규칙 제1조의2 및 법 4조, 5조).

구술로 소를 제기하려면 소송에 필요한 증거서류와 도장, 인지대, 송달료 등을 준비하고 상대방의 주소, 성명을 정확히 알아서 법원 소장접수 담당사무관 등에게 제출하고 면전에서 진술하면 법원사무관 등이 제소조서를 작성하는 방식으로 소를 제기할 수 있습니다(법 제4조, 소액사건심판규칙 제3조).

그리고 당사자가 직접 소장을 작성하여 제출하고자 하는 경우에는 관할 지방법원, 지원 또는 시·군 법원 민원실에서 양식을 교부받아 소장작성요령에 따라 작성하여 제출하면 되는데, 소장부본은 원고와 피고의 수에 1을 더한 숫자만큼 첨부하면 되고(소액사건심판규칙 제3조의2), 소액사건의 신속한 처리를 위하여 소장이 접수되면 즉시 변론기일을 지정하여 원고에게 소환장을 교부하고, 되도록 1회의 변론기일로 심리를 마치도록 하고 있으며, 원고는 보통 최초의 변론기일에 모든 증거방법을 제출하게 되며 최초기일 전이라도 증거신청이 가능합니다(법 제7조). 증인은 판사가 신문하고, 상당하다고 인정한 때에는 증인 또는 감정인의 신문에 갈음하여 진술을 기재한 서면을 제출케 할 수 있습니다(법 제10조).

원고가 제출한 소장의 부본은 지체 없이 피고에게 송달되는데(법 제6조), 피고는 원고의 주장에 대한 답변서를 제출할 수 있습니다. 또한, 소액사건심판절차에서는 일반 민사사건의 재판과는 달리 당사자의 배우자, 직계혈족, 형제자매는 법원의 허가 없이도 소송대리인이 될 수 있습니다. 이 경우 신분관계를 증명할 수 있는 가족관계증명서 또는 주민등록등본 등으로 신분관계를 증명하고 소송위임장으로 수권관계를 증명해야 합니다(법 제8조).

법원은 소장·준비서면 기타 소송기록에 의하여 청구가 이유 없음이 명백한 때에는 변론 없이도 청구를 기각할 수 있으며, 또한 판결의 선고는 변론종결 후 즉시할 수 있고 판결서에는 이유를 기재하지 아니할 수 있습니다(법 제9조, 제11조의2).

그런데 소액심판제도가 위에서 설명한 바와 같이 간편하므로 청구금액이 3,000만원을 초과하는 경우에 청구를 분할하여 여러 건의 소액심판청구를 할 수 있을 것인지에 관하여 법 제5조의2는 "① 금전 기타 대체물이나 유가증권의 일정한 수량의 지급을 목적으로 하는 청구에 있어서 채권자는 소액사건심판법의 적용을 받을 목적으로 청구를 분할하여 그 일부만을 청구할 수 없다. ② 제1항의 규정에 위반한 소는 판결로 이를 각하 하여야 한다."라고 규정하여 일부청구를 제한하고 있습니다.

또한, 법원은 소액사건에 관하여 ① 독촉절차 또는 조정절차에서 소송절차로 이행된 때, ② 청구취지나 청구원인이 불명한 때, ③ 그밖에 이행권고를 하기에 적절하지 아니하다고 인정하는 때를 제외하고는 결정으로 소장부본이나 제소조서등본을 첨부하여 피고에게 청구취지대로 이행할 것을 권고할 수 있으며(법 제5조의3), 피고는 이행권고결정서의 등본을 송달 받은 날부터 2주일 내에 서면으로 이의신청을 할 수 있고, 피고의 이의신청이 있는 때에는 지체 없이 변론기일을 지정하여야 하지만(법 제5조의4), 피고가 위 기간 내에 이의신청을 하지 아니한 때, 이의신청에 대한 각하결정이 확정된 때, 이의신청이 취하된 때에는 이 같은 이행권고결정이 확정판결과 같은 효력을 가집니다(법 제5조의7).

2. 소액사건재판의 특징

① 소액사건의 신속한 처리를 위하여 소장이 접수되면 즉시 변론기일을 지정하여 1회의 변론기일로 심리를 마치고 즉시 선고할 수 있도록 하고 있습니다. 다만, 법원이 이행권고결정을 하는 경우에는 즉시 변론기일을 지정하지 않고, 일단 피고에게 이행권고결정등본을 송달한 후 이의가 있을 경우에만 변론기일을 즉시 지정하여 재판을 진행하게 됩니다.
② 당사자의 배우자, 직계혈족, 형제자매는 법원의 허가 없이도 소송대리인이 될 수 있습니다. 이 경우 신분관계를 증명할 수 있는 가족관계기록사항에 관한 증명서 또는 주민등록등본 등으로 신분관계를 증명하고, 소송위임장으로 수권(授權)관계를 증명하여야 합니다.
③ 법원은 소장, 준비서면 기타 소송기록에 의하여 청구가 이유 없

음이 명백한 때에는 변론 없이도 청구를 기각할 수 있습니다.

④ 증인은 판사가 신문하고, 상당하다고 인정한 때에는 증인 또는 감정인의 신문에 갈음하여 진술을 기재한 서면을 제출케 할 수 있습니다.

⑤ 판결의 선고는 변론종결 후 즉시 할 수 있고, 판결서에는 이유를 기재하지 않을 수 있습니다.

3. 소액사건의 범위 등

3-1. 소액사건의 범위

① 지방법원 및 지방법원지원의 관할인 제1심 사건으로서 제소한 때의 소가가 3,000만원을 초과하지 않는 금전 기타 대체물이나 유가증권의 일정한 수량의 지급을 목적으로 하는 제1심의 민사사건이 소액사건에 해당합니다(법 제2조제1항, 동 규칙 제1조의2 본문).

② 다만, 다음의 어느 하나에 해당하는 사건은 소액사건에서 제외합니다(동 규칙 제1조의2 단서).

1. 소의 변경으로 소액사건에 해당하지 않게 된 사건

2. 당사자참가, 중간확인의 소 또는 반소(反訴)의 제기 및 변론의 병합으로 인하여 소액사건에 해당하지 않는 사건과 병합심리하게 된 사건

3-2. 소가의 산정

① 소가는 원고가 청구취지로써 구하는 범위에서 원고의 입장에서 보아 전부 승소하였을 경우에 직접 받게 될 경제적 이익을 객관적으로 평가하여 산정하는데, 소가 제기된 때를 기준으로 하여 정하게 됩니다(민사소송법 제26조, 민사소송등인지법 제2조제3항, 동 규칙

제6조 및 제7조).

② 하나의 소로 여러 개의 청구를 하는 경우에는 그 여러 청구의 값을 모두 합하여 소가를 정합니다(민사소송법 제27조제1항).

③ 주된 청구와 함께 과실(果實)·손해배상·위약금 또는 비용의 부대(附帶)청구를 하는 경우에는 그 값은 소가에 넣지 않습니다(동법 제27조제2항).

④ 소가 산정의 예

A가 B에게 1년 전 빌려준 돈 2,000만원, 6개월 전 빌려준 돈 500만원을 모두 돌려받기 위해 하나의 소로써 대여금반환청구를 하는 경우 소가는 2,500만원이 되며, 이 때 원금에 대한 이자는 소가에 산입하지 않습니다.

⑤ 소가 산정의 구체적인 기준은 민사소송등인지규칙에서 자세히 정하고 있으며(제9조부터 제24조까지), 소가의 산정을 위한 자료가 부족하거나 그 밖의 사유로 인하여 소가를 산정하기 어려운 때에는 재판장이 소가를 인정하게 됩니다(민사소송등인지법 제2조제3항 및 동 규칙 제3조 본문).

■ 소액사건의 소가 산정은 어떻게 하는지요?

Q. 저는 9년 전 지인 甲에게 1,500만원을 대여하였는데 현재까지 변제를 받지 못해서 법원에 소를 제기하려고 합니다. 지금까지의 이자를 모두 더하면 청구금액이 3,000만원을 초과하는데, 소액심판청구가 가능할까요?

A. 법원조직법 제34조 제1항은 '소액사건심판법을 적용받는 민사사건'은 시·군법원이 관할하는 것으로 규정하고 있습니

다. 그리고 소액사건심판규칙 제1조의2 본문은 '소액사건은 제소한 때의 소송목적의 값이 3,000만원을 초과하지 아니하는 금전 기타 대체물이나 유가증권의 일정한 수량의 지급을 목적으로 하는 제1심의 민사사건으로 한다'고 규정하고 있습니다.

한편, 민사소송등인지규칙 제12조 제2호는 '금전지급청구의 소에 있어서는 청구금액'이 소가가 되며, 민사소송법 제27조 제2항은 '과실·손해배상·위약금 또는 비용의 청구가 소송의 부대목적이 되는 경우에는 그 값은 소송목적의 값에 넣지 아니한다'고 규정하고 있으므로, 원칙적으로 대여금에 대한 이자, 지연손해금은 소가에 산입되지 않는다 할 것입니다.

따라서 귀하의 경우 설령 원금에 대한 이자, 지연손해금을 포함하면 청구금액이 3,000만원을 초과한다 하더라도 지급을 구하는 청구금액 원금이 1,500만원인 이상, 소액사건심판절차법에 의한 심판이 가능하다 할 것입니다.

(관련판례)

소액사건심판법의 적용대상인 소액사건에 해당하는 여부는 제소당시를 기준으로 정해지는 것이므로 병합심리로 그 소가 합산액이 소액사건의 소가를 초과하였다고 하여도 소액사건임에는 변함이 없어 소액사건심판법 제3조 각호 소정의 사유가 있는 때에 한하여 상고를 할 수 있다(대법원 1991. 9. 10. 선고 91다20579 판결).

3-3. 일부 청구의 금지

① 일반적인 민사소송절차보다 간편한 법을 적용받기 위해 금전 기타 대체물이나 유가증권의 일정한 수량의 지급을 목적으로 하는 청구에 있어서 채권자는 법의 적용을 받을 목적으로 청구를 분할하여 그 일부만을 청구할 수 없습니다(법 제5조의2 제1항).

② 이에 위반한 소는 판결로 각하(却下)됩니다(법 제5조의2 제2항).

③ 예를 들어, 빌려준 돈 4,000만원을 받기 위해 각각 2,000만원씩 나누어 대여금반환청구를 하여 소액사건재판제도를 이용할 수는 없습니다.

■ **소액사건심판법 적용을 받기 위하여 분할청구가 가능한지요?**

Q. 저는 친한 친구로부터 6개월 뒤에 변제할테니 3,500만원을 빌려달라는 부탁을 받고 빌려주었습니다. 그러나 친구는 6개월이 지났음에도 그 돈을 변제하지 아니하고 차일피일 미루더니 현재는 저의 연락을 받지 않고 있습니다. 저는 친구로부터 3,500만원을 받기 위한 방법을 알아보던 중 청구금액이 3,000만원 이하인 민사사건에 대해서는 법원에 소액심판청구를 하면 간편하게 해결할 수 있다는 이야기를 들었습니다. 저는 직장에 다니는 관계로 법원에 자주 출석하기 곤란한 사정이 있어 소액심판청구를 하여 간편하게 해결하고 싶습니다. 그래서 저는 친구에 대한 채권 3,500만원을 2,000만원과 1,500만원으로 분할하여 2건의 소액심판청구를 하고 싶은데 가능한지요?

A. 소액사건심판법은 일정한 금액 이하를 소송목적의 값으로

하는 사건에 관한 소송을 간편하게 할 수 있도록 하기 위하여 제정된 민사소송법에 대한 특별법의 하나로서, 이 법에 의하여 제기되는 절차를 소액사건심판절차라고 합니다(법 제1조). 소액사건은 소를 제기한 때의 소송목적의 값이 3,000만원을 초과하지 아니하는 금전 기타 대체물, 유가증권의 일정한 수량의 지급을 청구하는 제1심의 민사사건을 대상으로 하며, 소액사건의 소는 구술(口述)에 의한 소의 제기나 임의출석에 의한 소의 제기 등 민사소송절차의 예외를 인정하여 그 심판절차를 간소화하고 있습니다(소액사건심판규칙 제1조의2, 법 제4조, 제5조). 그런데 소액심판제도가 그 심판절차가 간편하므로 청구금액이 3,000만원을 초과하는 경우에 청구를 분할하여 여러 건의 소액심판청구를 할 수 있을 것인지에 관하여 법 제5조의2는 "① 금전 기타 대체물이나 유가증권의 일정한 수량의 지급을 목적으로 하는 청구에 있어서 채권자는 법의 적용을 받을 목적으로 청구를 분할하여 그 일부만을 청구할 수 없다. ② 제1항의 규정에 위반한 소는 판결로 이를 각하 하여야 한다."라고 규정하여 일부청구를 제한하고 있습니다.

귀하가 법을 적용받기 위하여 친구에 대한 채권 3,500만원을 분할하여 2,000만원과 1,500만원으로 분할하여 2건의 소액심판청구를 할 경우 법 제5조의2 제2항에 따라서 위 청구는 각하될 것입니다. 따라서 비록 법을 적용을 받지 못하더라도 3,500만원 전액을 청구하는 소송을 제기하셔야 할 것입니다.

(관련판례)

소액사건심판법의 적용을 받는 소액사건인지의 여부는 제
소한 때를 표준으로 하여 정하여지는 것이므로 소액사건으
로 제소되어 소액사건심판법에 따라 심리하여야 할 수개의
소액사건을 법원이 병합심리하게 되어 그 소가의 합산액이
소액사건의 범위를 넘게 된다 하더라도 이미 결정된 소액
사건임에 변동이 생기는 것은 아니다(대법원 1986. 5. 27.
선고 86다137 판결).

■ 500만원을 빌려줬는데 갚지 않아 소송을 해야 할 것 같은데 비용이며, 시간이 꽤 들 것 같네요. 방법이 없을까요?

Q. 저는 아는 사람에게 500만원을 빌려줬는데 갚지 않습니
다. 소송을 해야 할 것 같은데 비용이며, 시간이 꽤 들 것
같네요. 방법이 없을까요?

A. 소송의 당사자가 소송으로 청구하는 금액이나 물건의 가치
가 3천만원을 넘지 않는 사건은 시간이나 비용에 있어서
민사소송보다 간편한 절차로 진행할 수 있는 소액사건재판
제도를 이용할 수 있습니다.
소액사건의 범위는 소가(소송목적의 값)가 3천만원을 넘지
않는 사건으로서, 금전, 그 밖의 대체물이나 유가증권의 일
정한 수량의 지급을 목적으로 하는 사건이며, 소가가 3천
만원을 넘는 사건인데도 소액사건재판을 받기 위해 청구를
분할하여 그 일부만을 청구할 수는 없습니다. 이렇게 청구
하더라도 각하됩니다.

소액사건재판의 특징은 소액사건의 신속한 처리를 위해 소장이 법원에 접수되면 즉시 변론기일을 지정하여 원칙적으로 1회의 변론만으로 심리를 마치고 즉시 선고합니다. 당사자의 배우자, 직계혈족, 형제자매는 법원의 허가 없이도 소송대리인이 될 수 있습니다.

그리고 소액사건재판 외의 간단한 분쟁해결방법으로는 세 가지 종류가 있는데,

① 민사조정은 민사분쟁을 간단한 절차로 당사자 사이의 양해를 통해 실정에 맞게 해결하기 위한 제도로서 소송에 비해 인지대가 1/5로 저렴하고, 자유로운 분위기에서 자신의 의견을 말할 수 있는 등의 장점을 가지고 있습니다.

② 지급명령은 채권자가 법원을 통해 채무자에게 채무를 이행하라고 명령해줄 것을 신청하는 것으로 비용이 저렴한 장점을 가지고 있습니다.

③ 제소전 화해는 양 당사자가 제소 전에 화해하여 화해조서가 작성되면 판결과 동일한 효력을 발생합니다.

(관련판례)

소액사건심판법의 적용대상인 소액사건에 해당하는 여부는 제소당시를 기준으로 정해지는 것이므로 병합심리로 그 소가 합산액이 소액사건의 소가를 초과하였다고 하여도 소액사건임에는 변함이 없어 소액사건심판법 제3조 각호 소정의 사유가 있는 때에 한하여 상고를 할 수 있다(대법원 1991. 9. 10. 선고 91다20579, 20586(병합)).

4. 소액사건재판의 진행과정

① 원고가 소액사건의 소를 제기하여 법원이 이행권고결정을 할 경우, 피고의 이의가 없으면 결정이 확정되어 이에 따라 강제집행을 할 수 있고, 피고가 이의 신청을 하면 법원은 지체 없이 변론기일을 지정합니다.

② 법원이 이행권고결정을 하지 않는 경우, 법원은 소액사건심판법에 따라 지체 없이 변론기일을 지정하거나, 통상의 민사소송절차와 동일하게 피고에게 답변서 제출의무를 고지합니다.

③ 소액사건인 경우 원칙적으로는 1회 변론을 통하여 판결이 선고됩니다.

4-1. 통상의 민사소송절차(참고-소액사건과 비교용)

4-1-1. 소의 제기 및 소장 부본(副本)의 송달(送達)

① 소장이 접수되면 형식적 하자(瑕疵)가 없는 한 그 부본을 즉시 상대방에게 송달하고 30일 이내에 답변서를 제출하도록 최고합니다(민사소송법 제254조 및 제255조).

② 소장이 송달불능이 된 경우에는 주소보정(補正)명령에 따라 주소를 보정하여 다시 송달하게 되고(동법 제254조제1항 참조), 당사자의 주소나 근무장소를 알 수 없는 경우에는 당사자의 신청 또는 직권에 따라 공시송달(公示送達)을 할 수 있습니다(동법 제194조).

③ 「공시송달」이란 당사자의 행방을 알기 어려워 통상의 방법으로는 송달할 수 없는 경우에 법원사무관 등은 직권으로 또는 당사자의 신청에 따라 공시송달을 할 수 있으며, 재판장은 소송의 지연을 피하기 위해 필요하다고 인정하는 때에 공시송달을 명할 수 있습니다. 공시송달은 법원사무관 등이 송달할 서류를 보관하고 그 사유를 법

원게시판에 게시하거나, 관보·공보 또는 신문 게재하거나, 전자통신 매체를 이용해 공시하는 방법으로 송달하는 것을 말합니다(동 규칙 제54조 제항).

4-1-2. 답변서 제출과 변론준비절차

① 피고가 소장 부본이 송달된 때로부터 30일 이내에 원고의 주장을 부인하는 취지의 답변서를 제출하여 다투는 경우에는 사건을 변론준비절차에 부치게 됩니다(동법 제256조제1항).

② 변론준비절차는 서면을 통해 쟁점을 정리하는 절차입니다. 변론준비절차에서는 변론이 효율적이고 집중적으로 실시될 수 있도록 당사자의 주장과 증거를 정리하게 됩니다(동법 제256조제1항 및 제279조제1항). 쌍방 당사자는 준비서면에 의한 주장의 제출과 더불어 그 주장을 뒷받침하는 증거신청 및 증거의 현출(現出)을 모두 이 단계에서 마쳐야 합니다(동법 제280조제1항 및 제285조제1항 참조).

③ 소장 부본이 송달된 때로부터 30일 이내에 답변서가 제출되지 않았거나 자백 취지의 답변서가 제출된 경우에는 변론없이 원고승소 판결을 하게 됩니다(동법 제257조).

4-1-3. 변론기일과 증거조사

① 변론준비절차를 거쳐 사건의 쟁점 및 증거가 정리되면 재판장이 미리 지정한 기일에 공개법정에서 변론이 진행됩니다(동법 제165조).

② 가능하면 최초의 기일에 증거조사를 모두 마쳐 변론을 종결하지만(동법 제287조), 어려운 경우 재판장이 다음 기일을 지정하게 됩니다(동 규칙 제72조제1항).

③ 쟁점정리기일이 끝나면 이른바 집중증거조사기일이 이어지는데,

각 사건에 관련된 양 당사자의 증인 및 당사자신문(訊問) 대상자 전원을 한꺼번에 집중적으로 신문하여 단기간 내에 판결을 선고하고자 하는 절차입니다.

4-2. 소액사건재판의 절차

① 소액사건심판절차는 다음과 같은 점에서 통상의 민사소송절차와 차이가 있습니다. 그러나 소액사건절차는 제1심에 대한 특별절차이므로(법 제1조 참조) 소액사건이라도 상고 및 재항고 제한(법 제3조) 외에는 민사에 관한 통상의 항고심절차에 따르게 됩니다.

4-2-1. 구술에 따른 소 제기

소장이라는 서면으로 소를 제기해야 하는 통사의 민사소송절차와는 달리 구술로써 소를 제기할 수 있습니다(법 제4조).

4-2-2. 이행권고결정과 확정판결의 효력

① 법원은 소가 제기된 경우에 결정으로 소장부본이나 제소조서등본을 첨부하여 피고에게 청구취지대로 이행할 것을 권고할 수 있습니다. 다만, 다음의 어느 하나에 해당하는 때에는 그러하지 않습니다(법 제5조의3제1항).

1. 독촉절차 또는 조정절차에서 소송절차로 이행된 때
2. 청구취지나 청구원인이 불명한 때
3. 그 밖에 이행권고를 하기에 적절하지 아니하다고 인정하는때

② 소액사건재판에서는 통상의 민사소송절차에서의 피고의 답변서 제출이나 변론준비절차 등의 과정을 볼 수 없으며, 피고가 이행권고결정에 대해 이의신청을 하지 않는 한 변론기일이 별도로 지정되지

않습니다.

③ 이행권고결정은 다음 중 어느 하나에 해당하면 확정판결과 같은 효력을 가집니다(법 제5조의7제1항).

1. 피고가 이행권고결정서의 등본을 송달받은 날부터 2주일 내에 이의신청을 하지 않은 때

2. 이의신청에 대한 각하(却下)결정이 확정된 때

3. 이의신청이 취하(取下)된 때

4-2-3. 이의신청과 변론기일의 지정

① 피고는 이행권고결정서의 등본을 송달받은 날부터 2주일 내에 서면으로 이행권고결정에 대하여 이의신청을 할 수 있습니다. 다만, 그 등본이 송달되기 전에도 이의신청을 할 수 있습니다(법 제5조의4제1항).

② 피고가 이의신청을 한 때에는 원고가 주장한 사실을 다툰 것으로 보므로 법원은 지체 없이 변론기일을 지정해야 합니다(법 제5조의4제3항 및 제5항).

■ 이행권고결정제도란 어떤 것인가요?

Q. 소액심판의 경우 이행권고결정제도라는 것이 있어 간편한 절차만 거쳐도 판결을 받은 것과 비슷한 효과를 얻을 수 있다고 하는데, 이행권고결정제도란 어떤 것인가요?

A. 이행권고결정이란 소액사건의 소가 제기된 때에 법원이 결정으로 소장부본이나 제소조서등본을 첨부하여 피고에게 청구취지대로 이행할 것을 권고하는 결정을 말합니다(법 제5조의3 제1항). 이행권고결정은 원고전부승소판결을 할

수 있는 사건에 한하여 할 수 있으며, ①독촉절차 또는 조정절차에서 소송절차로 이행된 때, ②청구취지나 청구원인이 불명한 때, ③그밖에 이행권고를 하기에 적절하지 않다고 인정하는 때는 할 수 없습니다(법 제5조의3제1항). 이행권고결정에는 당사자, 법정대리인, 청구의 취지와 원인, 이행조항을 기재하고, 피고가 이의신청을 할 수 있음과 이행권고결정의 효력의 취지를 부기(附記)하게 됩니다(법 제5조의3제2항). 피고는 이행권고결정등본을 송달 받은 날부터 2주 안에 서면으로 이의신청을 할 수 있으며, 그 등본이 송달되기 전에도 이의신청을 할 수 있습니다(법 제5조의4제1항 및 제2항). 이행권고결정은 ①피고가 이행권고결정을 송달 받은 날부터 2주일 안에 이의신청을 하지 않는 때, ②이의신청에 대한 각하결정이 확정된 때, ③이의신청이 취하된 때는 확정판결과 같은 효력을 갖습니다(법 제5조의7제1항).

■ 소액사건재판 절차는 어떻게 진행되나요?

Q. 소액사건재판 절차는 어떻게 진행되나요?

A. 원고가 법원에 소액사건재판의 소장을 접수하면 법원은 그 소장을 기초로 ① 피고에게 이행권고결정을 하고, ② 피고가 정해진 기간 내에 이행권고결정에 대한 이의신청을 하면, ③ 소액사건재판절차를 진행합니다. 만약, 피고가 이행권고결정에 대한 이의신청을 하지 않거나, 피고의 이의신청이 각하되는 등의 경우 이행권고결정은 확정판결과 동일

한 효력을 가지게 되며, 원고는 이를 기초로 피고에 대해 강제집행을 할 수 있습니다.

원고가 접수한 소장이 이행권고결정을 하기에 적절하지 않다고 법원이 판단한 경우에는 소액사건재판이 진행됩니다.

① 이행권고결정 절차

법원에서 이행권고를 결정한 경우에는 다음의 절차에 따라 진행됩니다.

1. 원고의 소장접수(구술접수도 가능)
2. 피고에게 이행권고결정서 등본 송달
3. 피고의 이의신청이 있으면 소액사건재판절차 진행
4. 피고의 이의신청이 없거나, 이의신청이 각하되거나, 취하된 경우에는 이행권고결정 확정

② 소액사건재판 절차

소액사건재판은 다음의 절차에 따라 진행됩니다.

1. 원고의 소장 접수
2. 피고에게 소장 부본 송달(변론기일 통지)
3. 변론기일
4. 판결 선고

③ 법원의 이행권고결정에 피고가 이의신청을 한 경우에는 다음 절차에 따라 진행됩니다.

1. 이행권고결정에 대한 피고의 이의신청
2. 원고에게 보정명령

3. 변론기일 지정

4. 변론기일

5. 판결선고

5. 소액사건재판의 관련 법령

5-1. 소액사건심판법과 민사소송법

① 소액사건심판법은 지방법원 및 지방법원지원에서 소액의 민사사건을 간이한 절차에 따라 신속히 처리하기 위하여 민사소송법에 대한 특례를 규정하고 있습니다(법 제1조).

② 소액사건에 대하여는 법에 특별한 규정이 있는 경우를 제외하고는 민사소송법의 규정을 적용합니다(법 제2조제2항).

5-2. 그 밖의 관련 법령

① 법원조직법은 헌법에 따라 사법권을 행사하는 법원의 조직을 정함을 목적으로(제1조) 법원의 권한, 종류 등을 정하고 있으며, 각급법원의 설치와 관할구역에 관한 법률은 각급법원의 설치와 관할구역을 정하고 있습니다.

② 그 밖에 민사소송등인지법은 민사소송절차에서 인지에 관한 사항을, 민사집행법은 강제집행, 경매 및 보전처분의 절차에 관한 사항을 정하고 있습니다.

③ 주택임대차보호법 제13조에서는 임차인이 임대인에 대하여 제기하는 보증금반환청구소송에 관하여는 소가(訴價)에 관계없이 소장송달과 기일지정 등 법의 일부 조항을 준용함으로써 소송절차가 신속히 진행될 수 있도록 규정하고 있습니다.

제2절 소송 전 분쟁해결

1. 민사소송과 소송 전 분쟁해결

① 민사소송을 제기하기 전에 간편하게 민사관련 분쟁을 해결할 수 있는 절차에는 민사조정, 제소전 화해, 지급명령신청(독촉절차) 등이 있으며, 그 중 지급명령신청(독촉절차)은 인지액과 송달료 등 비용이 특히 저렴합니다.

② 「민사조정」은 민사에 관한 분쟁을 간이한 절차에 따라 당사자 사이의 상호양해를 통하여 조리(條理)를 바탕으로 실정에 맞게 해결하기 위한 제도로서(민사조정법 제1조), 민사분쟁의 당사자는 법원에 조정을 신청할 수 있고(동법 제2조), 당사자 사이에 합의된 사항을 조서에 기재하여 조정이 성립된 경우 재판상의 화해와 같은 효력이 있습니다(동법 제28조 및 제29조).

③ 「제소전 화해」란 민사소송을 제기하기 전에 지방법원단독판사 앞에서 화해신청을 하여 민사에 관한 다툼을 미리 해결하는 절차를 말합니다(민사소송법 제385조제1항 참조). 화해가 성립하여 조서가 작성된 때에는 확정판결과 같은 효력이 생깁니다(동법 제220조 및 제386조).

④ 「지급명령신청(독촉절차)」이란 채권자가 법원에 대하여 금전, 그 밖에 대체물이나 유가증권의 일정한 수량의 지급을 목적으로 하는 청구에 대하여 법원에 지급명령을 신청하는 절차를 말합니다(동법 제462조).

⑤ 지급명령의 신청에 대해 법원은 채무자를 심문(審問)하지 않고

그 결정을 하게 되며(동법 제467조), 이에 대하여 채무자가 이의신청을 하지 않거나, 이의신청이 취하 또는 각하된 때에는 확정판결과 마찬가지로 채무자에 대해 강제집행할 수 있습니다(동법 제474조 및 민사집행법 제56조제3호).

⑥ 지급명령신청(독촉절차)은 채무자가 채무사실은 인정하면서 돈을 갚지 않으려고 하는 경우 신속하고 경제적인 분쟁해결을 기대할 수 있습니다. 따라서 채무자가 채무의 존재를 부정하거나 이미 갚았다고 다투는 경우에는 지급명령신청(독촉절차)보다는 조정신청 또는 소송을 제기하는 것이 더 바람직합니다.

2. 민사조정절차

2-1. 민사조정절차의 장점

① 소송과 같은 엄격한 절차를 거치지 않고 자유로운 분위기에서 자신의 의견을 충분히 말할 수 있습니다.

② 소송에 비하여 신속한 해결이 가능합니다. 민사조정을 신청하면 빠른 시일 내에 조정기일이 정해지고, 대부분 한 번의 기일 출석으로 종료됩니다.

③ 비용이 저렴합니다. 소송에 비하여 인지대가 1/5로 저렴합니다.

④ 당사자 사이의 상호 타협과 양보에 따라 분쟁을 해결하므로 감정대립이 남지 않습니다.

⑤ 일반적으로 민사조정절차는 조정담당판사 또는 조정위원회가 딱딱한 법정이 아닌 자유로운 분위기의 조정실에서 당사자의 말을 충분히 듣고 실정에 맞게 분쟁을 해결하고, 비공개로 진행되기 때문에 비밀이 철저히 보장됩니다.

2-2. 조정의 신청

① 민사에 관한 분쟁의 당사자는 법원에 조정을 신청할 수 있습니다(민사조정법 제2조).

② 조정사건은 다음의 어느 하나에 해당하는 곳을 관할하는 지방법원, 지방법원지원, 시법원 또는 군법원의 관할로 합니다(동법 제3조제1항). 그러나 소송사건의 전속관할법원 또는 당사자간의 합의에 따라 정하여진 법원의 관할로 할 수 있습니다(동법 제3조제2항).

 1. 피신청인에 대한 민사소송법 제3조부터 제6조까지에 따른 보통재판적 소재지

 2. 피신청인의 사무소 또는 영업소 소재지

 3. 피신청인의 근무지

 4. 분쟁의 목적물 소재지

 5. 손해발생지

③ 조정의 신청은 서면 또는 구술로 할 수 있습니다(동법 제5조제1항). 구술로 신청하는 때에는 법원서기관·법원사무관·법원주사 또는 법원주사보(이하 ‘법원사무관 등’이라 함)의 앞에서 진술하여야 합니다(동법 제5조제2항).

④ 위의 경우에 법원사무관 등은 조정신청조서를 작성하고 이에 기명날인하여야 합니다(동법 제5조제3항).

⑤ 조정신청을 할 때에는 민사조정규칙이 정하는 바에 따라 조정수수료를 납부하여야 합니다(동법 제5조제4항).

2-3. 조정이 성립한 경우

① 조정은 당사자 사이에 합의한 사항을 조서에 기재함으로써 성립

합니다(동법 제28조).

② 조정은 재판상의 화해와 동일한 효력이 있습니다(동법 제29조).

2-4. 조정이 성립하지 않은 경우

① 조정담당판사는 당사자 사이에 합의가 성립하지 않거나 성립된 합의의 내용이 적당하지 않다고 인정하는 경우에 민사조정법 제30조에 따른 결정을 하지 않을 때에는 조정이 성립하지 않은 것으로 사건을 종결시켜야 합니다(동법 제27조).

② 조정담당판사는 합의가 성립되지 않은 사건 또는 당사자 사이에 성립된 합의의 내용이 적당하지 않다고 인정한 사건에 관하여 상당한 이유가 없는 한 직권으로 당사자의 이익 그 밖의 모든 사정을 고려하여 신청인의 신청취지에 반하지 않는 한도에서 사건의 공평한 해결을 위한 결정을 하여야 합니다(동법 제30조).

③ 피신청인이 조정기일에 출석하지 않은 경우 조정담당판사는 상당한 이유가 없는 한 직권으로 위 결정을 하여야 합니다(동법 제32조).

3. 제소전 화해절차

3-1. 화해신청의 방식

① 민사상 다툼에 관하여 당사자는 청구의 취지·원인과 다투는 사정을 밝혀 상대방의 보통재판적이 있는 곳의 지방법원에 화해를 신청할 수 있습니다(민사소송법 제385조제1항).

② 「사람의 보통재판적」은 그의 주소에 따라 정합니다. 다만, 대한민국에 주소가 없거나 주소를 알 수 없는 경우에는 거소에 따라 정하고, 거소가 일정하지 않거나 거소도 알 수 없으면 마지막 주소에

따라 정합니다(동법 제3조).

③ 당사자는 이 화해를 위하여 대리인을 선임하는 권리를 상대방에게 위임할 수 없습니다(동법 제385조제2항).

④ 법원은 필요한 경우 대리권의 유무를 조사하기 위하여 당사자본인 또는 법정대리인의 출석을 명할 수 있습니다(동법 제385조제3항).

⑤ 화해신청에는 그 성질에 어긋나지 않으면 소에 관한 규정을 준용합니다(동법 제385조제4항).

3-2. 화해가 성립한 경우

① 화해가 성립한 때에는 법원사무관 등은 조서에 당사자, 법정대리인, 청구의 취지와 원인, 화해조항, 날짜와 법원을 표시하고 판사와 법원사무관 등이 기명날인합니다(동법 제386조).

② 화해, 청구의 포기·인낙(認諾)을 변론조서·변론준비기일조서에 적은 때에는 그 조서는 확정판결과 같은 효력을 가집니다(동법 제220조).

3-3. 화해가 성립하지 않은 경우

① 화해가 성립하지 않은 때에는 법원사무관 등은 그 사유를 조서에 적어야 합니다(동법 제387조제1항).

② 신청인 또는 상대방이 기일에 출석하지 않은 때에는 법원은 이들의 화해가 성립하지 않은 것으로 볼 수 있습니다(동법 제387조제2항).

③ 법원사무관 등은 민사소송법 제387조제1항의 조서등본을 당사자에게 송달하여야 합니다(동법 제387조제3항).

④ 「송달」이란 법원이 소송에 관련된 서류를 일정한 방식에 따라 당사자나 소송 관계인에게 보내는 일을 말하는데, 자세한 내용은 민사소송법 제174조부터 제197조까지에서 정하고 있습니다.

⑤ 화해가 성립하지 않은 경우에 당사자는 소제기신청을 할 수 있습니다(동법 제388조제1항).

⑥ 적법한 소제기신청이 있으면 화해신청을 한 때에 소가 제기된 것으로 봅니다. 이 경우 법원사무관 등은 바로 소송기록을 관할법원에 보내야 합니다(동법 제388조제2항).

⑦ 소제기신청은 민사소송법 제387조제3항의 조서등본이 송달된 날부터 2주 이내에 하여야 합니다. 다만, 조서등본이 송달되기 전에도 신청할 수 있습니다(동법 제388조제3항). 이 기간은 불변기간(不變期間)으로 합니다(동법 제388조제4항).「불변기간」에 대하여는 민사소송법 제172조 및 제173조에서 정하고 있습니다.

3-4. 화해의 비용

화해비용은 화해가 성립된 경우에는 특별한 합의가 없으면 당사자들이 각자 부담하고, 화해가 성립되지 않은 경우에는 신청인이 부담합니다. 다만, 소제기신청이 있는 경우에는 화해비용을 소송비용의 일부로 합니다(동법 제389조).

4. 지급명령신청(독촉절차)

4-1. 지급명령신청(독촉절차)의 장점

① 서류심리만으로 지급명령을 발령합니다.

지급명령신청(독촉절차)에서는 법원이 분쟁당사자를 심문함이 없이 지급명령을 신청한 채권자가 제출한 서류만을 심사하고 지급명령을 발령하므로 채권자는 통상의 소송절차처럼 법원의 법정에 출석할 필요가 없고, 그 결과 법정에 출석하는 데에 따른 시간과 노력을 절약

할 수 있습니다.

② 신속하게 분쟁해결을 할 수 있습니다.

지급명령신청(독촉절차)은 채무자가 주로 대여금, 물품대금, 임대료 등 금전 지급 채무를 변제하지 않는 경우에 채권자의 지급명령 신청에 따라 이루어지는 약식의 분쟁해결 절차입니다. 따라서 채무자가 이의신청을 하면 통상의 소송절차로 이행되지만, 만일 이의신청을 하지 아니하여 지급명령이 확정되면 채권자는 확정된 지급명령에 기하여 강제집행을 신청하여 신속하게 자신의 채권을 만족 받을 수 있으므로 신속한 분쟁 해결이 가능합니다.

③ 채권자가 법원에 납부하는 각종 비용이 저렴합니다.

채권자는 지급명령을 신청할 때에 소송의 10분의 1에 해당하는 수수료와 당사자 1인당 4회분의 송달료만 납부하면 되므로, 소송절차에 비하여 소요되는 각종 비용이 저렴합니다.

④ 지급명령이 확정되면 확정판결과 동일한 같은 효력이 있습니다.

또한 지급명령이 확정될 때에는 원칙적으로 별도의 집행문 부여 없이 강제집행할 수 있도록 강제집행상의 특례를 규정하고 있습니다.

4-2. 지급명령의 신청

① 금전, 그 밖에 대체물이나 유가증권의 일정한 수량의 지급을 목적으로 하는 청구에 대하여 법원은 채권자의 신청에 따라 지급명령을 할 수 있습니다. 다만, 대한민국에서 공시송달외의 방법으로 송달할 수 있는 경우에 한합니다(민사소송법 제462조).

② 지급명령의 신청(독촉절차)은 채무자의 보통재판적이 있는 곳의 지방법원이나 민사소송법 제7조, 제8조 및 제9조, 제12조 또는 제18조에 따른 관할법원의 전속관할로 합니다(동법 제463조).

③ 「사람의 보통재판적」은 그의 주소에 따라 정합니다. 다만, 대한민국에 주소가 없거나 주소를 알 수 없는 경우에는 거소에 따라 정하고, 거소가 일정하지 않거나 거소도 알 수 없으면 마지막 주소에 따라 정합니다(동법 제3조).

④ 지급명령의 신청에는 그 성질에 어긋나지 않으면 소에 관한 규정을 준용합니다(동법 제464조).

⑤ 지급명령의 신청이 민사소송법 제462조 본문 또는 제463조에 어긋나거나, 신청의 취지로 보아 청구에 정당한 이유가 없는 것이 명백한 때에는 그 신청을 각하하여야 합니다. 청구의 일부에 대하여 지급명령을 할 수 없는 때에 그 일부에 대하여도 또한 같습니다(동법 제465조제1항). 신청을 각하하는 결정에 대하여는 불복할 수 없습니다(동법 제465조제2항).

4-3. 인지액 및 송달료

① 지급명령신청서에는 민사소송등인지법 제2조 규정액의 10분의 1에 해당하는 인지를 붙여야 합니다(동법 제7조 제2항).

② 독촉사건 경우에는 당사자 1명당 4회분의 송달료를 미리 납부합니다(송달료규칙의 시행에 따른 업무처리요령 별표 1).

4-4. 지급명령의 심문(審問) 등

① 지급명령은 채무자를 심문하지 않고 합니다(민사소송법 제467조).

② 지급명령에는 당사자, 법정대리인, 청구의 취지와 원인을 적고, 채무자가 지급명령이 송달된 날부터 2주 이내에 이의신청을 할 수 있다는 것을 덧붙여 적어야 합니다(동법 제468조). 지급명령은 당사자에게 송달하여야 합니다(동법 제469조제1항).

③ 채무자는 지급명령에 대하여 이의신청을 할 수 있습니다(동법 제
469조제2항). 지급명령에 대하여 이의신청이 없거나, 이의신청을 취
하하거나, 각하결정이 확정된 때에는 지급명령은 확정판결과 같은
효력이 있습니다(동법 제474조).

4-5. 지급명령을 하지 않는 경우

① 채권자는 법원으로부터 채무자의 주소를 보정(補正)하라는 명령
을 받은 경우에 소제기 신청을 할 수 있습니다(동법 제466조제1항).
② 지급명령을 공시송달에 의하지 않고는 송달할 수 없거나 외국으
로 송달하여야 할 때에는 법원은 직권에 의한 결정으로 사건을 소송
절차에 부칠 수 있습니다(동법 제466조제2항). 이 결정에 대하여는
불복할 수 없습니다(동법 제466조제3항).

4-6. 지급명령에 대한 이의신청

① 채무자가 지급명령을 송달받은 날부터 2주 이내에 이의신청을
한 때에는 지급명령은 그 범위 안에서 효력을 잃습니다(동법 제470
조제1항).
② 이 기간은 불변기간으로 합니다(동법 제470조제2항). 「불변기간」
에 대하여는 민사소송법 제172조 및 제173조에서 정하고 있습니다.
③ 법원은 이의신청이 부적법하다고 인정한 때에는 결정으로 이를
각하하여야 합니다(동법 제471조제1항). 이 결정에 대하여는 즉시항
고를 할 수 있습니다(동법 제471조제2항).

[서식 예] 지급명령에 대한 이의신청서

지급명령에 대한 이의신청서

사 건 　 　 20 　 　 차

채 권 자 　 (이 름)

채 무 자 　 (이 름)

　 　 　 　 　 (주 소)

위 독촉사건에 관하여 채무자는 20 　 . 　 . 　 . 지급명령정본을 송달받았으나 이에 불복하여 이의신청을 합니다.

20 　 . 　 . 　 .

이의신청인(채무자) 　 　 　 (날인 또는 서명)

　 　 　 　 (연락처 　 　 　 　 　)

○○지방법원 귀중

◇ 유 의 사 항 ◇

1. 채무자는 연락처란에 언제든지 연락 가능한 전화번호나 휴대전화번호(팩스번호, 이메일 주소 등도 포함)를 기재하기 바랍니다.

2. 채무자는 지급명령 정본을 송달받은 날로부터 2주 이내에 이의신청서를 제출하는 것과 별도로 지급명령의 신청원인에 대한 구체적인 진술을 적은 답변서를 함께 제출하거나 늦어도 지급명령 정본을 송달받은 날부터 30일 이내에 제출하여야 합니다.

4-7. 소송으로의 이행

① 채권자가 민사소송법 제466조제1항에 따라 소제기신청을 한 경우, 또는 법원이 민사소송법 제466조제2항에 따라 지급명령신청사건을 소송절차에 부치는 결정을 한 경우에는 지급명령을 신청한 때에 소가 제기된 것으로 봅니다(동법 제472조제1항).

② 채무자가 지급명령에 대하여 적법한 이의신청을 한 경우에는 지급명령을 신청한 때에 이의신청된 청구목적의 값에 관하여 소가 제기된 것으로 봅니다(동법 제472조제2항).

③ 민사소송법 제472조에 따라 소가 제기된 것으로 보는 경우, 지급명령을 발령한 법원은 채권자에게 상당한 기간을 정하여, 소를 제기하는 경우 소장에 붙여야 할 인지액에서 소제기신청 또는 지급명령신청시에 붙인 인지액을 뺀 액수의 인지를 보정하도록 명하여야 합니다(동법 제473조제1항).

④ 채권자가 이 기간 이내에 인지를 보정하지 않는 때에는 위 법원은 결정으로 지급명령신청서를 각하하여야 합니다. 이 결정에 대하여는 즉시항고를 할 수 있습니다(동법 제473조제2항).

⑤ 인지가 보정되면 법원사무관 등은 바로 소송기록을 관할법원에 보내야 합니다. 이 경우 사건이 합의부의 관할에 해당되면 법원사무관 등은 바로 소송기록을 관할법원 합의부에 보내야 합니다(동법 제473조제3항).

⑥ 민사소송법 제472조의 경우 독촉절차의 비용은 소송비용의 일부로 합니다(동법 제473조제4항).

제2장 소송의 제기

1. 소액사건의 소 제기

1-1. 소 제기방법

① 소액사건의 소 제기는 구술로써 법원사무관 등의 면전(面前)에서 진술하거나 임의로 법원에 출석하여 할 수 있습니다.

② 소장을 작성하여 제출할 경우 사건의 종류별로 해당하는 양식에 맞게 청구취지와 청구원인을 기재합니다.

1-2. 구술에 의한 소의 제기 등

1-2-1. 구술에 의한 소의 제기

① 소액사건의 소는 구술로 제기할 수 있습니다(법 제4조제1항).

② 구술로 소를 제기하는 때에는 법원서기관·법원사무관·법원주사 또는 법원주사보(이하 "법원사무관 등"이라 함)의 면전에서 진술하여야 합니다(법 제4조제2항). 이 경우에 법원사무관 등은 제소조서를 작성하고 이에 기명날인하여야 합니다(법 제4조제3항).

③ 구술제소를 하는 경우에 법원사무관 등은 제소조서의 말미에 다음의 사항을 첨가할 수 있습니다(동 규칙 제3조제1항 및 민사소송법 제274조제1항).

1. 당사자의 성명·명칭 또는 상호와 주소

2. 대리인의 성명과 주소

3. 사건의 표시

4. 공격 또는 방어의 방법

5. 상대방의 청구와 공격 또는 방어의 방법에 대한 진술

6. 덧붙인 서류의 표시

7. 작성한 날짜

8. 법원의 표시

1-2-2. 임의출석에 의한 소의 제기

① 소액사건의 경우 양쪽 당사자는 임의로 법원에 출석하여 소송에 관하여 변론할 수 있습니다(법 제5조제1항).

② 이 경우에 소의 제기는 구술에 의한 진술로써 합니다(법 제5조제2항).

1-3. 소장제출에 의한 소의 제기

① 소는 법원에 소장을 제출함으로써 제기합니다(민사소송법 제248조).

② 법원에 비치된 소액사건에 관한 소장양식의 빈칸을 기재하여 직접 작성할 수 있습니다.

③ 법률전문가에게 위임하여 작성할 수 있습니다.

1-4. 소장의 작성

① 소장에는 당사자와 법정대리인, 청구의 취지와 원인을 적어야 합니다(민사소송법 제249조제1항)

② 청구원인 기재사항(민사소송규칙 제62조)

 1. 청구를 뒷받침하는 구체적 사실

 2. 피고가 주장할 것이 명백한 방어방법에 대한 구체적인 진술

 3. 입증이 필요한 사실에 대한 증거방법

③ 소장의 첨부서류(민사소송규칙 제63조)

1. 피고가 소송능력 없는 사람인 때에는 법정대리인, 법인인 때에는 대표자, 법인이 아닌 사단이나 재단인 때에는 대표자 또는 관리인의 자격을 증명하는 서면
2. 부동산에 관한 사건은 그 부동산의 등기사항증명서
3. 친족·상속관계 사건은 가족관계기록사항에 관한 증명서
4. 어음 또는 수표사건은 그 어음 또는 수표의 사본
5. 그 밖에 증거로 될 문서 가운데 중요한 것의 사본
6. 정기금판결에 대한 변경의 소(민사소송법 제252조제1항)의 소장의 경우 정기금지급확정판결의 사본

④ 소액사건에 관한 소장양식이 법원에 비치되어 있는데, 소장표지는 동일하고 표지 다음에 청구취지와 청구원인을 기재하는 부분에 대하여는 사건의 종류별로 그 양식이 다르므로 해당하는 양식을 찾아 기재합니다.

⑤ 법원에 비치되어 있는 소액사건에 관한 소장양식의 예는 다음과 같습니다.

[서식 예] 대여금청구(소액)

<table>
<tr><td>

1. 청구금액: (원 금)금______________원

 (지연손해금) ________부터 소장부본 송달일까지 연   %

               소장부본 송달 다음날부터 갚는 날까지   연 15 %

2. 피고들 상호간의 관계 : 연대( )

  1. 대여내역

  (1) 대여자____________   (2) 차용자____________

  (3) 연대보증인___________, ______________

</td></tr>
</table>

(4) 대 여 일 :___________,___________,___________
(5) 금　　액 :_________원, _________원, _________원
(6) 변 제 기 :_________, _________, _________
(7) 약정이율 :_________, _________, _________,

2. 기타 보충할 내용

20 ．　．　．

원고　　　　　　　　　　　(날인 또는 서명)

1-5. 재판장의 소장 심사

① 당사자와 법정대리인, 청구의 취지와 원인 등 소장의 기재사항에 흠이 있는 경우와 소장에 법률의 규정에 따른 인지를 붙이지 않은 경우에는 재판장은 상당한 기간을 정하고, 그 기간 이내에 흠을 보정하도록 명해야 합니다. 재판장은 법원사무관 등으로 하여금 위 보정명령을 하게 할 수 있습니다(민사소송법 제249조제1항 및 제254조제1항).

② 원고가 이 기간 이내에 흠을 보정하지 않은 때에는 재판장은 명령으로 소장을 각하해야 합니다(동법 제254조제2항).

③ 재판장의 소장각하명령에 대해서는 즉시항고를 할 수 있습니다(동법 제254조제2항 및 제3항). 「즉시항고」란 법원의 결정·명령에 대해 상급법원에 불복신청을 하는 것으로서, 신속한 사건해결을 위해 결정·명령이 고지된 날부터 통상 1주일 내에 제기하도록 되어 있습니다(동법 제444조).

④ 재판장은 소장을 심사하면서 필요하다고 인정하는 경우에는 원고

에게 청구하는 이유에 대응하는 증거방법을 구체적으로 적어 내도록 명할 수 있으며, 원고가 소장에 인용한 서증(書證)의 등본 또는 사본을 붙이지 않은 경우에는 이를 제출하도록 명할 수 있습니다(동법 제254조제4항).

2. 소를 제기할 법원

2-1. 소액사건 재판의 제기

① 소액사건재판은 지방법원 및 지방법원지원, 시(市)·군(郡)법원에 제기합니다.

② 소는 피고의 보통재판적이 있는 곳의 법원에 제기하는 것이 일반적이지만, 어음·수표 지급지의 법원, 불법행위지 등의 법원에 제기할 수도 있습니다.

③ 소액사건재판은 지방법원 및 지방법원지원, 시·군법원이 관할합니다(법 제2조제1항, 법원조직법 제34조제1항제1호).

④ 시·군법원의 관할구역 내의 소액사건은 시·군법원에 소를 제기해야 합니다.

⑤ 피고의 보통재판적이 있는 곳의 법원에 제출하는 것이 일반적입니다.

⑥ 소는 피고의 보통재판적이 있는 곳의 법원이 관할합니다(민사소송법 제2조).

⑦ 「재판적」이란 사건(특히 제1심사건)에 대해 어느 소재지의 법원이 재판권을 가지는지를 정함에 있어서 그와 같은 관할의 발생원인이 되는 관련지점을 말합니다. 보통의 소송사건에 있어서 재판적은 피고의 편의를 위해 피고와 관련된 곳을 기준으로 정해지게 되는데,

이를 「보통재판적」이라고 합니다. 예를 들어 서울에 사는 A가 부산에 사는 B에게 빌려준 돈을 받기 위해 민사소송을 제기하려 한다면 B의 주소지인 부산에 보통재판적이 생기게 되고, 이에 따라 부산지방법원에 소송을 제기해야 합니다.

⑧ 사람의 보통재판적은 그의 주소에 따라 정합니다. 다만, 대한민국에 주소가 없거나 주소를 알 수 없는 경우에는 거소에 따라 정하고, 거소가 일정하지 않거나 거소도 알 수 없으면 마지막 주소에 따라 정합니다(동법 제3조).

⑨ 법인, 그 밖의 사단 또는 재단의 보통재판적은 이들의 주된 사무소 또는 영업소가 있는 곳에 따라 정하고, 사무소와 영업소가 없는 경우에는 주된 업무담당자의 주소에 따라 정합니다(동법 제5조제1항). 외국법인, 그 밖의 사단 또는 재단의 보통재판적은 대한민국에 있는 이들의 사무소·영업소 또는 업무담당자의 주소에 따라 정합니다(동법 제5조제2항).

⑩ 다음의 경우에는 피고의 보통재판적이 있는 곳이 아닌 곳(특별재판적)의 법원에도 소를 제기할 수 있습니다.

 1. 사무소 또는 영업소에 계속하여 근무하는 사람에 대하여 소를 제기하는 경우에는 그 사무소 또는 영업소가 있는 곳을 관할하는 법원에 제기할 수 있습니다(동법 제7조).

 2. 재산권에 관한 소를 제기하는 경우에는 거소지 또는 의무이행지의 법원에 제기할 수 있습니다(동법 제8조).

 3. 어음·수표에 관한 소를 제기하는 경우에는 지급지의 법원에 제기할 수 있습니다(동법 제9조).

 4. 대한민국에 주소가 없는 사람 또는 주소를 알 수 없는 사람에 대하여 재산권에 관한 소를 제기하는 경우에는 청구의 목적 또

는 담보의 목적이나 압류할 수 있는 피고의 재산이 있는 곳의
법원에 제기할 수 있습니다(동법 제11조).

5. 사무소 또는 영업소가 있는 사람에 대하여 그 사무소 또는 영
   업소의 업무와 관련이 있는 소를 제기하는 경우에는 그 사무소
   또는 영업소가 있는 곳의 법원에 제기할 수 있습니다(동법 제12
   조).

6. 불법행위에 관한 소를 제기하는 경우에는 행위지의 법원에 제기
   할 수 있습니다(동법 제18조제1항).

7. 부동산에 관한 소를 제기하는 경우에는 부동산이 있는 곳의 법
   원에 제기할 수 있습니다(동법 제20조).

8. 등기·등록에 관한 소를 제기하는 경우에는 등기 또는 등록할 공
   공기관이 있는 곳의 법원에 제기할 수 있습니다(동법 제21조).

2-2. 합의관할

① 당사자는 합의로 제1심 관할법원을 정할 수 있습니다(동법 제29
조제1항).

② 이 합의는 일정한 법률관계로 말미암은 소에 관하여 서면으로
하여야 합니다(동법 제29조제2항).

2-3. 변론관할

피고가 제1심 법원에서 관할위반이라고 항변하지 않고 본안에 대해
변론하거나 변론준비기일에서 진술하면 그 법원은 관할권을 가집니
다(민사소송법 제30조).

2-4. 전속관할

① 전속관할이 정하여진 소에는 민사소송법 제2조(보통재판적), 제7조부터 제25조까지(특별재판적), 제29조(합의관할), 제30조(변론관할), 제34조(관할위반 또는 재량에 따른 이송)를 적용하지 않습니다(동법 제31조).

② 전속관할이 정하여진 소의 예로는, 할부계약에 관한 소(할부거래에 관한 법률 제44조), 통신판매업자와의 거래에 관련된 소(전자상거래등에서의 소비자보호에 관한 법률 제36조), 방문판매등에 관한 법률의 적용대상인 특수판매업자와의 거래에 관련된 소(제46조) 등이 있습니다.

2-5. 관할의 표준이 되는 시기

법원의 관할은 소를 제기한 때를 표준으로 정합니다(민사소송법 제33조).

2-6. 이송(移送)

2-6-1. 관할위반에 따른 이송

법원은 소송의 전부 또는 일부에 대하여 관할권이 없다고 인정하는 경우에는 결정으로 이를 관할법원에 이송합니다(민사소송법 제34조 제1항).

2-6-2. 재량에 따른 이송

① 지방법원 단독판사는 소송에 대하여 관할권이 있는 경우라도 상당하다고 인정하면 직권 또는 당사자의 신청에 따른 결정으로 소송의 전부 또는 일부를 같은 지방법원 합의부에 이송할 수 있습니다

(동법 제34조제2항). 다만, 전속관할이 정하여진 소에 대하여는 적용하지 않습니다(동법 제34조제4항).

② 지방법원 합의부는 소송에 대하여 관할권이 없는 경우라도 상당하다고 인정하면 직권으로 또는 당사자의 신청에 따라 소송의 전부 또는 일부를 스스로 심리·재판할 수 있습니다(동법 제34조제3항). 다만, 전속관할이 정하여진 소에 대하여는 적용하지 않습니다(동법 제34조제4항).

(관련판례)

소액사건심판법에 따라 처리되는 사건은 고유의 사물관할이 있는 것이 아니고 민사단독사건 중에서 소가에 따라 특례로 처리하는 것뿐이므로 사안의 성질로 보아 간이한 절차로 빠르게 처리될 수 없는 사건은 통상절차에 따라 처리하여도 무방하며 따라서 단독판사가 그 사건을 지방법원 및 지원의 합의부에 이송할 수 있는 것이다(대법원 1974. 7. 23. 자 74마71 결정).

2-6-3. 손해나 지연을 피하기 위한 이송

법원은 소송에 대하여 관할권이 있는 경우라도 현저한 손해 또는 지연을 피하기 위하여 필요하면 직권 또는 당사자의 신청에 따른 결정으로 소송의 전부 또는 일부를 다른 관할법원에 이송할 수 있습니다. 다만, 전속관할이 정하여진 소의 경우에는 이송할 수 없습니다(동법 제35조).

■ **소액사건으로 소제기를 하려는데, 어느 법원에 소장을 제출해야 하나요?**

Q. 소액사건으로 소제기를 하려고 하는데, 어느 법원에 소장

을 제출해야 하나요?

A. 소액사건의 소는 피고의 주소지에 해당하는 관할 지방법원 또는 지방법원 지원에 제기하는 것이 일반적이지만, 어음·수표 지급지의 법원, 불법행위가 발생한 지역의 관할 법원에 제기할 수도 있습니다.

대한민국에 주소가 없는 사람 또는 주소를 알 수 없는 사람에 대해 재산권에 관한 소를 제기하는 경우에는 청구의 목적 또는 담보의 목적이나 압류할 수 있는 피고의 재산이 있는 곳의 법원에 제기할 수 있습니다.

관할 이송 신청절차는 법원은 소송에 대해 관할권이 있는 경우라도 손해가 현저하거나 소송의 지연이 생길 염려가 있는 때에는 이를 피하기 위해 필요한 경우 직권 또는 당사자의 신청에 따라 결정으로 소송의 전부 또는 일부를 다른 관할법원에 이송할 수 있습니다. 다만, 전속관할이 정해진 소송의 경우에는 이송할 수 없습니다.

3. 소송대리인의 범위

소액사건심판법은 소액사건의 경우 편리하게 구제받을 수 있도록 당사자의 배우자·직계혈족 또는 형제자매가 법원의 허가 없이 소송대리인이 될 수 있도록 정하고 있습니다.

3-1. 소액사건에 대한 특례

① 당사자의 배우자·직계혈족 또는 형제자매는 법원의 허가 없이 소송대리인이 될 수 있습니다(법 제8조제1항). 따라서 그 외 4촌 내의

친족 등은 법원의 허가를 받아야 소송대리인이 될 수 있습니다.
② 소송대리인은 당사자와의 신분관계 및 수권(授權)관계를 서면으로 증명하여야 합니다. 그러나 수권관계에 대해 당사자가 판사의 면전에서 구술로 소송대리인을 선임하고 법원사무관 등이 조서에 적어 넣은 때에는 그렇지 않습니다.

3-2. 소송위임장의 작성

① 소송대리를 위임할 경우에 필요한 소액사건의 소송위임장에는 다음의 사항을 포함하여 작성합니다.

1. 소송대리할 사람의 이름, 주소, 연락처
2. 당사자와의 관계
3. 소송위임할 사항
4. 위임인의 날인 또는 서명

*** 소송위임장 참조**

소송위임장 (소액사건)

사건번호 20   가소
(담당재판부 : 제   단독)
원 고

피 고
위 사건에 관하여 아래와 같이 소송대리를 위임합니다.

1. 소송대리 위임
 가. 소송대리할 사람의 이 름
     주 소
              연락처 (   )   -
    [팩스번호 : (   )   -   이메일 주소 :   ]
 나. 당사자와의 관계(해당란에 ✔ 해 주시기 바랍니다)
    □ 배우자
    □ 직계혈족(부모, 자 등)
    □ 형제자매
    [신분관계 증빙서류(가족관계증명서, 제적등본 등)]

2. 소송위임할 사항
 가. 일체의 소송행위, 반소의 제기 및 응소
 나. 재판상 및 재판 외의 화해
 다. 소의 취하
 라. 청구의 포기.인낙 또는 독립당사자참가소송에서의 소송탈퇴
 마. 상소의 제기 또는 취하
 바. 복대리인의 선임
 사. 목적물의 수령, 공탁물의 납부, 공탁물 및 이자의 반환청
     구와 수령
 아. 담보권행사, 권리행사최고신청, 담보취소신청, 담보취소신
     청에 대한 동의, 담보취소 결정정본의 수령, 담보취소결
     정에 대한 항고권의 포기
 자. 기타(특정사항 기재요)

                         20 . . .
        위임인 :원(피)고   (날인 또는 서명)

                              법원   귀중

제출법원	소송계속법원	관 련 법 규	소액사건심판법 제8조
제출부수	소송위임장 1부		
기　　　타	·소액사건에서만은, 당사자의 배우자·직계혈족 또는 형제자매는 법원의 허가 없이도 소송대리인이 될 수 있음. ·당사자와의 신분관계는 서면으로 증명하여야 하므로, 가족관계증명서나 제적등본 등을 첨부하여야 함 ·변호사를 선임하는 경우와 달리 소송대리권을 제한할 수 있으므로(민사소송법 제91조 단서), 본인이 소송위임할 사항을 특정할 수 있음 ·소액사건이라도 위 사람들 외의 4촌 이내의 친족, 고용관계인등을 소송대리인으로 선임할 때에는 법원의 허가를 얻어야 함은, 민사단독사건의 일반원칙과 같음		

■ 소송위임장 제출이 민사소송법상 '기일지정의 신청'에 해당하는지요?

Q. 저는 지인을 상대로 대여금 1,500만원을 반환청구하는 소송을 제기하였습니다. 그러나 제가 관할법원과 멀리 떨어진 곳에서 일하기 때문에 1차, 2차 변론기일에 출석하지 못하였고, 지인도 역시 출석하지 않았다고 합니다. 그런데 소액심판의 경우에는 가족의 소송대리가 가능하다고 하므로, 저희 처를 대리인으로 소송을 수행하도록 하기 위하여 소송위임장을 제출하였습니다. 이 경우 당사자 쌍방이 출석하지 아니한 것으로 인하여 어떤 불이익을 받지는 않는지요?

A. 민사소송법 제268조 제1항은 "양쪽 당사자가 변론기일에 출석하지 아니하거나 출석하였다 하더라도 변론하지 아니한 때에는 재판장은 다시 변론기일을 정하여 양쪽 당사자에게 통지하여야 한다."라고 규정하고 있고, 같은 조 제2항은 "제1항의 새 변론기일 또는 그 뒤에 열린 변론기일에 양쪽 당사자가 출석하지 아니하거나 출석하였다 하더라도 변론하지 아니한 때에는 1월 이내에 기일지정신청을 하지 아니하면 소를 취하한 것으로 본다."라고 규정하고 있습니다. 그리고 소송위임장 제출이 민사소송법제268조 제2항 소정의 '기일지정의 신청'에 해당하는지에 관하여 판례는 "소송위임장을 제출한 것만으로는 민사소송법 제241조(현행 민사소송법 제268조) 제2항이 정한 '기일지정의 신청'이라고 볼 수 없다."라고 하였습니다(대법원 1993. 6. 25. 선고 93다9200 판결).

그렇다면 위 사안에서도 귀하의 처를 소송대리인으로 하는 소송위임장을 제출한 것만으로는 특별한 사정이 없는 한 기일지정신청을 한 것으로 되지 않을 것이므로 별도로 기일지정신청을 하여야 할 것입니다.

또한, 민사소송법 제268조 제2항의 기일지정신청기간의 기산점에 관하여 판례는 "민사소송법 제241조(현행 민사소송법 제268조) 제2항의 기일지정신청은 쌍방 불출석 변론기일로부터 1월내에 하여야 하는 것이지, 신청인이 그 사실을 안 때로부터 그 기간을 기산할 수는 없다."라고 하였습니다(대법원 1992. 4. 14. 선고 92다3441 판결).

따라서 위 사안에서도 2차 변론기일로부터 1월내에 기일

지정신청을 하여야 할 것입니다.

3-3. 소송대리권의 범위

① 소송대리인은 위임을 받은 사건에 대하여 반소(反訴)·참가·강제집행·가압류·가처분에 관한 소송행위 등 일체의 소송행위와 변제의 영수를 할 수 있습니다(민사소송법 제90조제1항).

② 소송대리인은 다음의 사항에 대하여는 특별한 권한을 따로 받아야 합니다(동법 제90조제2항).

 1. 반소의 제기

 2. 소의 취하, 화해, 청구의 포기·인낙(認諾) 또는 독립당사자 참가소송에서의 탈퇴(동법 제80조)

 3. 상소의 제기 또는 취하

 4. 대리인의 선임

③ 소송대리권은 제한하지 못합니다. 다만, 변호사가 아닌 소송대리인에 대하여는 제한할 수 있습니다(동법 제91조).

④ 법률에 따라 재판상 행위를 할 수 있는 대리인의 권한에는 민사소송법 제90조(소송대리권의 범위)와 제91조(소송대리권의 제한)를 적용하지 않습니다(동법 제92조).

■ 소액사건 소송은 꼭 본인이나 변호사만 할 수 있나요?

Q. 저는 지인에게 받을 돈이 조금 있어서 소송을 하려고 하는데, 변호사를 선임하려니 돈이 많이 드네요. 소송은 꼭 본인이나 변호사만 할 수 있나요?

A. 원칙적으로 민사소송은 본인이 직접 소송을 제기하거나,

변호사 자격을 갖춘 대리인에게 소송을 대리하게 할 수 있습니다. 그러나 소송가액이 3천만원 이하인 소액사건재판은 당사자의 배우자·직계혈족 또는 형제자매의 경우 법원의 허가 없이 소송을 대리할 수 있도록 하고 있습니다.

소액사건재판은 당사자가 소송을 제기하거나 변호사가 소송을 대리하는 외에 다음 어느 하나에 해당하는 사람의 경우에도 소송을 대리할 수 있습니다.

① 당사자의 배우자

② 당사자의 직계혈족(부모, 조부모, 자녀, 손자녀 등)

③ 당사자의 형제자매

소송대리의 방법으로는 소액사건재판의 소송대리인이 되기 위해서는 당사자와의 신분관계 및 수권관계를 서면으로 증명해야 합니다. 그러나 수권관계에 대해서는 당사자가 판사 앞에서 소송대리인을 선임하고 법원사무직원이 조서에 이를 기재한 때에는 서면증명을 할 필요가 없습니다.

■ **소액사건에서 가족이 소송대리를 할 수 있는지요?**

Q. 저는 채무자 甲을 상대로 1,000만원의 지급을 구하는 소송을 제기하였고, 법원이 甲에게 이행권고결정을 하였습니다. 甲은 이행권고결정에 대하여 이의신청을 하여 변론기일이 지정되었습니다. 그런데 저는 직장에 다니는 관계로 변론기일에 출석할 수 없는 사정이 있습니다. 이럴 경우 저는 변호사를 선임하여야 하는 것인지요, 아니면 다른 가족이 대신 법원에 출석할 수는 있는지요?

A. 소액사건심판절차에서는 일반 민사사건의 재판과는 달리 당사자의 배우자, 직계혈족, 형제자매는 법원의 허가 없이도 소송대리인이 될 수 있습니다. 이 경우 신분관계를 증명할 수 있는 가족관계증명서 또는 주민등록등본 등으로 신분관계를 증명하고 소송위임장으로 수권관계를 증명하여야 합니다(법 제8조). 따라서 귀하는 변론기일에 출석할 수 없는 사정이 있다 하더라도 변호사를 선임할 필요 없이 귀하의 배우자, 직계혈족, 형제자매가 귀하를 대리하여 변론기일에 출석할 수 있습니다. 다만, 가족관계증명서, 주민등록등본 등 신분관계를 증명하는 서류를 첨부하여 소송위임장을 법원에 제출하여야 합니다.

4. 소 제기 시 준비사항

소액사건의 소를 제기하기 위해서는 소장과 소장에 붙여야 할 인지와 송달료 등의 비용, 증거서류 등이 필요합니다.

4-1. 소액사건의 소 제기 시 준비물
4-1-1. 소장
소장의 작성 등에 관하여는 '소장제출에 의한 소의 제기' 부분에서 설명하고 있습니다.

4-1-2. 소장부본(副本)
① 원고는 소장에 원고와 피고의 수에 1을 더한 숫자만큼의 소장부본을 첨부하여야 합니다(소액사건심판규칙 제3조의2).

② 법원은 소장부본이나 제소조서등본(구술제소의 경우)은 지체 없이 피고에게 송달하여야 합니다. 다만, 피고에게 이행권고결정서의 등본이 송달된 때에는 소장부본이나 제소조서등본이 송달된 것으로 봅니다(법 제6조).

③ 「송달」이란 법원이 소송에 관련된 서류를 일정한 방식에 따라 당사자나 소송 관계인에게 보내는 일을 말하는데, 자세한 내용은 민사소송법 제174조부터 제197조까지에서 정하고 있습니다.

4-1-3. 첨부서류

① 소 제기 시 소장의 첨부서류는 다음과 같습니다(민사소송규칙 제63조).

 1. 피고가 소송능력 없는 사람인 때에는 법정대리인, 법인인 때에는 대표자, 법인이 아닌 사단이나 재단인 때에는 대표자또는 관리인의 자격을 증명하는 서면

 2. 부동산에 관한 사건은 그 부동산의 등기사항증명서

 3. 친족·상속관계 사건은 가족관계기록사항에 관한 증명서

 4. 어음 또는 수표사건은 그 어음 또는 수표의 사본

 5. 그 밖에 증거로 될 문서 가운데 중요한 것의 사본

 6. 민사소송법 제252조제1항(정기금판결과 변경의 소)에 규정된 소의 소장의 경우 변경을 구하는 확정판결의 사본

4-1-4. 인지액

① 민사소송절차, 행정소송절차 그 밖에 법원에서의 소송절차 또는 비송사건절차에서 소장이나 신청서 또는 신청의 취지를 적은 조서에는 다른 법률에 특별한 규정이 있는 경우가 아니면 민사소송등인지

법이 정하는 인지를 붙여야 합니다(제1조 본문).

② 다만, 민사소송등인지규칙에 따라 인지를 붙이는 대신 그 인지액에 해당하는 금액을 현금이나 신용카드·직불카드 등으로 납부하게 할 수 있도록 하되, 신용카드·직불카드 등으로 납부하는 경우 인지 납부일, 인지납부대행기관의 지정 및 운영과 납부대행 수수료 등에 필요한 사항은 민사소송등인지규칙에서 정합니다(제1조 단서).

③ 소장 등에 첨부(貼付)하거나 보정하여야 할 인지액(이미 납부한 인지액이 있는 경우에는 그 합산액)이 1만원 이상인 때에는 그 인지의 첨부 또는 보정에 갈음하여 인지액 상당의 금액 전액을 현금으로 납부하여야 합니다(민사소송등인지규칙 제27조제1항).

④ 민사소송 등 인지규칙 제27조제1항에 해당하지 않는 경우에도 신청인 등은 인지의 첨부에 갈음하여 인지액 상당의 금액을 현금으로 납부할 수 있습니다(동 규칙 제27조제2항).

⑤ 시(市)·군(郡)법원에 제출하는 소장 등과 민사소송등인지법 제10조 및 제12조에 규정된 신청서 등의 경우에는 민사소송 등인지규칙 제27조제1항 및 제2항을 적용하지 않습니다(동 규칙 제27조제3항 본문).

⑥ 다만, 소를 제기하는 경우에 소장에 붙여야 할 인지액이 10만원을 초과하는 화해, 지급명령 또는 조정신청 사건에 대하여 민사소송법 제388조, 제472조 또는 민사조정법 제36조에 따라 소의 제기가 있는 것으로 보아 인지를 보정하는 경우에는 현금 또는 신용카드 등으로 납부하여야 합니다(동 규칙 제27조제4항 단서).

⑦ 신청인 등은 위에 따라 인지액 상당의 금액을 현금으로 납부할 수 있는 경우 이를 수납은행 또는 인지납부대행기관의 인터넷 홈페이지에서 인지납부대행기관을 통하여 신용카드 등으로도 납부할 수

있습니다(동 규칙 제28조의2제1항).

⑧ 소장(반소장 및 대법원에 제출하는 소장을 제외)에는 소송목적의 값에 따라 다음에 해당하는 금액 상당의 인지를 붙여야 합니다(민사소송등인지법 제2조제1항).

소 가(訴價)	첨부인지액
1천만원 미만	소가× 1만분의 50
1천만원 이상1억원 미만	소가× 1만분의 45 + 5천원
1억원 이상 10억원 미만	소가× 1만분의 40 + 5만5천원
10억원 이상	소가× 1만분의 35 + 55만5천원

⑨ 계산된 인지액이 1천원 미만이면 그 인지액은 1천원으로 하고, 1천원 이상이면 100원 미만은 계산하지 않습니다(민사소송등인지법 제2조제2항). 예를 들어, 소가가 1,500만원일 경우 (1,500만원 × 45/1만) + 5천원 = 72,500원 상당의 인지를 붙여야 합니다.

⑩ 민사소송등인지법에 따른 인지를 붙이지 않거나 인지액에 해당하는 금액을 현금이나 신용카드·직불카드 등으로 납부하지 않고 한 신청은 부적법합니다. 다만, 법원은 신청인에게 보정을 명할 수 있고, 신청인이 그 명령에 따라 인지를 붙이거나 인지액에 해당하는 금액을 현금이나 신용카드·직불카드 등으로 납부한 경우에는 그렇지 않습니다(제13조).

4-1-5. 송달료

① 비용을 필요로 하는 소송행위에 대하여 법원은 당사자에게 그 비용을 미리 내게 할 수 있습니다(민사소송법 제116조).

② 법원이 소송비용을 미리 내게 할 수 있는 당사자는 그 소송행위로 이익을 받을 당사자로 하되, 송달료는 원고가 부담합니다(동 규칙 제19조제1항제1호).

③ 당사자가 송달료를 납부하려고 할 때에는 대법원장이 지정하는 송달료수납은행(이하 '수납은행'이라 함)에 대법원예규에서 정한 기준에 따라 현금을 납부하고, 수납은행으로부터 송달료납부서(송달료규칙 별지 제1호서식), 송달료영수증(송달료규칙 별지 제2호서식) 각 1통을 교부받아야 합니다. 다만, 현금지급기 또는 현금입·출금기를 이용하여 송달료를 납부하는 때에는 그 이용명세표로 송달료납부서에 갈음할 수 있습니다(송달료규칙 제3조제1항).

④ 민사소액사건의 경우에는 당사자 1명당 10회분의 송달료를 납부해야 하며(송달료규칙의 시행에 따른 업무처리요령 별표 1), 우편료는 2016년 4월 현재 3,700원입니다. 예를 들어, 민사소액사건에서 당사자가 2명인 경우에는 2(당사자수)×3,700원(우편료)×10회분 =74,000원의 송달료를 납부해야 합니다.

⑤ 납부인은 송달료규칙 제3조제1항의 송달료납부서 1통을 소장 등 서면에 첨부하여 관할법원에 제출하여야 합니다(동 규칙 제3조제2항).

⑥ 송달료를 납부 받은 수납은행은 지체 없이 납부인의 성명, 주소, 납부금액 및 송달료 잔액을 환급할 계좌번호를 대법원장이 지정하는 송달료관리은행에 통보하여야 합니다. 다만, 송달료잔액을 환급할 계좌번호의 통보는 납부인이 송달료잔액의 계좌입금신청을 한 경우에 한합니다(동 규칙 제3조제4항).

■ 소액사건재판을 청구하려는데 인지대와 송달료의 계산은 어떻게 하나요?

Q. 소액사건재판을 청구하려고 하는데 인지대와 송달료의 계산은 어떻게 하나요?

A. 법원에서의 소송절차 또는 비송사건절차는 원칙적으로 민사소송 등 인지법이 정하는 인지를 붙여야 합니다. 이 인지는 소송가액에 따라 금액에 차이가 있습니다.

한편, 송달료는 법원에서 소송 관련 서류를 송달하는 데 들어가는 일종의 우편요금을 말하며, 소액사건의 경우에는 소장 접수 시 당사자수 × 10회에 해당하는 송달료를 납부해야 합니다.

◇ 소송가액 1천만원 미만인 경우 인지대 계산

소송가액(소송으로 피고에게 받고자 하는 금액)이 1천만원 미만인 경우 인지대 = 소송가액 × 0.005.

예) 소송가액이 500만원인 경우에는 (500만원 × 0.005) = 2만5천원의 인지대를 납부해야 합니다.

◇ 소송가액 1천만원 이상, 2천만원 이하인 경우 인지대 계산

소송가액이 1천만원 이상, 2천만원 이하인 경우에는 소송가액 × 0.0045 + 5,000. 예컨대, 소송가액이 1천500만원인 경우에는 (1천5백만 × 0.0045 + 5,000) = 7만2천500원의 인지대를 납부해야 합니다.

◇ 송달료 계산

2016년 4월 기준 우편료는 1회에 3,700원입니다. 따라서 원고와 피고가 각 1명인 경우에는 소액사건 접수 시 납부해야 할 송달료는 2 × 3,700원 × 10회분 = 74,000원입니다.

■ 채무자가 소송관계서류의 송달 받기를 거부할 때의 송달방법은 어떻게 신청하나요?

Q. 저는 지인에게 300만원을 빌려주면서 이자는 월 2푼으로 변제기일은 1년 후로 하였습니다. 그런데 지인은 이자만 몇 번 지급하였을 뿐 2년이 지난 지금까지도 돈을 갚지 않아 얼마 전에 소액심판을 청구하였습니다. 그러나 지인은 소장의 수령을 거부하여 송달이 안 되고 있는데, 이 경우 송달될 수 있도록 하는 방법은 없는지요?

A. 민사소송법 제178조 제1항은 "송달은 특별한 규정이 없으면 송달받을 사람에게 서류의 등본 또는 부본을 교부하여야 한다."라고 규정하여 소송관계서류의 송달은 송달장소 (송달받을 사람의 주소·거소·영업소 또는 사무소)에서 송달서류를 송달받을 사람에게 교부하여 행하는 교부송달을 원칙으로 하고 있습니다.

그리고 이러한 원칙적 교부송달방법의 변형으로서 ①조우송달(遭遇送達:송달실시기관이 송달받을 사람의 송달장소 이외의 곳에서 송달받을 사람을 만난 때에 송달서류를 교부하여 행하는 송달, 민사소송법 제183조 제3항, 제4항), ②보충송달(補充送達:송달할 장소에서 송달받을 사람을 만나지 못한 때에 그 사무원, 피용자 또는 동거인으로서 사리를 분별할 지능이 있는 자에게 서류를 교부하는 송달, 동법 제186조 제1항, 제2항), ③유치송달(留置送達:서류의 송달을 받을 자, 즉 수송달자 및 그 수령대리인이 송달 받기를 거부하는 때에 송달할 장소에 서류를 두어 송달의 효력을 발생시키는 송달, 동법 제186조 제3항)의 방법이 있습니다.

교부송달원칙에 대한 예외로서 ①등기우편에 의한 우편송

달(보충송달이나 유치송달이 불가능한 때 법원사무관 등이 송달서류를 등기우편으로 발송하고, 발송한 때에 송달의 효력을 발생시키는 송달방법, 동법 제187조, 제189조)과 ② 송달함 송달{법원 안에 송달할 서류를 넣을 함(송달함)을 설치하여 법원사무관 등이 송달할 수 있고, 송달받을 사람이 송달함에서 서류를 수령하여 가지 아니한 경우에는 송달함에 서류를 넣은 지 3일이 지나면 송달된 것으로 보는 송달, 동법 제188조}, ③전화 등을 이용한 송달(변호사가 소송대리인으로 선임되어 있는 경우에 그에 대한 송달은 법원사무관 등이 전화·팩시밀리 또는 전자우편을 이용하여 행할 수 있는바, 이 방식에 의한 송달, 민사소송규칙 제46조) 및 ④공시송달(당사자의 주소, 거소 기타 송달할 장소를 알 수 없는 경우 또는 외국에서 할 송달에 관하여 민사소송법제191조의 규정에 따를 수 없거나 이에 따라도 효력이 없는 것으로 인정되는 경우에 직권 또는 당사자의 신청이 있을 때 재판장의 명에 의하여 하는 송달방법으로서 법원사무관등이 송달서류를 보관하고 그 사유를 법원 게시장에 게시하거나, 필요한 경우에는 신문지상에 그 사유를 공고하고, 일정기간이 경과하면 송달의 효과가 발생하도록 하는 송달, 동법 제194조~제196조)의 방법이 있습니다.

교부송달은 실무상 통상 우편집배원이 실시하고 있는데, 위 사안과 같이 송달받을 사람임이 명백함에도 송달받기를 거부하는 경우에는 위에서 설명한 송달방법 중 유치송달의 방법으로 송달시킬 수 있을 것입니다.

즉, 우편집배원은 송달할 서류를 송달할 장소에 두어 송달의 효력을 발생시킬 수 있고(동법 제186조 제3항), 그 사유를 우편송달통지서에 기재하여 법원에 제출하게 됩니다. 그러나 우편집배원이 위와 같은 유치송달을 하지 못하였을 경우에는 법원에 특별송달허가신청을 하면 집행관에 의한 유치송달이 가능하게 됩니다. 그리고 이러한 유치송달을 받을 자 중에는 보충송달을 받을 수 있는 동거자도 포함됩니다(대법원 1979. 1. 23.자 78마362 결정, 1965. 8. 18.자 65마665 결정).

■ **주소를 알고도 공시송달로 승소확정판결 받은 경우 구제방법은 없는지요?**

Q. 저는 甲에게 컴퓨터 1대를 판매였으나 그 며칠 후 甲은 컴퓨터가 마음에 들지 않는다면서 환불을 요구하기에 다른 제품으로의 교환만 가능하다고 하였습니다. 그 후 甲의 별다른 요구가 없어 일이 마무리된 줄 알았는데, 최근에 甲이 저를 상대로 소액심판을 청구하여 승소하였으니 대금을 환불하지 않으면 재산을 강제집행 하겠다고 합니다. 이에 법원에 확인해보니 甲은 저희 주소지를 알고 있었음에도 소재불명을 이유로 한 공시송달방법을 이용하여 승소판결을 받아 그 판결이 확정되었던 것입니다. 이 경우 다시 재판하여 다툴 방법은 없는지요?

A. 소송관계서류의 송달은 실무상 통상 우편집배원이 실시하고 있는데, 공시송달은 송달을 받을 자에게 현실적으로 소송서류를 교부하지 않고 송달의 효력을 발생시키는 제도이

므로 엄격한 요건 아래에서만 허용됩니다.

즉, ①당사자의 주소 등 또는 근무장소를 알 수 없는 경우, ②외국거주자에 대하여 민사소송법 제191조에 의한 촉탁 송달을 할 수 없거나 이에 의하여도 효력이 없을 것으로 인정되는 경우에만 공시송달이 허용됩니다(동법 제194조). 그러나 공시송달의 요건이 갖추어지지 아니하였다고 하더라도 판례는 "제1심 판결정본이 공시송달의 방법에 의하여 피고에게 송달되었다면 비록 피고의 주소가 허위이거나 그 요건에 미비가 있다 할지라도 그 송달은 유효한 것이므로 항소기간의 도과로 그 판결은 형식적으로 확정되어 기판력 이 발생한다."라고 하였습니다(대법원 1994. 10. 21. 선고 94다27922 판결).

따라서 당사자로서는 그 판결이 확정되어 기판력이 발생하기 때문에 항소로서는 다툴 수 없고, 그 확정판결에 대하여 불복하는 방법으로서는 ①민사소송법 제451조 제1항 제11호의 재심사유 즉, 당사자가 상대방의 주소 또는 거소를 알고 있음에도 불구하고 소재불명 또는 허위의 주소나 거소로 하여 소를 제기한 때에 해당된다고 보아 위 사실을 안 때로부터 30일 이내에 재심청구 하는 방법이 있으며, ②민사소송법 제173조 즉, 당사자가 책임질 수 없는 사유로 말미암아 불변기간을 지킬 수 없었던 경우에는 그 사유가 없어진 날부터 2주 이내에 게을리 한 소송행위를 보완할 수 있다는 규정에 따라 항소제기기간이 경과되었다고 하더라도 추후보완항소를 제기하여 다툴 수 있는 방법이 있습니다.

한편, 민사소송법 제173조에서 말하는 '당사자가 책임질 수 없는 사유로 말미암아 불변기간을 지킬 수 없었던 경우'라 함은 당사자가 불변기간 안에 어떠한 소송행위를 하지 못한 원인이 그 행위의 대상되는 재판의 선고 또는 고지를 그의 책임에 돌릴 수 없는 사유로 인하여 알지 못하였을 때 또는 천재지변 기타 이에 유사한 사고로 인하여 그 소송행위를 할 수 없었을 경우를 의미합니다(대법원 1985. 10. 18. 선고 85므40 판결). 또한 위 판례는 "상대방의 주소나 거소를 알고 있음에도 불구하고 소재불명 또는 허위의 주소나 거소로 하여 소를 제기한 탓으로 공시송달의 방법에 의하여 판결이나 심판등 정본이 송달되어 불변기간인 상소기간이 도과된 경우에는 특단의 사정이 없는 한 상소 기간을 준수치 못한 것은 그 상대방이 책임질 수 없는 때에 해당된다."라고 판시한바 있습니다.

따라서 귀하는 재심청구를 하거나 추후보완항소를 제기하여 구제받을 수 있을 것입니다(대법원 1992. 5. 26. 선고 92다4079 판결, 2000. 9. 5. 선고 2000므87 판결).

제3장 이행권고결정제도

1. 이행권고결정제도의 개요

① 이행권고결정이라 함은 소액사건의 소가 제기된 때에 법원이 결정으로 소장부본이나 제소 조서등본을 첨부하여 피고에게 청구취지대로 이행할 것을 권고하는 결정을 말합니다(법 제5조의3 제1항).

② 이는 현행 지급명령의 개념과 민사소송법에 도입된 화해권고결정제도의 개념을 함께 반영하여 소액사건심판법에 새로이 도입한 제도입니다. 즉 간이한 소액사건에 대하여 직권으로 이행권고결정을 한 후 이에 대하여 피고가 이의하지 않으면 곧바로 변론 없이 원고에게 채무명의를 부여하자는 것이 이 제도의 골자라고 할 수 있습니다.

③ 또한 이행권고결정이 확정된 때에는 원칙적으로 별도의 집행문 부여 없이 이행권고결정정본으로 강제집행할 수 있도록 강제집행상의 특례를 규정하였습니다. 다만, 변론 없이 원고에게 채무명의를 부여함으로써 피고에게 발생할지 모를 불측의 손해를 예방하기 위하여 청구이의의 사유에 제한을 두지 않은 점은 현행 지급명령과 같습니다.

■ 소액사건의 이행권고결정제도는 지급명령제도와는 어떠한 차이가 있는지요?

Q. 소액심판사건에 대하여 이행권고결정제도가 있어 더욱 간편한 절차에 의하여 판결을 받은 것과 유사한 효과를 얻을 수 있다고 하는데, 이행권고결정제도란 어떠한 것이며, 지급명령제도와는 어떠한 차이가 있는지요?

A. 이행권고결정제도란 소액사건의 소가 제기된 때에 법원이 결정으로 소장부본이나 제소조서등본을 첨부하여 피고에게 청구취지대로 이행할 것을 권고하고 이를 송달받은 피고가 2주 이내 이의신청 등을 하지 않는 경우 그 이행권고결정에 확정판결과 같은 효력을 부여하는 간이한 소송절차를 말합니다(법 제5조의3 제1항, 같은 법 제5조의7).

즉, 이행권고결정제도는 소액심판사건의 범위 내 즉, 소송목적의 값이 3,000만원을 초과하지 아니하는 금전 기타 대체물, 유가증권의 일정한 수량의 지급을 청구하는 민사 제1심 사건에 한하여 인정되는 제도입니다.

이행권고결정은 원고전부승소판결을 할 수 있는 사건에 한하여 할 수 있으며, ① 독촉절차 또는 조정절차에서 소송절차로 이행된 때, ② 청구취지나 청구원인이 불명한 때, ③ 그밖에 이행권고를 하기에 적절하지 아니하다고 인정하는 때에는 이행권고결정을 할 수 없습니다(법 제5조의3 제1항).

이행권고결정에는 당사자, 법정대리인, 청구의 취지와 원인, 이행조항을 기재하고, 피고가 이의신청을 할 수 있음과 이행권고결정의 효력의 취지를 부기하게 됩니다(법 제5조의3 제2항).

이행권고결정등본은 민사소송법상의 우편송달(제187조), 공시송달(동법 제194조 내지 제196조)의 방법으로는 송달할 수 없으며, 피고가 현재 소재불명이어서 공시송달로 진행하여야 할 필요가 있다는 것이 소장에 기재되고 이에 대한 소명자료가 있는 경우에는 곧바로 변론기일이 지정되게 됩니다(법 제5조의3 제3항, 제4항). 한편, 원고가 피고에 대한 주소보정명령을 받은 경우에 민사소송법상의 우편송달(동법 제187조), 공시송달(동법 제194조 내지 제196조)의 방법에 의하지 아니하고는 송달할 방법이 없음을 소명하여 변론기일지정신청을 할 수 있습니다(소액사건심판규칙 제3조의3 제1항).

피고는 이행권고결정등본을 송달 받은 날부터 2주일의 불변기간 안에 서면으로 이의신청을 할 수 있으며, 그 등본이 송달되기 전에도 이의신청을 할 수 있습니다(법 제5조의4 제1항, 제2항). 다만, 피고가 부득이한 사유로 2주일 안에 이의신청을 할 수 없었던 때에는 그 사유가 없어진 후 2주일 안에 이의신청을 할 수 있고, 다만 그 사유가 없어질 당시 외국에 있는 피고에 대하여는 이 기간을 30일로 합니다(법 제5조의6 제1항).

이의신청은 서면으로 하여야 하고, 이의신청서는 답변서 또는 준비서면으로 갈음되지 않으나 구체적 이의사유를 기재하지 않더라도 원고의 주장사실을 다툰 것으로 되고, 피고의 이의신청이 있으면 법원은 지체 없이 변론기일을 지정하게 됩니다(법 제5조의4 제1항, 제3항, 제5항). 이의신청 기간 내에 이의신청서가 아니라 답변서 기타 다투는 취지의 서면이 접수되면 이것을 이의신청서로 보아 변론기일을 지정하게 됩니다.

이의신청을 한 피고는 제1심 판결이 선고되기 전까지 이의신청을 취하할 수 있으며(법 제5조의4 제4항), 법원은 이의신청이 적법하지 아니하다고 인정되는 때에는 그 흠을 보정할 수 없으면 결정으로 각하하여야 하고(법 제5조의5 제1항), 이의신청의 각하결정에 대하여는 즉시항고를 할 수 있습니다(법 제5조의5 제2항).

이행권고결정은 ① 피고가 이행권고결정을 송달 받은 날부터 2주일 안에 이의신청을 하지 아니한 때, ② 이의신청에 대한 각하결정이 확정된 때, ③ 이의신청이 취하된 때에는 확정판결과 같은 효력이 있습니다(법 제5조의7 제1항). 그러나 이행권고결정은 변론을 거치지 않고 확정판결과 같은 효력을 부여하므로 변론종결일의 개념이 없고, 피고는 이행권고결정이 확정된 이후에 발생한 사유 이외에, 이의원인이 이행권고결정이 확정되기 이전에 있었다고 하더라도 청구이의의 사유로 삼아 청구이의의 소를 제기할 수 있습니다(법 제5조의8 제3항). 그리고 이행권고결정은 제1심 법원에서 판결이 선고된 때에는 효력을 잃게 됩니다(법 제5조의7 제3항).

이행권고결정에 기한 강제집행은 집행문을 부여받을 필요 없이 이행권고결정서정본에 의하여 행하게 됩니다. 그러나 ① 이행권고결정의 집행에 조건을 붙인 경우, ② 당사자의 승계인을 위하여 강제집행을 하는 경우, ③ 당사자의 승계인에 대하여 강제집행을 하는 경우에는 집행문을 부여받아야 합니다(법 제5조의8 제1항). 원고가 여러 통의 이행권고결정서의 정본을 신청하거나, 전에 내어준 이행권고결정서 정본을 돌려주지 아니하고 다시 이행권고결정서 정본을 신청한 때에는 법원사무관 등이 이를 부여하게 되고, 그 사유를 원본과 정본에 적어야 하는데(법 제5조의8 제2항), 이 경우 재판장의 허가를 받을 필요가 없으며, 집행문도 받을 필요가 없습니다.

이행권고결정제도와 지급명령의 차이를 보면, 이행권고결정제도는 소액심판사건의 범위 내 즉, 소송물가액이 3,000만원을 초과하지 아니하는 금전 기타 대체물, 유가증권의 일정한 수량의 지급을 청구하는 민사 제1심 사건에 한하여 인정되는 제도인데, 지급명령제도는 금전 기타 대체물, 유가증권의 일정한 수량의 지급을 목적으로 하는 청구에 대하여 인정되지만, 청구금액에 제한이 없다는 점에서 이행권고결정과 차이가 있습니다.

2. 이행권고결정 및 송달

2-1. 이행권고결정

법원은 소액사건의 소가 제기된 때에 결정으로 소장부본이나 제소조서등본을 첨부하여 피고에게 원고가 구하는 청구취지의 이행을 권고할 수 있습니다(법 제5조의3 제1항 본문). 이행권 고결정의 이행조항은 청구취지와 일치하도록 하였습니다.

2-2. 이행권고결정을 할 수 없는 경우

2-2-1. 개요

이행권고결정은 원고 전부승소판결을 할 수 있는 사건에 한하여 할 수 있습니다. 구체적으로 이행권고결정을 할 수 없는 사례를 다음에서 설명합니다.

2-2-2. 지급명령이의 또는 조정이의사건

독촉절차 또는 조정절차에서 소송절차로 이행된 때에는 이행권고결정을 할 수 없습니다. 즉 지급명령에 대한 이의신청이 있는 경우나 지급명령이 송달불능되어 채권자가 소송이행신청을 한 경우에는 이행권고결정을 하여서는 아니 되고, 종래와 같이 곧바로 변론기일을 지정하여야 합니다.

2-2-3. 청구취지나 청구원인이 불명한 때

청구취지나 청구원인이 불명한 때에도 이행권고결정을 할 수 없습니다. 예컨대, 원고의 소장에 기재된 청구취지를 그대로 인용하기 어렵거나, 청구원인이 불명확하여 변론을 거친다고 하더라도 원고전부승소판결을 하기 곤란하다고 판단되는 경우에는 이행권고결정을 할 수 없고, 변론을 거쳐 청구취지나 청구원인을 보정하고 이에 대한 심리를 할 필요가 있다고 보았기 때문에 이러한 경우를 이행권고결정의 대상에서 제외하였습니다.

2-2-4. 기타 이행권고를 하기에 적절하지 않은 경우

이행권고결정은 우편송달(민사소송법 제173조), 공시송달(동법 제179조 내지 제181조)에 의한 방법으로 피고에게 송달할 수 없습니다(법 제5조의3 제3항). 따라서, 피고가 현재 소재불명이어서 공시송달로 진행하여야 할 필요가 있다는 것이 소장에 기재되고 이에 대한 소명자료가 있는 경우에는 이행권고결정을 하더라도 어차피 이를 피고에게 송달할 수 없으므로, 이러한 경우에는 곧바로 변론기일을 지정하여야 합니다.

2-3. 이행권고결정의 양식

이행권고결정의 양식은 다음과 같습니다.

[서식 예] 이행권고결정서

이 행 권 고 결 정

사 건 20 가소

  원 고 ○○○

            주소 별지 기재와 같다.

  피 고 ○○○

            주소 별지 기재와 같다.

청구취지와 원인 별지 기재와 같다.

소액사건심판법 제5조의3 제1항에 따라 다음과 같이 이행할 것을
권고한다.

이 행 조 항

1. 피고는 원고에게 별지 청구취지 제1항의 금액을 지급하라.
2. 소송비용은 피고가 부담한다.

20 . . .

판사 ○ ○ ○

○ ○ 지 방 법 원

※ 피고는 위 이행조항의 내용에 이의가 있으면 이 결정을 송달받은
날부터 2주일 안에 이의신청서를 법원에 제출하여야 합니다.
위 기간 안에 이의신청서를 제출하지 않으면 이 결정은 확정판결과 같
은 효력을 가집니다.

2-4. 이행권고결정의 시기

소액사건을 담당하는 판사가 이행권고결정을 하는 경우에는 소액사
건이 배당되면 지체 없이 하여야 합니다[소액사건심판에관한사무처리
요령(송민 73- 4) 3.의 가].

2-5. 이행권고결정등본의 송달

① 소액사건 참여사무관 등은 이행권고결정이 있으면 지체 없이 그
등본을 피고에게 송달하여야 합니다[소액사건심판에관한사무처리요
령(송민 73- 4) 3.의 나].

② 이행권고결정에는 소장 부본을 첨부하여야 하므로, 원고는 소액
사건의 소장을 제출할 때 원고와 피고의 수에 1을 더한 숫자만큼의
소장 부본을 제출하여야 합니다(소액사건심판규칙 제3조의2). 이는
이행권고결정의 원본용, 피고에게 송달하는 등본용, 확정 후 원고에
게 송달하는 정본용으로 사용할 소장부본이 필요하기 때문입니다.

③ 이행권고결정등본은 민사소송법상의 우편송달(민사소송법 제173
조), 공시송달(동법 제179조 내지 제181조)의 방법으로는 송달할 수
없습니다(법 제5조의3 제3항 단서). 이행권고결정등본을 우편송달 또
는 공시송달에 의하여 송달할 수 있다고 하면 피고의 이의신청권 행
사 기회를 현저히 제한할 가능성이 있기 때문입니다.

④ 한편, 원고는 피고에 대한 주소보정명령을 받은 경우에 민사소송
법 제173조, 제179조 내지 제181조에 규정된 방법에 의하지 아니하
고는 송달할 방법이 없음을 소명하여 변론기일 지정 신청을 할 수
있도록 하였습니다(소액사건심판규칙 제3조의3 제1항). 이는 독촉절
차에 있어 원고에게 피고의 주소를 보정하거나 또는 주소보정을 하
지 않고 소송이행신청을 할 수 있도록 하는 제소신청제도(민사소송

규칙 제92조의3 제1항)를 둠으로써 불필요한 소송지연을 방지하게
한 것과 그 취지가 같습니다.

2-6. 송달불능된 경우의 처리

① 이행권고결정등본이 피고에게 송달불능되면 원고에게 피고의 주
소를 보정할 것을 명하여야 합니다. 다만, 위에서 설명한 것처럼 원
고는 공시송달 소명자료를 첨부하여 변론기일 지정 신청을 할 수 있
으므로, 아래 양식에 따른 주소보정명령을 하여야 합니다.

[서식 예] 주소보정서

주 소 보 정 서

사건번호   20   가 (차)   [담당재판부 : 제   (단독)부]

원고(채권자)

피고(채무자)

위 사건에 관하여 아래와 같이 피고(채무자)   의 주소를

보정합니다.

주소 변동 유무	□주소변동 없음	종전에 적어낸 주소에 그대로 거주하고 있음
	□주소변동 있음	새로운 주소 : (우편번호 -)
송달신 청	□재송달신청	종전에 적어낸 주소로 다시 송달
	□특별송달신청	□ 주간송달 □ 야간송달 □ 휴일송달 □ 종전에 적어낸 주소로 송달 □ 새로운 주소로 송달
	□공시송달신청	주소를 알 수 없으므로 공시송달을 신청함 (첨부서류 :)
20 . . . 원고(채권자)		(서명 또는 날인) 법원 귀중

[주소보정요령]

1. 상대방의 주소가 변동되지 않은 경우에는 주소변동 없음란의 □에 "✔" 표시를 하고, 송달이 가능한 새로운 주소가 확인되는 경우에는 주소변동 있음란의 □에 "✔" 표시와 함께 새로운 주소를 적은 후 이 서면을 주민등록등본 등 소명자료와 함께 법원에 제출하시기 바랍니다.

2. 상대방이 종전에 적어 낸 주소에 그대로 거주하고 있으면 재송달신청란의 □에 "✔" 표시를 하여 이 서면을 주민등록등본 등 소명자료와 함께 법원에 제출하시기 바랍니다.

3. 수취인부재, 폐문부재 등으로 송달되지 않는 경우에 특별송달(집행관송달 또는 법원경위송달)을 희망하는 때에는 특별송달신청란의 □에 "✔" 표시를 하고, 주간송달·야간송달·휴일송달 중 희망하는 란의 □에도 "✔" 표시를 한 후, 이 서면을 주민등록등본 등의 소명자료와 함께 법원에 제출하시기 바랍니다(특별송달료는 지역에 따라 차이가 있을 수 있으므로 재판부 또는 접수계에 문의바랍니다).

4. 공시송달을 신청하는 때에는 공시송달신청란의 □에 "✔" 표시를 한 후 주민등록말소자등본 기타 공시송달요건을 소명하는 자료를 첨부하여 제출하시기 바랍니다.

5. 지급명령신청사건의 경우에는 사건번호의 '(차)', '채권자', '채무자'
   표시에 ○표를 하시기 바랍니다.
6. 소송목적의 수행을 위해서는 읍·면사무소 또는 동주민센터 등에 주
   소보정명령서 또는 주소보정권고 등 상대방의 주소를 알기 위해 법
   원에서 발행한 문서를 제출하여 상대방의 주민등록표 초본 등의
   교부를 신청할 수 있습니다(주민등록법 제29조 제2항 제2호, 동법
   시행령 제47조 제5항 참조).

② 원고가 공시송달 소명자료를 첨부하여 변론기일 지정신청을 한
때에는 지체 없이 변론기일을 지정하여 원고에게 통보하고, 변론기일
지정신청서를 소액사건기록에 가철하되, 문서건명부에는 등재하지 아
니합니다[소액사건심판에관한사무처리요령(송민 73- 4) 3의2. 나].
③ 원고가 주소보정을 한 때에는 보정된 주소로 다시 이행권고결정
등본을 송달합니다. 이 때에는 이행권고결정의 원본에 첨부된 소장
부본의 피고 주소지를 정정할 필요가 없습니다.

2-7. 이행권고결정정본의 송달

① 참여사무관 등은 이행권고결정이 피고에게 송달되어 확정되면 그
정본을 원고에게 송달하여야 합니다(법 제5조의7 제3항). 이 때 이
행권고결정의 원본과 정본표지의 피고 성명 옆에 이행권고결정의 송
달일자와 확정일자를 부기하여 인인한 후 원고에게 그 정본을 송달
합니다.
② 한편, 이행권고결정정본을 원고에게 송달하였으나 송달불능된 때에
는 판결정본의 송달불능시와 마찬가지로 업무처리를 하면 될 것이다.

3. 이행권고결정에 대한 이의신청

3-1. 이의신청

① 피고는 이행권고결정등본을 송달받은 날부터 2주일의 불변기간 안에 서면으로 이의신청을 할 수 있습니다(법 제5조의4 제1항 본문). 또한 피고의 응소가 예상되는 사건에서 무익하게 이행권고결정의 등본 송달을 기다릴 필요 없이 신속한 재판을 받을 수 있도록 하기 위해서 그 등본이 송달되기 전에도 이의신청을 할 수 있도록 하였고(같은 조 제1항 단서), 피고의 이의신청이 있으면 법원은 지체 없이 변론기일을 지정하도록 하였습니다(같은 조 제3항).

② 이 때에는 피고에게 다시 소장부본을 송달할 필요는 없습니다. 즉, 이행권고결정에 대한 이의신청을 한 피고는 이미 이행권고결정등본을 송달받았을 것이므로 굳이 다시 소장부본을 송달할 필요가 없기 때문에, 이행권고결정등본이 송달된 때에는 소장부본이나 제소조서등본이 송달된 것으로 간주하도록 규정을 두었습니다(법 제6조 단서).

③ 한편, 이의신청을 한 피고는 제1심 판결이 선고되기 전까지 이의신청을 취하할 수 있습니다(법 제5조의4 제4항). 이행권고결정의 이행조항은 원고의 청구취지와 동일하므로, 피고가 이의신청을 취하하는 경우에는 원고의 동의를 받을 필요는 없습니다.

④ 피고가 이의신청을 취하한 경우에는 법원사무관 등은 이행권고결정 원본의 피고 성명 옆에 이행권고결정의 송달일자와 확정일자를 부기하여 인인한 후, 이행권고결정 정본을 원고에게 송달합니다.

⑤ 이의신청 기간 내에 이의신청서가 아니라 답변서 기타 다투는 취지의 서면이 접수되면 이를 이의신청서로 보아 변론기일을 지정하여야 합니다.

■ 이행권고결정에 대한 이의신청을 2주일 내에 하지 못하였을
경우에 구제절차는 없나요?

Q. 저는 약 1달 전에 법원으로부터 이행권고결정이라는 것을
송달받았습니다. 제가 원고에게 1,000만 원을 지급하라는
내용이었는데, 받은 뒤 차일피일하다가 오늘 보니 2주 내
에 이의신청을 하라고 적혀 있는 것을 발견하였습니다. 저
는 원고에게 1,000만 원을 빌렸다가 갚았는데 차용증을
회수하지 않아 억울합니다. 방법이 없는 것인지요?

A. 소액사건심판법 제5조의4는"이행권고결정등본을 송달 받은
날부터 2주일 안에 서면으로 이의신청을 할 수 있고, 또한
그 등본이 송달되기 전에도 이의신청을 할 수 있다"고 규
정하고 있습니다.
한편 소액사건심판법 제5조의6은 이의신청의 추후보완에
관하여 "부득이한 사유로 2주일 내에 이의신청을 할 수 없
었던 때에는 그 사유가 없어진 후 2주일 내에 이의신청을
할 수 있다. 다만, 그 사유가 없어질 당시 외국에 있는 피
고에 대하여는 이의신청 기간을 30일로 한다"고 규정하고
있습니다. 이 때 귀하는 이의신청과 동시에 그 추후보완
사유를 서면으로 소명하여야 합니다. 법원은 추완사유가
없다고 인정되는 경우에는 결정으로 이를 각하하고, 그 각
하결정에 대하여는 즉시항고로 다툴 수 있습니다(법 제5조
의6 제3항, 제4항). 또한, 이행권고결정에 대하여 적법한
추후보완 이의신청이 있는 때에 민사소송법 제500조의 재
심 또는 상소의 추후보완신청으로 말미암은 집행정지신청

제도를 준용하도록 함으로써 이행권고결정제도의 취지를 모르는 피고가 입을 불측의 손해를 방지할 수 있는 길을 열어 놓았습니다(법 제5조의6 제5항).

그런데 현재 귀하의 경우 이의신청기간을 도과하였고, 송달을 적법하게 받았으며 2주일 내에 이의신청할 수 없었던 부득이한 사유가 없어 보이므로 이의신청의 추후보완은 할 수 없는 사안으로 보입니다. 다만 원고가 강제집행을 할 때 청구이의의 소를 제기하여 집행을 저지할 수 있습니다. 채무자인 피고는 청구이의의 소를 제기할 수 있으며(법 제5조의8 제3항), 이행권고결정이 확정된 이후에 발생한 사유 이외에 확정 전에 있었던 이의원인이라 하더라도 청구이의의 사유로 삼을 수 있습니다.

(관련판례 1)

소액사건심판법 제5조의7 제1항은 이행권고결정에 관하여 피고가 일정한 기간 내 이의신청을 하지 아니하거나 이의신청에 대한 각하결정이 확정된 때 또는 이의신청이 취하된 때에는 그 이행권고결정은 확정판결과 같은 효력을 가진다고 규정하고 있다. 그러나 확정판결에 대한 청구이의 이유를 변론이 종결된 뒤(변론 없이 한 판결의 경우에는 판결이 선고된 뒤)에 생긴 것으로 한정하고 있는 민사집행법 제44조 제2항과는 달리, 소액사건심판법 제5조의8 제3항은 이행권고결정에 대한 청구에 관한 이의의 주장에 관하여는 위 민사집행법 규정에 의한 제한을 받지 아니한다고 규정하고 있으므로, 확정된 이행권고결정에 관하여는 그 결정전에 생긴 사유도 청구에 관한 이의의 소에서 주장할 수 있다. 이에 비추어 보면 위 소액사건심판법 규정들의 취지는 확정된 이행권고결정에 확정판결이 가지는 효력 중 기판력을 제외한 나머지 효력인 집행력 및 법률요건적 효력 등의 부수적 효력을 인정하는 것이고, 기판력까지 인정하는 것은 아니다(대법원 2009. 5. 14. 선고 2006다34190 판결[대여금]).

(관련판례 2)

소액사건심판법에 의한 이행권고결정서의 등본을 송달받은 때로부터 2주일 내에 본안사건을 다른 법원으로 이송해 달라는 신청서를 제출한 것이 이행권고결정에 대한 이의신청으로 볼 수 있다(대구지방법원 2004. 1. 5. 자 2003라180 결정).

■ **이행권고결정에 대한 이의신청은 어떤 방법으로 해야 되나요?**

Q. 저는 사채업자로부터 500만원을 이자 월 4%, 변제기 3개월 후로 하여 차용하였고, 원금은 모두 변제하고 이자 일부만 남아 있는 상태입니다. 그런데 최근 집으로 이자부분을 초과한 금액이 기재된 이행권고결정이 송달되어 왔습니다, 이 경우 제가 대처할 방법이 있는지요?

A. 이행권고결정이라 함은 소액사건의 소가 제기된 때에 법원이 결정으로 소장부본이나 제소조서등본을 첨부하여 피고에게 청구취지대로 이행할 것을 권고하는 결정을 말합니다(법 제5조의3 제1항).

귀하가 대여 원금과 이자 일부를 변제하였음에도 사채업자

로부터 남은 이자를 초과한 금액을 청구 받았다면, 이행권
고결정등본을 송달 받은 날부터 2주일 안에 서면으로 이의
신청을 할 수 있고(법 제5조의4 제1항 본문), 또한 귀하는
그 등본이 송달되기 전에도 이의신청을 할 수 있습니다(법
제5조의4 제1항 단서). 귀하의 이의신청이 있으면 법원은
지체 없이 변론기일을 지정하도록 하고 있고(법 제5조의4
제3항), 이 경우 귀하에게 다시 소장부본을 송달하지는 않
고 이행권고결정등본이 송달된 때를 소장부본이나 제소조
서등본이 송달된 것으로 간주하도록 규정하고 있습니다(법
제6조 단서).

그리고 귀하는 제1심 판결이 선고되기 전까지 이의신청을
취하할 수 있고(같은 법 제5조의4 제4항), 이행권고결정의
이행조항은 원고의 청구취지와 동일하므로, 귀하가 이의신
청을 취하하는 경우에는 원고의 동의를 받을 필요는 없습
니다.

귀하가 이의신청을 취하한 경우에는 법원사무관 등은 이행
권고결정 원본의 피고 성명 옆에 이행권고결정의 송달일자
와 확정일자를 부기하여 날인한 후, 이행권고결정 정본을
원고에게 송달하도록 되어 있습니다.

또한, 법원은 이의신청기간 내에 이의신청서가 아니라 답
변서 기타 다투는 취지의 서면이 접수되면 이를 이의신청
서로 보아 변론기일을 지정하도록 하고 있습니다.

이의신청의 방식은 서면으로 하여야 하고(법 제5조의4 제1
항), 이의신청서의 양식은 법원에 비치되어 있습니다. 귀하
가 이의신청을 한 때에는 구체적 이의사유를 기재하지 않

더라도 원고의 주장사실을 다툰 것으로 봅니다(법 제5조의4 제5항).

법원은 이의신청이 적법하지 아니하다고 인정하는 때에 그 흠을 보정할 수 없으면 결정으로 이를 각하 하여야 하며(법 제5조의5 제1항), 이의신청을 각하 하는 경우는 주로 이의신청기간이 2주일을 경과한 때와 이의신청권이 없는 제3자가 이의신청한 때입니다. 이의신청의 각하결정에 대하여는 즉시항고를 할 수 있습니다(법 제5조의5 제2항).

한편 피고가 부득이한 사유로 2주일 내에 이의신청을 할 수 없었던 때에는 그 사유가 없어진 후 2주일 내에 이의신청을 할 수 있습니다. 이를 이의신청의 추후보완이라 합니다. 다만, 그 사유가 없어질 당시 외국에 있는 피고에 대하여는 이의신청 기간을 30일로 하도록 규정하고 있습니다(법 제5조의6 제1항).

이때 피고는 이의신청과 동시에 그 추후보완 사유를 서면으로 소명하여야 합니다. 법원은 추완사유가 없다고 인정되는 경우에는 결정으로 이를 각하 하고, 그 각하결정에 대하여는 즉시항고로 다툴 수 있습니다(같은 법 제5조의6 제3항, 제4항).

또한, 이행권고결정에 대하여 적법한 추후보완 이의신청이 있는 때에 민사소송법 제500조의 재심 또는 상소의 추후보완신청으로 말미암은 집행정지신청 제도를 준용하도록 함으로써 이행권고결정제도의 취지를 모르는 피고가 입을 불측의 손해를 방지할 수 있는 길을 열어 놓았습니다(법 제5조의6 제5항).

이행권고결정의 이행조항에 '피고는 원고에게 20,000,000원 및 이에 대하여 이 사건 소장 부본 송달일 다음날부터 이 사건 판결 선고일까지 연 5%, 그 다음날부터 완제일까지 연 20%의 각 비율에 의한 금원을 지급하라'는 취지로 기재되어 있는 사안에서, 이행권고결정은 당사자의 청구취지대로 이행할 것을 권고하여야 하는데 당사자가 청구취지에서 제1심판결 선고일 다음날부터 소송촉진 등에 관한 특례법(이하 '특례법'이라고 한다) 제3조 제1항에서 정한 법정이율에 의한 지연손해금을 구하는 취지는 특례법 제3조 제1항에서 정한 바와 같이 소장이 채무자에게 송달된 날의 다음날부터 특례법 소정의 법정이율의 적용을 구하는 것이 아니라 제1심판결이 선고되어 효력이 발생하는 날의 다음날부터 지연손해금 산정에서 특례법 소정의 법정이율을 적용하여 줄 것을 구하는 취지로 보이고, 이행권고결정의 효력은 당사자에게 고지한 날에 발생하므로 그 다음날부터 특례법 소정의 법정이율에 의한 지연손해금을 지급할 것을 명하는 것이 당사자가 구하는 취지에 부합하는 것으로 보이는 점 등에 비추어 보면, 위 이행권고결정 이행조항의 '판결 선고일'의 의미는 '이행권고결정의 고지일', 즉 '이행권고결정서 등본의 송달일'이라고 봄이 타당하다(대법원 2013. 6. 10. 자 2013그52 결정[결정경정]).

3-2. 이의신청의 방식과 효과

① 이의신청은 서면으로 하여야 합니다(법 제5조의4 제1항). 이의신청서의 양식은 다음과 같습니다. 피고가 이의신청을 한 때에는 구체적 이의사유를 기재하지 않더라도 원고의 주장사실을 다툰 것으로 봅니다(법 제5조의4 제5항).

[서식 예] 이행권고결정에 대한 이의신청서

<table>
<tr><td>

이행권고결정에 대한 이의신청서

사　　건　20○○가소○○○○ 대여금
원　　고　○○○
피　　고　◇◇◇

　위 사건에 관하여 피고는 20○○. ○. ○. 이행권고결정을 송달 받았으나 다음과 같은 이유로 이의신청을 합니다.

이 의 사 유

1.
2.

20○○.　○○.　○○.

위 피고 ◇◇◇ (서명 또는 날인)

○○지방법원　귀중

</td></tr>
</table>

제출법원	수소법원	제 출 기 간	이행권고결정서의 등본을 송달 받은 날부터 2주일내 (소액사건심판법 제5조의4 제1항)
제출부수	이의신청서 1부 및 상대방 수만큼의 부본 제출	관 련 법 규	소액사건심판법 제5조의 3 내지 제5조의 8
기　타	이행권고결정이라 함은 소액사건의 소가 제기된 때에는 법원이 결정으로 소장부본이나 제소조서등본을 첨부하여 피고에게 청구취지대로 이행할 것을 권고하는 결정을 말하는데, 간이한 소액사건에 대하여 직권으로 이행권고결정을 한 후 이에 대하여 피고가 이의를 제기하지 아니하면 곧바로 변론 없이 원고에게 집행권원을 부여하는 것을 말함.		

② 이의신청서는 원칙적으로 답변서 또는 준비서면으로 갈음되지 않으나, 피고가 이의신청을 한 경우에는 원고의 주장사실을 다툰 것으로 볼 것인가에 관하여 입법과정에서 논란이 있었습니다. 그러나 민사소송법에서는 화해권고결정의 이의신청서에 이의신청의 취지까지 기재하게 하고, 이의신청서 부본을 상대방에게 송달하게 하면서 준비서면에 관한 규정을 준용 하도록 되어 있는데 반하여(민사소송법 제227조 제2항, 제3항), 이행권고결정에서는 소가 제기된 사실을 이행권고결정등본의 송달로써 비로소 알게 된 피고에게 2주일이라는 짧은 기간 안에 답변취지까지 기재할 의무를 부담시키는 것은 피고에게 가혹하다고 보았기 때문에 이와 같이 규정하였습니다.

3-3. 이의신청의 각하

① 법원은 이의신청이 적법하지 아니하다고 인정하는 때에 그 흠을 보정할 수 없으면 결정으로 이를 각하하여야 합니다(법 제5조의5 제1항).
② 이의신청을 각하하는 경우는 주로 이의신청기간인 2주일을 경과한 때라고 할 수 있을 것입니다. 또한 이의신청권이 없는 제3자가

이의신청한 경우에도 각하하여야 합니다. 이의신청의 각하결정에 대하여는 즉시항고를 할 수 있습니다(법 제5조의5 제2항).

3-4. 이의신청의 추후보완 및 집행정지

① 피고가 부득이한 사유로 2주일 안에 이의신청을 할 수 없었던 때에는 그 사유가 없어진 후 2주일 안에 이의신청을 할 수 있습니다. 다만, 그 사유가 없어질 당시 외국에 있는 피고에 대하여는 이 기간을 30일로 하도록 하였다(법 제5조의6 제1항).

② 그런데, 대법원 판례상 민사소송법 제160조 제1항의 '당사자가 그 책임을 질 수 없는 사유' 라고 함은 당사자가 그 소송행위를 하기 위하여 일반적으로 하여야 할 주의를 다하였음에도 불구하고 그 기간을 준수할 수 없었던 사유를 가리키는 것으로 엄격하게 해석하고 있습니다(대법원 1999. 6. 11. 선고 99다9622 판결 등 다수).

③ 그러나, 이행권고결정은 피고가 그 결정정본을 받은 날부터 2주일 이내에 이의신청을 하지 아니하였다는 이유로 확정판결과 같은 효력을 인정하여 항소까지 할 수 없도록 하고 있으므로, 이에 대한 추완사유는 민사소송법상의 추완사유보다는 다소 완화할 필요가 있다고 생각되어 민사소송법 제160조의 피고가 책임을 질 수 없는 사유로 불변기간을 준수할 수 없었던 경우 의 범위를 확대하여 부득이한 사유로 이의신청기간을 준수하지 못한 경우로 규정하게 되었습니다.

④ 한편, 이의신청과 동시에 그 추후보완사유를 서면으로 소명하게 하여 추완사유가 없다고 인정되는 경우에는 결정으로 이를 각하하도록 하고, 그 각하결정에 대하여는 즉시항고를 할 수 있도록 하였습니다(법 제5조의6 제3,4항).

⑤ 또한, 이행권고결정에 대하여 적법한 추완이의신청이 있는 때에 민사

소송법 제473조의 재심 또는 상소추완신청에 인한 집행정지제도를 준용하도록 함으로써 이행권고결정 제도의 취지를 모르는 피고가 입을 불측의 손해를 방지할 수 있는 길을 열어 놓았습니다(법 제5조의6 제5항).

4. 이행권고결정의 효력

4-1. 이행권고결정의 효력

① 이행권고결정은 다음 중 어느 하나에 해당되면 확정됩니다(법 제5조의7 제1항).

 1. 피고가 이행권고결정등본을 송달받은 날부터 2주일 안에 이의신청을 하지 아니한 때

 2. 이의신청에 대한 각하결정이 확정된 때

 3. 이의신청이 취하된 때,

② 이행권고결정이 확정된 때에는 확정판결과 같은 효력을 부여하였습니다. 이는 민사소송법에서 지급명령에 대하여 이의신청이 없거나, 이의신청을 취하하거나, 각하결정이 확정된 때에는 지급명령은 확정판결과 같은 효력이 있다고 규정한 것과 그 취지가 같다고 할 수 있습니다. 다만, 이행권고결정에는 변론종결일의 개념이 없으므로 청구이의의 사유에는 어떠한 제한도 없는 것으로 규정하였습니다(법 제5조의8 제2항).

[서식 예] 재산명시신청서(이행권고결정에 기하여)

재산명시신청서

채권자　○○○(주민등록번호)

　　　　○○시 ○○구 ○○길 ○○(우편번호)

　　　전화·휴대폰번호:

　　　팩스번호, 전자우편(e-mail)주소:

채무자　◇◇◇(주민등록번호)

　　　　○○시 ○○구 ○○길 ○○(우편번호)

　　　전화·휴대폰번호:

　　　팩스번호, 전자우편(e-mail)주소:

집행권원의 표시 및 채무액

　○○지방법원 ○○지원 20○○가소○○○○○ 약정금청구사건의 집행력 있는 이행권고결정문에 기한 금 8,000,000원 및 이에 대한 20○○. ○. ○.부터 다 갚는 날까지의 연 25%의 이자금.

신 청 취 지

채무자는 재산상태를 명시한 재산목록을 제출하라
라는 명령을 구합니다.

신 청 이 유

채권자는 채무자에 대하여 ○○지방법원 ○○지원 20○○가소○○○

○○ 약정금청구사건의 집행력 있는 이행권고결정문에 의하여 위와 같은 집행권원을 가지고 있는바, 채무자가 위 채무를 이행하지 아니하고 있어 그 강제집행을 실시하기 위하여 채무자의 재산을 여러 방면으로 알아보았으나 교묘한 방법으로 재산을 감추고 있어 재산발견이 극히 어려워서 강제집행을 할 수 없으므로 이 사건 신청에 이른 것입니다.

첨 부 서 류

1. 집행력있는 이행권고결정문정본   1통
1. 주민등록표초본(채무자)   1통
1. 송달료납부서   1통

20○○.　○.　○.
위 채권자　○○○ (서명 또는 날인)

○○지방법원 ○○지원　귀중

4-2. 이행권고결정의 효력 상실

① 이행권고결정은 제1심 법원에서 판결이 선고된 때에는 효력을 잃습니다(법 제5조의7 제4항). 이는 민사소송법에서 화해권고결정이 그 심급에서 판결이 선고된 때에 효력을 잃게 되도록 규정한 것과 그 취지가 같습니다(동법 제232조).

② 한편 이행권고결정은 제1심 법원에서만 가능하므로, 제1심 법원에서 판결이 선고된 때에 효력을 상실하도록 규정하였습니다.

5. 이행권고결정에 기한 강제집행의 특례

5-1. 집행문 필요여부

5-1-1. 원 칙

① 이행권고결정에 기한 강제집행은 집행문을 부여받을 필요없이 이행권고결정서정본에 의하여 하도록 규정하였습니다(법 제5조의8 제1항 본문).

② 이행권고결정의 경우 피고에게는 등본을 송달하고 이의신청기간이 도과하여 확정된 다음에 원고에게 정본을 송달하도록 하고 있으므로(법 제5조의7 제3항), 집행문부여를 받을 필요 없이 이행권고결정서 정본에 의하여 강제집행을 실시하도록 하더라도 그 이행권고결정서 정본이 집행력이 있는 것인지 여부에 관하여 집행기관이 오해할 여지가 없습니다. 따라서 이행권고결정에 기한 강제집행은 그 정본에 의하여 하도록 함으로써 원고로 하여금 신속하고 간이하게 강제집행을 할 수 있도록 한 것입니다.

③ 한편, 강제집행에 있어 배당된 이후의 부기문은 이행권고결정정본의 말지에 기재하도록 합니다.

[서식 예] 채무불이행자명부등재신청서(이행권고결정에 기하여)

<table>
<tr><td>

채무불이행자명부등재신청

채권자　ㅇㅇㅇ(주민등록번호)
　　　　ㅇㅇ시 ㅇㅇ구 ㅇㅇ길 ㅇㅇ(우편번호)
　　　　전화·휴대폰번호:
　　　　팩스번호, 전자우편(e-mail)주소:
채무자　◇◇◇(주민등록번호)

</td></tr>
</table>

○○시 ○○구 ○○길 ○○(우편번호)

전화·휴대폰번호:

팩스번호, 전자우편(e-mail)주소:

1. 집행권원의 표시

위 당사자간 귀원 20○○가소○○○ 구상금사건의 확정된 이행권고결정정본

1. 채무자가 이행하지 아니하는 금전채무액

금 ○○○원(집행권원상의 채무전액)

신 청 취 지

채무자를 채무불이행자명부에 등재한다.

라는 재판을 구합니다.

신 청 이 유

1. 채권자는 채무자에 대하여 위와 같은 집행권원을 가지고 있습니다.

2. 위 이행권고결정은 20○○. ○. ○○. 확정되었는바, 그 후 1년 6개월
   이 지나도록 채무자가 위 채무를 이행하지 않고 있습니다.

3. 그러므로 신청취지와 같은 재판을 구하기 위하여 이 사건 신청을
   합니다.

첨 부 서 류

1. 확정된 이행권고결정정본   1통
1. 채무이행최고서(내용증명우편)   1통

1. 주민등록표등본(채무자)   1통
1. 송달료납부서   1통

                    20○○.   ○.   ○.

                    위 채권자   ○○○ (서명 또는 날인

○○지방법원 귀중

제출법원	·금전의 지급을 명한 집행권원이 확정된 후 또는 집행권원을 작성한 후 6월 이내에 채무를 이행하지 아니하는 때 : 채무자의 보통재판적이 있는 곳의 법원(민사집행법 제70조 제3항) ·명시기일 불출석, 재산목록의 제출 거부, 선서 거부, 채무자가 거짓의 재산목록을 낸 때 : 재산명시절차를 실시한 법원(민사집행법 제70조 제3항) ·이 신청에 대한 관할은 전속관할임(민사집행법 제21조).

제출부수	신청서 1부	관련법규	민사집행법 제70조

불복절차 및 기간	·등재 및 등재 기각결정에 대한 즉시항고(민사집행법 제71조 제3항) 다만 절차의 지연을 방지하기 위하여 즉시항고에는 집행정지의 효력이 인정되지 아니한다. ·재판을 고지 받은 날부터 1주의 불변기간 이내(민사집행법 제15조 제2항)
비 용	·인지액 : 1,000원(☞민사접수서류에 붙일 인지액) ·송달료 : 당자사수×3,700원(우편료)×5회분
기 타	·채무불이행자명부등재신청을 할 때에는 신청사유를 소명하는 자료(민사집행법 제70조 제2항)와 채무자의 주소(채무자가 법인인 경우에는 주된 사무소가 있는 곳)를 소명하는 자료(민사집행규칙 제31조 제2항)를 내야 함. ·채무자가 6월 이내에 채무를 이행하지 아니함을 이유로 등재신청을 하는 경우에는 확정판결 등 집행권원을, 명시기일 불출석, 재산목록의 제출거부 또는 선서거부를 이유로 하는 경우에는 명시기일조서등본을, 거짓의 재산목록제출을 이유로 등재신청을 하는 경우에는 유죄판결, 불기소처분(기소유예), 수사결과통지서 등을 소명자료로 제출하면 될 것임.

■ 이행권고결정이 확정되었을 경우에 이를 근거로 채무자 재산에 강제집행을 할 수 있는지 여부와 그 절차를 알려 주십시오?

Q, 저는 채무자를 상대로 대여금에 대한 소액심판청구소송을

제기하여 법원에서 이행권고결정이 확정되었는바, 이를 근거로 채무자의 재산에 강제집행을 할 수 있는지 여부와 그 절차를 알려 주십시오?

A. 이행권고결정에 기한 강제집행은 집행문을 부여받을 필요 없이 이행권고결정서정본에 의하여 하도록 규정하고 있습니다(법 제5조의8 제1항 본문).

이행권고결정의 경우 피고에게는 동본을 송달하고 이의신청기간이 도과하여 확정된 다음에 원고에게 정본을 송달하도록 하고 있으므로(같은 법 제5조의7 제2항), 집행문부여를 받을 필요 없이 이행권고결정서 정본에 의하여 강제집행을 실시하도록 하더라도 그 이행권고결정서 정본이 집행력이 있는 것인지 여부에 관하여 집행기관이 오해할 여지가 없습니다.

따라서 이행권고결정에 기한 강제집행은 그 정본에 의하여 하도록 함으로써 원고로 하여금 신속하고 간편하게 강제집행을 할 수 있도록 한 것입니다. 한편, 강제집행에 있어 배당된 이후의 부기문은 이행권고결정정본의 말지에 기재하도록 하고 있습니다.

다만, 집행에 조건을 붙인 경우와 승계집행문이 필요한 경우에는 재판장의 명을 받아 집행문을 부여받아야 합니다(같은 법 제5조의8 제1항 단서). 실무상 집행문 부여의 요건인 선이행과 불확정기한부 금전지급청구(동시이행과 확정기한부 금전지급청구는 집행개시의 요건일 뿐 집행문부여의 요건은 아님)는 거의 없을 정도이므로, 실제로는 승계집행문을 부여받아야 하는 경우만이 문제될 것으로 생각됩니다.

귀하가 여러 통의 이행권고결정서의 정본을 신청하거나, 전에 내어준 이행권고결정서 정본을 돌려주지 아니하고 다시 이행권고결정서 정본을 신청한 때에는 법원사무관 등이 이를 부여하고, 이 경우 그 사유를 원본과 정본에 적도록 하고 있습니다(같은 법 제5조의8 제2항), 다만, 이행권고결정서정본을 다시 부여하거나 또는 수통을 부여한다고 하더라도 재판장의 허가를 받을 필요는 없고, 집행문도 필요 없다는 점을 유의하여야 합니다. 이 점에서 민사집행법 제35조에 규정된 집행문의 수통 또는 재도부여와는 다르다고 할 것입니다.

그리고 이행권고결정은 변론을 거치지 않고 확정판결과 같은 효력을 부여하므로, 변론종결일의 개념이 없기 때문에 청구에 관한 이의의 주장에 관하여는 민사집행법 제44조 제2항의 규정에 의한 제한을 받지 아니하도록 규정하고 있습니다(법 제5조의8 제3항).

따라서 피고는 이행권고결정이 확정된 이후에 발생한 사유 이외에 그 이의원인이 이행권고결정이 확정되기 전에 있었다고 하더라도 청구이의의 소송을 제기할 수 있습니다.

■ 채무자와 사실혼관계에 있는 자의 물건에도 강제집행이 가능한지요?

Q, 저는 甲에게 500만원을 대여하였다가 변제 받지 못하여 소액심판을 청구하여 승소하였으나 甲소유의 별다른 재산

이 없어 甲이 거주하는 주택 내의 가재도구 등을 강제집행하려고 합니다. 그런데 甲은 혼인신고를 하지 않은 乙과 동거하고 있는데, 이 경우에도 가능한지요?

A. 채무자의 가재도구인 유체동산을 집행하는데 있어서 민사집행법 제190조에 의하면 부부공유재산의 압류에 대해 별도의 규정을 두어 채무자 부부 및 채권자들의 다툼을 해결하고 있습니다. 즉, 이에 따르면 집에 있는 유체동산은 그것이 채무자의 특유재산인지 배우자와의 공유재산인지 알기는 대단히 어려우므로 부부가 사용하고 있는 유체동산은 그것이 특히 배우자의 소유에 속하는 것이 명백한 경우를 제외하고는 압류하여 현금화 할 수 있도록 한 것입니다.

압류와 환가는 채무자의 지분만에 대해 행해지는 것이 아니라 그 전체에 대하여 행해지고 다른 배우자에게는 매각기일에 우선매수를 신고할 수 있는 우선매수권(민사집행법 제206조 제1항)과 경매된 매각대금 중에서 자기의 지분에 상당한 금액의 지급을 요구할 수 있는 지급요구권(동법 제221조 제1항)을 행사할 수 있도록 하고 있습니다. 이때 타방 배우자의 공유주장에 대해 이의가 있는(즉, 공유재산이 아니라 채무자의 단독 재산이라고 주장하는) 채권자는 그 배우자에 대하여 소를 제기하여 공유가 아님을 확정하여야 합니다(동법 제221조 제3항).

따라서 채무자의 부동산 등 집행가능한 재산을 발견하지 못할 경우에는 채무자의 가재도구 등을 압류한 후 경매신청하여 그 매각대금에서 일부라도 변제 받아야 할 것이고, 이 경우 유체동산에 대한 강제집행절차는 귀하가 판결법원에서 집행문 및 판결문의 송달증명원을 발급받아 유체동산 소재지 관할법원 집행관사무실에 집행을 위임하여야 할 것입니다.

그런데 사실혼관계에 있는 배우자들 사이에도 위와 같은 규정이 적용될 것인지 문제되는바, 판례는 위와 같은 규정은 부부공동생활의 실체를 갖추고 있으면서 혼인신고만을 하지 아니한 사실혼관계에 있는 부부의 공유인 유체동산에 대하여도 유추적용 된다고 하고 있으므로(대법원 1997. 11. 11. 선고 97다34273 판결), 귀하는 특별한 사정이 없으면 甲과 乙의 유체동산에 강제집행을 할 수 있으며 그 유체동산의 매각대금에서의 배당은 甲의 지분에 한하여 배당받게 될 것입니다.

5-1-2. 예 외

① 다만, 조건이 있는 채권인 경우와 승계집행문이 필요한 경우에는 재판장의 명을 받아 집행문을 부여받아야 합니다(법 제5조의8 제1항 단서).
② 실무상 집행문 부여의 요건인 선이행과 불확정기한부 금전지급청구(동시이행과 확정기한부 금전지급청구는 집행개시의 요건일 뿐 집행문부여의 요건은 아님)는 거의 없을 정도이므로, 실제로는 승계집행문을 부여받아야 하는 경우만이 문제될 것으로 생각됩니다.

■ 승계집행문이 부여된 경우 당초 발행된 집행문이 유효한지요?

Q. 甲은 저를 상대로 하는 대여금청구의 소송을 제기하여 이행권고결정을 받았습니다. 이후 甲은 乙에게 위 대여금 채권을 양도하였고, 乙은 이행권고결정의 승계집행문을 부여

받아 저를 상대로 양수금 청구의 소를 제기하였으나 제가
乙에게 가지고 있던 금전채권으로 상계하였습니다. 이에
乙은 양수금 청구의 소를 취하하였지만 甲이 재차 집행을
할까봐 걱정됩니다. 甲이 저에 대한 이행권고결정문을 집
행권원으로 집행할 수 있을까요?

A. 이 사건에서는 소액사건심판법상의 이행권고결정처럼 별도
로 집행문을 부여받을 필요 없이 강제집행에 나아갈 수 있
는 경우에도, 집행권원 상의 청구채권이 양도되어 대항요
건을 갖춘 경우 집행당사자 적격은 양수인으로 변경되는
것이고, 양수인이 승계집행문을 부여받음에 따라 집행채권
자는 양수인으로 확정되는 것이므로, 승계집행문의 부여로
인하여 양도인의 기존 집행권원은 집행력이 소멸합니다(대
법원 2008. 2. 1. 선고 2005다23889 판결). 따라서 만일 甲
이 집행권원상의 청구채권을 양도하였음에도 불구하고 집
행력이 소멸한 이행권고결정 정본에 기하여 강제집행절차
에 나아간다면 민사집행법 제16조의 집행이의의 방법으로
이를 다툴 수 있을 것입니다.

(관련판례)

집행권원상의 청구권이 양도되어 대항요건을 갖춘 경우 집
행당사자적격이 양수인으로 변경되고, 양수인이 승계집행
문을 부여받음에 따라 집행채권자는 양수인으로 확정되는
것이므로, 승계집행문의 부여로 인하여 양도인에 대한 기
존 집행권원의 집행력은 소멸한다. 따라서, 그 후 양도인을
상대로 제기한 청구이의의 소는 피고적격이 없는 자를 상
대로 한 소이거나 이미 집행력이 소멸한 집행권원의 집행

력 배제를 구하는 것으로 권리보호의 이익이 없어 부적법
하고, 이러한 법리는 소액사건심판법상의 확정된 이행권고
결정과 같이 위 법 제5조의8 제1항에 의하여 집행문을 별
도로 부여받을 필요 없이 이행권고결정서의 정본에 의하여
강제집행이 가능한 경우에도 마찬가지이다(집행권원상의
청구권을 양도한 채권자가 집행력이 소멸한 이행권고결정
서의 정본에 기하여 강제집행절차에 나아간 경우에 채무자
는 민사집행법 제16조의 집행이의의 방법으로 이를 다툴
수 있다(대법원 2008. 2. 1. 선고 2005다23889 판결[청구이
의]).

5-1-3. 이행권고결정서 정본의 재도 또는 수통부여

① 원고가 여러 통의 이행권고결정서의 정본을 신청하거나, 전에 내
어준 이행권고결정서 정본을 돌려주지 아니하고 다시 이행권고결정서
정본을 신청한 때에는 법원사무관 등이 이를 부여합니다.
② 이 경우 그 사유를 원본과 정본에 적어야 합니다(법 제5조의8 제
2항). 다만, 이행권 고결정서정본을 다시 부여하거나 또는 수통을 부
여한다고 하더라도 재판장의 허가를 받을 필요는 없고, 집행문도 필
요 없다는 점을 유의하여야 합니다. 이 점에서 민사소송법 제485조
에 규정된 집행문의 수통 또는 재도부여와는 다르다고 할 것입니다.

5-2. 청구이의 사유

① 이행권고결정은 변론을 거치지 않고 확정판결과 같은 효력을 부
여하므로, 변론종결일의 개념이 없습니다. 따라서 청구에 관한 이의
의 주장에 관하여는 민사소송법 제505조 제2항 전단의 규정에 의한

제한을 받지 아니하도록 규정하였습니다(법 제5조의8 제3항).

② 이 점에서 현행 지급명령과 유사하다고 할 수 있을 것입니다. 따라서 피고는 이행권고결정이 확정된 이후에 발생한 사유 이외에 그 이의 원인이 이행권고결정이 확정되기 전에 있었다고 하더라도 청구이의의 사유로 삼을 수 있습니다.

■ 소액사건재판에는 이행권고결정이라는 것이 있다던데, 이행권고결정이 무엇인가요?

Q. 소액사건재판에는 이행권고결정이라는 것이 있다던데, 이행권고결정이 무엇인가요?

A. 소액사건의 소장을 접수하면 법원은 이를 심사하여 피고에게 청구취지대로 이행할 것을 권고할 수 있습니다.

법원의 이행권고결정에 대해 ① 피고가 이의신청을 하지 않거나, ② 이의신청에 대한 각하결정이 확정되거나, ③ 피고가 이의신청을 취하한 경우 이행권고결정은 재판절차 없이도 재판에서 판결을 받은 것과 같은 효력을 가집니다. 따라서 원고는 이행권고결정을 근거로 피고의 재산 등에 대한 강제집행을 신청할 수 있습니다.

소액사건의 소장을 접수하면 판사가 이를 심사하여 피고에게 청구취지대로 이행할 것을 권고할 수 있습니다. 이 경우 법원은 이행권고결정서를 피고에게 송달합니다.

피고 주소지 변경 등으로 법원에서 이행권고결정서를 송달할 수 없는 경우 원고는 변론기일 지정 신청을 하여 소액사건재판 절차를 진행할 수 있습니다.

민사집행법 제23조에 의하여 가압류를 위한 담보에도 준용되는 민사소송법 제125조 제1항에서 담보의 취소사유로 규정하고 있는 담보사유가 소멸된 것이란 그 담보를 제공할 원인이 부존재인 경우는 물론이고 그 후 담보의 존속을 계속시킬 원인이 부존재하게 된 경우 또는 장래에 있어서 손해발생의 가능성이 없게 된 경우 등을 의미하는 것으로서, 가압류 채권자가 본안소송에서 승소의 확정판결을 얻은 것과 같이 이미 집행된 가압류 등 보전처분의 정당성이 인용됨으로써 손해가 발생되지 아니할 것이 확실하게 된 경우도 이에 해당한다고 할 것인바, 소액사건심판법 제5조의7 제1항에서는 확정된 이행권고결정도 확정판결과 같은 효력을 가진다고 규정하고 있으므로, 이행권고결정이 확정된 경우에도 본안승소의 확정판결을 받은 것과 같이 담보사유가 소멸되었다고 해석함이 상당하다(대법원 2006. 6. 30. 자 2006마257 결정[담보취소]).

■ 이행권고결정을 받은 경우 어떻게 대처해야 하나요?

Q. 저는 급하게 돈이 필요하여 6개월 전 사채업자로부터 500만원을 빌린 적이 있습니다. 현재 원금은 모두 갚았고 이자만 일부 남아 있는 상황인데, 최근 집으로 이자부분을 넘는 금액이 기재된 이행권고결정이 송달되어 왔습니다. 이 경우 어떻게 대처해야 하나요?

A. 이행권고결정이라 함은 소액사건의 소가 제기된 때에 법원

이 결정으로 소장부본이나 제소조서등본을 첨부하여 피고에게 청구취지대로 이행할 것을 권고하는 결정을 말합니다(법 제5조의3제1항). 사채업자로부터 빌린 돈의 원금을 모두 변제했다면, 이행권고결정등본을 송달 받은 날부터 2주일의 불변기간 안에 서면으로 이의신청을 할 수 있으며(법 제5조의4제1항 본문), 그 등본이 송달되기 전에도 이의신청을 할 수 있습니다(법 제5조의4제1항 단서). 이의신청이 있으면 법원은 지체 없이 변론기일을 지정해야 합니다(법 제5조의4 제3항). 이 경우 이행권고결정등본이 송달된 때는 피고에게 다시 소장부본을 송달하지는 않고 소장부본이나 제소조서등본이 송달된 것으로 간주하고 있습니다(법 제6조 단서). 이의신청의 방식은 서면으로 하여야 하는데(법 제5조의4제1항), 이의신청서의 양식은 법원에 비치되어 있습니다. 이의신청을 한 때에는 구체적인 이의사유를 기재하지 않더라도 원고의 주장사실을 다툰 것으로 봅니다(법 제5조의4제5항).

■ 이행권고결정이 확정된 경우라도 재심으로 다시 다툴 수 있는지요?

Q. 확정된 결정에 대해서도 특정한 경우 준재심청구가 가능하다고 들었습니다. 이행권고결정이 확정된 경우라도 재심으로 다시 다툴 수 있는지요?

A. 소액사건심판법 제5조의8 제3항은 '청구에 관한 이의의 주장에 관하여는 민사집행법 제44조 제2항의 규정에 의한

제한을 받지 아니한다.'고 규정하고 있으며, 민사집행법 제 44조 제2항은 '청구에 관한 이의는 그 이유가 변론이 종결된 뒤(변론 없이 한 판결의 경우에는 판결이 선고된 뒤)에 생긴 것이어야 한다.'고 규정하고 있습니다.

따라서 확정된 이행권고결정에 관하여는 그 결정 전에 생긴 사유도 청구 이의의 소를 제기하여 다툴 수 있으며, 위 규정들의 취지에 비추어 볼 때 확정된 이행권고결정에 확정판결이 가지는 효력 중 기판력까지 인정되는 것은 아니라 할 것입니다.

그러므로 민사소송법상 재심은 확정된 종국판결에 재심사유에 해당하는 중대한 하자가 있는 경우에 허용되는 것이므로, 기판력을 가지지 아니하는 확정된 이행권고결정에는 설사 재심사유에 해당하는 하자가 있다고 하더라도 이를 이유로 민사소송법 제461조가 정한 준재심의 소를 제기할 수는 없고, 청구이의의 소를 제기하거나 또는 이미 강제집행이 완료된 경우에는 부당이득반환청구의 소를 제기하여야 할 것입니다(대법원 2009. 5.14. 선고 2006다34190 판결 참조).

(관련판례)

민사소송법 제461조에 의하여 준용되는 같은 법 제451조의 재심은 확정된 종국판결에 재심사유에 해당하는 중대한 하자가 있는 경우에 그 판결의 취소와 이미 종결된 소송을 부활시켜 재심판을 구하는 비상의 불복신청방법으로서 확정된 종국판결이 갖는 기판력, 형성력, 집행력 등 판결의 효력의 배제를 주된 목적으로 하는 것이다. 그러므로 기판

력을 가지지 아니하는 확정된 이행권고결정에 설사 재심사
유에 해당하는 하자가 있다고 하더라도 이를 이유로 민사
소송법 제461조가 정한 준재심의 소를 제기할 수는 없고,
청구이의의 소를 제기하거나 또는 전체로서의 강제집행이
이미 완료된 경우에는 부당이득반환청구의 소 등을 제기할
수 있을 뿐이다(대법원 2009. 5. 14. 선고 2006다34190 판
결[대여금]).

■ 지급명령이나 이행권고결정을 다투고자 하는 경우에 해결방
법이 무엇이고 소송비용은 얼마나 들어가나요?

Q. 저는 3년 전에 지인으로부터 건강식품보조제를 구입했다
는 이유로 최근 지급명령결정이나 이행권고결정을 받았으
나 지인에게 효능이 없어 반환을 하여 다툴 필요가 없다고
생각하여 이를 다투지 못하였는데 저의 통장이 지인에 의
해 압류되었다는 사실을 은행으로부터 연락을 받고 지급명
령이나 이행권고결정을 다투고자 합니다. 해결방법이 무엇
이고 소송비용은 얼마나 들어가나요?

A. 청구에 관한 이의의 소라 함은 채무자가 집행권원에 표시
된 청구권에 관하여 생긴 이의를 내세워 그 집행권원이 가
지는 집행력의 배제를 구하는 소를 말합니다.(민사집행법
제44조)
청구에 관한 이의의 소는 확정된 종국판결 기타 유효한 집
행권원에 표시된 청구권에 대한 실체상의 사유를 주장하여
그 집행력의 배제를 목적으로 하는 것으므로 그 집행권원

의 내용이 금전채권을 위한 집행이든지 비금전채권을 위한 집행이든지 상관없습니다. 그러나 본소로서 집행권원의 집행력 자체의 배제를 구하는 것이 아니라 개개의 구체적인 집행력의 배제를 구하는 것은 허용되지 않습니다.(대판 1971.12.28. 71다1008)

청구이의는 그 이유가 변론이 종결된 뒤에, 변론 없이 한 판결의 경우에는 판결이 선고된 뒤에 생긴 것이어야 합니다(민사집행법 제44조 제2항).

판결이 집행권원인 때에는 이의의 원인이 변론종결 후에 생긴 경우에 한하여 할 수 있으나, 위 사안과 같이 확정된 지급명령이나(동법 제58조 제3항), 확정된 이행권고결정(법 제5조의 8 제3항)의 경우에는 민사집행법 제44조 제2항의 제한이 적용되지 아니하므로, 이의이유의 발생시기에 관하여 아무런 제한이 없습니다.

청구이의의 소의 소송물가액은 소로써 주장하는 이익에 의하여 산정하므로(민사소송법 제26조 제1항) 채무의 소멸 등을 이의사유로 하여 영국적인 집행력의 배제를 구하는 경우에는 집행권원에서 인정된 권리의 가액에 의하여 정합니다.(인지규칙 16조 3호)

따라서 청구이의의 소를 제기하기 위하여 법원에 납부해야 할 인지대 및 송달료 기준은 지급명령이나 이행권고결정에 의하여 확정된 금원을 기준으로 하면 됩니다. 또한 부대의 청구에 관하여 이의가 있다 하더라도 민사소송법 제27조 제2항에 따라 그 가액은 산입하지 않습니다.

제4장 소액사건의 변론

1. 변론기일의 지정

① 소액사건의 소의 제기가 있는 경우에 판사는 바로 변론기일을 정할 수 있습니다.

② 판사는 되도록 1회의 변론기일로 심리를 마치도록 하여야 하므로 당사자는 최초의 기일에 필요한 모든 증거방법을 제출할 수 있도록 사전 준비를 하는 것이 좋습니다.

(관련판례)

소액사건심판법의 적용을 받지 아니하는 일반 민사사건에 있어서 판결로 소를 각하하기 위하여는, 법원이 변론을 연 경우에는 물론이며, 변론 없이 하는 경우에도 반드시 선고기일을 지정하여(변론을 연 경우에는 변론을 종결하고) 당사자를 소환하고 그 지정된 선고기일에 소각하의 종국판결을 선고하여야 할 것이므로, 위와 같은 절차를 거침이 없이 변론기일에 선고된 판결은 위법하다(대법원 1996. 5. 28. 선고 96누2699 판결).

2. 소장의 송달

① 소장부본이나 제소조서등본(구술제소의 경우)은 지체 없이 피고에게 송달하여야 합니다. 다만, 피고에게 이행권고결정서의 등본이 송달된 때에는 소장부본이나 제소조서등본이 송달된 것으로 봅니다(법 제6조).

② 「송달」이란 법원이 소송에 관련된 서류를 일정한 방식에 따라 당사자나 소송 관계인에게 보내는 일을 말하는데, 자세한 내용은 민사소송법 제174조부터 제197조까지에서 정하고 있습니다.

3. 변론기일의 지정

3-1. 1회 변론종결 원칙

① 소액사건의 소 제기가 있는 경우에 판사는 민사소송법 제256조, 제257조 및 제258조의 규정에도 불구하고 바로 변론기일을 정할 수 있습니다(법 제7조제1항).

② 이 경우에 판사는 되도록 1회의 변론기일로 심리를 마치도록 하여야 합니다(법 제7조제2항).

③ 1회 변론종결을 위하여 판사는 변론기일 전이라도 당사자로 하여금 증거신청을 하게 하는 등 필요한 조치를 취할 수 있습니다(법 제7조제3항).

④ 1회 변론종결을 위하여 원고에 대한 최초의 기일통지서에는 다음의 사항을 적어야 합니다(동 규칙 제5조제1항).

 1. 최초의 기일에 필요한 모든 증거방법을 제출할 수 있도록 사전 준비를 할 것

 2. 최초의 기일 전이라도 증거신청이 가능하다는 것

 3. 서증을 제출할 때에는 동시에 그 사본 2통을 첨가하여 제출하여야 한다는 것(상대방의 수가 2인 이상일 때에는 그 수에 1을 더한 통수)

 4. 증인신문을 신청하는 때에는 신청서와 동시에 신문사항의 요령을 기재한 서면 4통을 제출하여야 한다는 것(상대방의 수가 2

인 이상일 때에는 그 수에 3을 더한 통수)

⑤ 다음의 어느 하나에 해당하는 경우 법원은 지체 없이 변론기일을
지정하여야 합니다.

 1. 이행권고결정에 대하여 피고가 이의신청을 한 경우(법 제5조의4
    제3항)

 2. 우편송달 및 공시송달의 방법에 의하지 않고는 피고에게 이행권
    고결정서의 등본을 송달할 수 없는 경우(법 제5조의3제4항)

3-2. 공휴일·야간의 개정(開廷)

판사는 필요한 경우 근무시간 외 또는 공휴일에도 개정할 수 있습
니다(법 제7조의2).

4. 소액사건의 심리

① 법원은 소액사건의 경우 소장·준비서면 기타 소송기록에 의하여 청구
가 이유 없음이 명백한 때에는 변론 없이 청구를 기각할 수 있습니다.
② 판사는 직권으로 증거조사를 할 수 있습니다.
③ 소액사건의 경우 원격영상재판을 활용할 수 있습니다.

4-1. 심리절차에 관한 특칙

① 법원은 소장·준비서면 기타 소송기록에 따라 청구가 이유 없음이
명백한 때에는 변론 없이 청구를 기각할 수 있습니다(법 제9조제1항).
② 판사의 경질이 있는 경우라도 변론의 갱신(更新) 없이 판결할 수
있습니다(법 제9조제2항).

4-2. 증거조사에 관한 특칙

4-2-1. 판사의 증거조사

① 판사는 필요하다고 인정한 때에는 직권으로 증거조사를 할 수 있습니다. 그러나 그 증거조사의 결과에 관하여는 당사자의 의견을 들어야 합니다(법 제10조제1항).

② 증인은 판사가 신문합니다. 그러나 당사자는 판사에게 고(告)하고 신문할 수 있습니다(법 제10조제2항).

4-2-2. 서면 제출

① 판사는 상당하다고 인정한 때에는 증인 또는 감정인의 신문에 갈음하여 서면을 제출하게 할 수 있습니다(법 제10조제3항).

② 위 규정에 따라 신문에 갈음하여 서면을 제출하기로 결정된 증인 또는 감정인은 법원에 그 신문서를 제출할 때에 주민등록표 초본이나, 동장·이장이 그 동일성을 증명하는 서면을 첨부하여야 합니다(소액사건심판규칙 제6조제1항).

③ 증인 또는 감정인에 대한 서면신문은 재판사무에 관한 문서양식에 따른 신문서를 송달하여 행합니다(동 규칙 제6조제2항).

④ 신문서에는 증인 또는 감정인이 서명·날인하여야 합니다(동 규칙 제6조제3항).

4-3. 조서의 기재생략

① 조서는 당사자의 이의가 있는 경우를 제외하고 판사의 허가가 있는 때에는 이에 기재할 사항을 생략할 수 있습니다(법 제11조제1항).

② 위 규정은 변론의 방식에 관한 규정의 준수와 화해·인낙(認諾)·포기·취하 및 자백에 대하여는 이를 적용하지 않습니다(법 제11조제2항).

4-4. 원격영상재판 제도의 이용

4-4-1. 원격영상재판이란

① 원격영상재판이란 재판관계인이 교통의 불편 등으로 법정에 직접 출석하기 어려운 경우에 재판관계인이 동영상 및 음성을 동시에 송·수신하는 장치가 갖추어진 다른 원격지의 법정에 출석하여 진행하는 재판을 말합니다(원격영상재판에 관한 특례법 제2조제2호).

② 「재판관계인」이란 법관·당사자·증인 등 법원의 재판절차에 참여하는 자를 말합니다(동법 제2조제1호).

③ 소액사건에 대하여도 원격영상재판을 할 수 있습니다.

④ 법원은 다음의 어느 하나에 해당하는 사건에 한하여 원격영상재판을 할 수 있습니다(동법 제3조).

 1. 소액사건심판법의 적용을 받는 민사사건

 2. 화해·독촉 및 조정에 관한 사건

 3. 20만원 이하의 벌금 또는 구류나 과료에 처할 범죄사건(즉결심판하는 경우에 한함)

 4. 가족관계의 등록등에 관한 법률 제75조에 의한 협의상 이혼의 확인

 5. 원격영상재판을 하는 과정에서 발생하는 법원조직법 제61조제1항(감치 등)의 사건

 6. 다른 법률에 의하여 시법원 또는 군법원의 권한에 속하는 사건

4-4-2. 원격영상재판의 효과

원격영상재판은 재판관계인이 같은 법정에 출석하여 진행하는 재판으로 봅니다(동법 제4조).

제5장 판결의 선고 및 재판에 대한 불복

1. 판결의 선고

① 소액사건의 경우 판결의 선고는 변론종결 후 즉시 할 수 있습니다.

② 소액사건에 대한 제1심판결이나 결정·명령의 취소변경을 구하는 경우에는 항소 또는 항고를 제기할 수 있습니다.

③ 소액사건의 경우 법률위반에 대한 판단이 부당하거나 대법원의 판례에 상반되는 판단을 한 경우 등 일정한 때에만 대법원에 상고 또는 재항고를 할 수 있습니다.

(관련판례)

소액사건에 있어서 구체적 사건에 적용할 법령의 해석에 관한 대법원판례가 아직 없는 상황에서 같은 법령의 해석이 쟁점으로 되어 있는 다수의 소액사건들이 하급심에 계속되어 있을 뿐 아니라 재판부에 따라 엇갈리는 판단을 하는 사례가 나타나고 있는 경우, 소액사건이라는 이유로 대법원이 그 법령의 해석에 관하여 판단을 하지 아니한 채 사건을 종결하고 만다면 국민생활의 법적 안전성을 해칠 것이 우려되므로, 이와 같은 특별한 사정이 있는 경우에는 소액사건에 관하여 상고이유로 할 수 있는 '대법원의 판례에 상반되는 판단을 한 때'의 요건을 갖추지 아니하였다고 하더라도 법령해석의 통일이라는 대법원의 본질적 기능을 수행하는 차원에서 실체법 해석 적용에 있어서의 잘못에 관하여 직권으로 판단할 수 있다(대법원 2008. 12. 11. 선고 2006다50420 판결).

2. 판결에 관한 특례

① 판결의 선고는 변론종결 후 즉시 할 수 있습니다(법 제11조의2제1항).
② 판결을 선고함에는 주문을 낭독하고 주문이 정당함을 인정할 수 있는 범위에서 그 이유의 요지를 구술로 설명하여야 합니다(법 제11조의2제2항).
③ 판결서에는 민사소송법 제208조에도 불구하고 이유를 기재하지 않을 수 있습니다(법 제11조의2제3항).

3. 소액사건재판에 대한 불복

3-1. 항소 또는 항고

① 소액사건의 제1심판결이나 결정·명령에 대한 항소 또는 항고에 대하여는 소액사건심판법에 특례 규정이 없으므로 민사소송법의 관련 규정을 따릅니다.
② 소액사건에 대한 지방법원 및 그 지원, 시(市)·군(郡) 법원의 단독판사의 제1심판결이나 결정·명령에 대한 항소 또는 항고사건은 지방법원 본원 합의부 및 춘천지방법원 강릉지원의 합의부가 제2심으로 심판합니다. 다만, 법원조직법 제28조의4제2호에 따라 특허법원의 권한에 속하는 사건은 제외합니다(법원조직법 제32조제2항, 제28조제2호 및 고등법원부의 지방법원소재지에서의 사무처리에 관한 규칙 제4조제1항).
③ 항소 또는 항고사건을 심판하는 지방법원본원합의부 및 지방법원지원합의부의 관할구역은 다음과 같습니다(각급법원의 설치와 관할

구역에 관한 법률 별표 8).

합의부명	관할구역
춘천지방법원 본원 합의부	춘천지방법원의 관할구역 중 강릉시·동해시·삼척시·속초시·양양군·고성군을 제외한 지역
그 밖의 지방법원 본원 합의부	해당 지방법원의 관할구역
춘천지방법원 강릉지원 합의부	강릉시·동해시·삼척시·속초시·양양군·고성군

3-2. 상고 또는 재항고

① 소액사건의 경우 통상의 민사사건과 비교할 때 상고 및 재항고 이유가 제한됩니다.

② 소액사건에 대한 지방법원 본원 합의부의 제2심판결이나 결정·명령에 대하여는 다음의 어느 하나에 해당하는 경우에 한하여 대법원에 상고 또는 재항고를 할 수 있습니다(법 제3조).

1. 법률·명령·규칙 또는 처분의 헌법위반 여부와 명령·규칙 또는 처분의 법률위반 여부에 대한 판단이 부당한 때

2. 대법원의 판례에 상반되는 판단을 한 때

③ 상고 또는 재항고 이유서에는 소액사건심판법 제3조에 해당되는 사유만을 구체적으로 명시하여야 하며 이 밖의 사유를 기재한 때에는 기재하지 않은 것으로 봅니다(동 규칙 제2조).

④ 상고 또는 재항고 이유의 제한(법 제3조)을 제외한 그 밖의 상고 또는 재항고에 관한 사항은 민사소송법의 관련 규정을 따릅니다.

■ 항소장 부본 등의 공시송달로 인하여 항소심의 소송계속을 몰라 변론의 기회가 없었음을 이유로 소액사건의 항소심판결에 대하여 상고할 수 있는지요?

Q. 甲은 乙이 제기한 물품대금 1,000만원 청구 소송의 피고인데, 제1심에서 전부 승소하였습니다. 그런데 乙이 항소하였고, 甲은 항소장 부본을 송달받지 못하여 항소장의 부본 및 변론기일 소환장이 공시송달의 방법에 의하여 송달되어 항소심이 진행되었고, 결국 제1심이 판결이 취소되고 갑이 을에게 1,000만원 지급하라는 내용의 판결이 선고되었습니다. 그런데 甲은 상고기간이 경과된 후에야 항소심 패소사실을 알게 되었습니다. 이 경우 甲이 추후보완상고를 하여 승소할 수 있는지요?

A. 소송행위의 추후보완에 관하여 민사소송법 제173조 제1항은 "당사자가 책임질 수 없는 사유로 말미암아 불변기간을 지킬 수 없었던 경우에는 그 사유가 없어진 날부터 2주 이내에 게을리 한 소송행위를 보완할 수 있다. 다만, 그 사유가 없어질 당시 외국에 있던 당사자에 대하여는 이 기간을 30일로 한다."라고 규정하고 있습니다. 그런데 소장부본과 판결정본 등이 모두 공시송달의 방법에 의하여 송달된 경우와 소송행위 추후보완에 관하여 판례는 "소장부본과 판결정본 등이 공시송달의 방법에 의하여 송달되었다면 특별한 사정이 없는 한 피고는 과실 없이 그 판결의 송달을 알지 못한 것이고, 이러한 경우 피고는 그 책임을 질 수 없는 사유로 인하여 불변기간을 준수할 수 없었던 때에 해당하여 그 사유가 없어진 후 2주일(그 사유가 없어질 당시 외국에 있었던 경우에는 30일) 내에 추완항소를 할 수 있는바, 여기에서 '사유가 없어진 후'라 함은 당사자나 소송대리인이 단순히 판결이 있었던 사실을 안 때가 아니고 나

아가 그 판결이 공시송달의 방법으로 송달된 사실을 안 때를 가리키는 것으로서, 다른 특별한 사정이 없는 한 통상의 경우에는 당사자나 소송대리인이 그 사건기록의 열람을 하거나 또는 새로이 판결정본을 영수한 때에 비로소 그 판결이 공시송달의 방법으로 송달된 사실을 알게 되었다고 보아야 한다."라고 하였습니다(대법원 2000. 9. 5. 선고 2000므87 판결).

위와 같은 법리에 따라 대법원은 항소장 부본 등의 공시송달로 인하여 항소심의 소송계속을 몰랐던 경우, 추완상고가 허용되는지 관하여 "피항소인인 피고에게 항소장의 부본 및 변론기일 소환장이 공시송달의 방법에 의하여 송달되었고, 판결 정본도 공시송달의 방법으로 송달되었다면, 피고로서는 원고가 항소를 제기하여 항소심의 절차가 진행되었던 사실을 모르고 있었다고 할 것이어서 특별한 사정이 없는 한 피고는 과실 없이 그 판결의 송달을 알지 못한 것이라고 할 것이고, 이러한 경우 피고는 그 책임질 수 없는 사유로 불변기간을 지킬 수 없었던 경우에 해당하여 그 사유가 없어진 날로부터 2주일 내에 추완상고를 할 수 있는 것이다"고 하였습니다(대법원 1994. 12. 13. 선고 94다24299 판결, 1997. 5. 30. 선고 95다21365 판결, 대법원 2006. 3. 24. 선고 2006다6621 판결).

따라서 甲은 항소심소송기록 등을 열람하여 공시송달 및 패소사실을 알게 된 날로부터 2주일 내에 추완상고를 제기할 수 있으며, 위 추완상고는 적법합니다.

한편 「소액사건심판법」은 일정한 금액 이하를 소송목적의 값으로 하는 사건에 관한 소송을 간편하게 할 수 있도록 하기 위하여 제정된 민사소송법에 대한 특별법의 하나로서, 이 법에 의하여 제기되는 절차를 소액사건심판절차라고 합니다(법 제1조). 소액사건은 소를 제기한 때의 소송목적의 값이 3,000만원을 초과하지 아니하는 금전 기타 대체물, 유가증권의 일정한 수량의 지급을 청구하는 제1심의민사사건을 대상으로 하며, 소액사건심판법 제3조는 "소액사건에 대한 지방법원합의부의 제2심 판결이나 결정·명령에 대하여는 ① 법률·명령·규칙 또는 처분의 헌법위반 여부와 명령·규칙 또는 처분의 법률위반 여부에 대한 판단이 부당한 때, ② 대법원의 판례에 상반되는 판단을 한 때에 한하여 대법원에 상고 또는 재항고를 할 수 있다."라고 규정하고 있습니다.

그렇다면, 甲의 추후보완상고가 적법하더라도 위 소액사건심판법 제3조에서 규정한 상고사유에 해당되어야 甲은 상고심에서 승소할 수 있을 것입니다. 항소장 부본 등의 공시송달로 인하여 항소심의 소송계속을 몰라 변론의 기회가 없었을 경우 소액사건심판법에서 규정하고 있는 소액사건의 항소심판결에 대한 상고사유에 해당되는지에 관하여 대법원은 "피고는 항소장 부본부터 공시송달의 방법으로 송달되어 귀책사유 없이 이 사건에 관하여 항소가 제기된 사실조차 모르고 있었고, 이러한 상태에서 피고의 출석 없이 원심의 변론기일이 진행되어 제1심에서 승소판결을 받은 피고가 자신의 주장에 부합하는 증거를 제출할 기회를 상실함으로써 피고는 당사자로서 절차상 부여된 권리를 침해당하였다고 할 것이고, 이와 같은 경우는 당사자가 대리인에 의하여 적법하게 대리되지 않았던 경우와 마찬가지로 보아 민사소송법 제424조 제1항 제4호 의 규정을 유추적용할 수 있다고 할 것이므로, 위와 같은 변론절차를 거쳐서 선고된 원심판결은 위법하다는 취지이나, 이 사건과 같은 소액사건의 항소심판결에 대하여는 소액사건심판법 제3조 제1, 2호에 해당하는 경우에 한하여 상고를 할 수 있는데 위 주장과 같은 사유는 소액사건심판법 제3조 제1, 2호의 어느 경우에도 해당하지 아니하므로(다만, 위 사유가 민사소송법 제451조 제1항 제3호 소정의 재심사유에 해당할 여지가 있음은 별문제이다.), 상고이유의 주장은 받아들일 수 없다"고 하였습니다(대법원 2001. 6. 26. 선고 99다51395 판결, 2005. 10. 14. 선고 2004다52705 판결, 대법원 2006. 3. 24. 선고 2006다6621 판결).

따라서 이 사안에서 甲의 추후보완상고는 적법하나, 상고사유를 규정한 소액사건심판법 제3조 제1, 2호 어느 경우에도 해당하지 아니하므로 결국 甲의 상고는 상고이유가 없어 기각될 것으로 생각됩니다.

(관련판례 1)

소액사건심판법 제3조에 의하면 소액사건에 대하여는 법률·명령·규칙 또는 처분의 헌법 위반 여부와 명령·규칙 또는 처분의 법률 위반 여부에 대한 판단이 부당하거나, 대법원의 판례에 상반되는 판단을 한 때에만 상고할 수 있고, 단순한 채증법칙 위반이나 법리오해 등은 이를 상고이유로 삼을 수 없다(대법원 1998. 1. 23. 선고 97다25613

판결).

(관련판례 2)

경험칙과 조리에 부합하는 증거를 배척한 원심조치는 채증법칙에 관한 대법원판례에 위반 된다는 상고이유는 판례위반을 내세워 원심의 증거판단과 사실인정을 비의하는 것으로서 소액사건심판법 제3조 소정의 적법한 상고이유로 삼을 수 없다(대법원 1983. 3. 22. 선고 82다745 판결).

(관련판례 3)

소액사건에 있어서 원심변론종결 전 사망한 당사자에 대하여 실시한 판결문의 송달은 위법하여 원칙적으로 무효이고, 따라서 불변기간인 상고기간이 진행될 수 없으므로 추완상고의 문제는 생기지 아니하나, 단지 상속인들이 제기한 추완상고는 상속인들이 판결문을 송달받은 날로부터 적법한 상고기간 내에 제출된 상고로서 적법하다(대법원 2005. 10. 14. 선고 2004다52705 판결[대여금]).

■ 소액사건심판법상 대법원의 판례와 상반된다는 이유로 상고할 수 있는지요?

Q. 甲은 乙새마을금고의 전 이사장 丙의 퇴직금 1,700만원의 채권을 양도받고 丙은 乙새마을금고에 채권양도통지를 하였으며, 그 後 甲이 乙새마을금고에 양수금을 지급받기 위하여 소액심판청구를 하였으나 패소하였고, 항소심에서도 甲이 패소하였는바, 그 이유는 丙의 퇴직금채권이 근로기준법상의 임금이라는 것입니다. 그런데 '주식회사의 규정에 의하여 이사 등 임원에게 퇴직금을 지급하는 경우에도

그 퇴직금은 근로기준법 소정의 퇴직금이 아니라 재직중의 직무집행에 대한 대가로 지급되는 보수의 일종'이라는 판례가 있다고 하는바, 甲이 그러한 판례에 상반된다는 이유로 상고할 수 있는지요?

A. 소액사건심판법 제3조는 "소액사건에 대한 지방법원합의부의 제2심 판결이나 결정·명령에 대하여는 ①법률·명령·규칙 또는 처분의 헌법위반 여부와 명령·규칙 또는 처분의 법률위반 여부에 대한 판단이 부당한 때, ②대법원의 판례에 상반되는 판단을 한 때에 한하여 대법원에 상고 또는 재항고를 할 수 있다."라고 규정하고 있습니다.

그리고 같은 법 제3조 제2호 소정의 '대법원의 판례에 상반되는 판단을 한 때'의 의미에 관하여 판례는 "소액사건심판법 제3조 제2호에서 말하는 '대법원 판례에 상반되는 판단을 한 때'라 함은 구체적인 당해 사건에 적용할 법령의 해석에 관해서 대법원이 내린 판단과 상반되는 해석을 한 경우를 말하고, 단순한 법리오해나 채증법칙위반과 같은 사유는 여기에 해당하지 아니한다."라고 하였습니다(대법원 2000. 6. 9. 선고 2000다10963 판결, 2004. 8. 20. 선고 2003다1878 판결).

또한, "소액사건심판법 소정의 소액사건에 대하여 소액심판법에 의한 대법원의 판례에 상반된 판단을 하였다고 하여 상고를 하려면 소액사건심판규칙 제8조, 민사소송규칙 제85조(현행 민사소송규칙 제131조)에 의하여 원심판결의 어떠한 부분이 어떠한 대법원의 판례에 상반된 것인가를 구체적으로 지적하여야 하고, 그 대법원 판례를 구체적으로 명시하여야 한다."라고 하였습니다(대법원 1997. 2. 28. 선고 96다42499 판결).

그런데 위 사안과 관련하여 임금채권의 양수인이 사용자에게 직접 양수금청구를 할 수 있는지에 대하여 판례는 "근로자가 그 임금채권을 양도한 경우라 할지라도 그 임금의 지급에 관하여는 근로기준법 제36조 제1항(현행 근로기준법 제43조 제1항)에 정한 임금직접지급의 원칙이 적용되어 사용자는 직접 근로자에게 임금을 지급하지 아니하면 안되고, 그 결과 비록 적법 유효한 양수인이라도 스스로 사용자에 대하여 임금의 지급을 청구할 수 없다."라고 하였습니다(대법원 1996. 3. 22. 선고 95다2630 판결).

그러므로 위 사안에서 丙의 퇴직금채권이 임금채권이라면 甲의 위 청구는 기각되어야 할 것이고, 丙의 퇴직금채권이 임금채권이 아니라면 甲의 청구는 받아들여져야 할 것입니다.

그런데 새마을금고 이사장의 퇴직금이 근로기준법 소정의 임금에 해당하는지에 관하여 판례는 "주식회사의 업무집행권을 가진 이사 등 임원은 회사로부터 일정한 사무처리의 위임을 받고 있는 것이므로(상법 제382조 제2항), 사용자의 지휘·감독 아래 일정한 근로를 제공하고 소정의 임금을 지급 받는 고용관계에 있는 것이 아니며, 따라서 일정한 보수를 받는 경우에도 이를 근로기준법 소정의 임금이라 할 수 없고, 회사의 규정에 의하여 이사 등 임원에게 퇴직금을 지급하는 경우에도 그 퇴직금은 근로기준법 소정의 퇴직금이 아니라 재직중의 직무집행에 대한 대가로 지급되는 보수의 일종이며, 한편 새마을금고법 제24조는 주식회사와 이사의 관계에 대하여 위임에 관한 규정을 준용하도록 한 위 상법 제382조 제2항의 규정을 새마을금고의 임원에 다시 준용하도록 규정하고 있으므로, 새마을금고의 이사장의 퇴직금 역시 근로기준법상의 임금에 해당하지 않는다."라고 하였으며, "주식회사의 임원의 퇴직금이 근로기준법상의 임금인지의 여부에 관하여 대법원판결이 취하고 있는 견해(대법원 1988 .6. 14. 선고 87다카2268 판결)는 새마을금고의 이사장의 퇴직금에 관하여도 선례로서 구속력을 가진다고 할 것이므로, 새마을금고의 이사장의 퇴직급여가 근로기준법상의 임금임을 전제로 한 판단은 소액사건심판법 제3조 제2호 소정의 '대법원의 판례와 상반되는 판단을 한 때'에 해당한다."라고 보아 원심판결을 파기한 사례가 있습니다(대법원 2001. 2. 23. 선고 2000다61312 판결).

따라서 위 사안에서 甲은 위 판결이 소액사건심판법 제3조 제2호 소정의 '대법원의 판례에 상반되는 판단을 한 때'에 해당된다는 이유로 상고해 볼 수 있을 것으로 보입니다.

(관련판례 1)

민사법원이 형사법원이 인정한 사실에 구속을 받는 것은 아니지만 이미 확정된 관련있는 형사 판결의 인정사실은 특별한 사정이 없는한 유력한 증거자료가 된다함은 대법원 판례이므로 특별한 사정이 있다는 설시도 없이 위 형사 판결의 증거가치를 무시한 것은 소액사건심판법 제3조 제2호에 이른바 대법원의 판례에 상반되는 판단을 한 때에 해당한다(대법원 1978. 5. 23. 선고 78다515 판결).

(관련판례2)

소액사건에 있어서 원심변론종결 전 사망한 당사자에 대하여 실시한 판결문의 송달은 위법하여 원칙적으로 무효이고, 따라서 불변기간인 상고기간이 진행될 수 없으므로 추완상고의 문제는 생기지 아니하나, 단지 상속인들이 제기한 추완상고는 상속인들이 판결문을 송달받은 날로부터 적법한 상고기간 내에 제출된 상고로서 적법하다(대법원 2005. 10. 14. 선고 2004다52705 판결[대여금]).

4. 확정된 종국판결(終局判決)에 대한 불복

① 소액사건의 경우 재심에 대한 특례 규정이 없으므로, 이에 대하여는 민사소송법의 규정을 따릅니다.
② 다음의 어느 하나에 해당하면 확정된 종국판결에 대하여 재심의 소를 제기할 수 있습니다. 다만, 당사자가 상소에 의하여 그 사유를 주장하였거나, 이를 알고도 주장하지 않은 때에는 재심의 소를 제기할 수 없습니다(민사소송법 제451조제1항).
 1. 법률에 따라 판결법원을 구성하지 않은 때
 2. 법률상 그 재판에 관여할 수 없는 법관이 관여한 때
 3. 법정대리권·소송대리권 또는 대리인이 소송행위를 하는 데에 필요한 권한의 수여에 흠이 있는 때. 다만, 민사소송법 제60조 또는 민사소송법 제97조에 따라 추인(追認)한 때에는 그렇지 않습니다.
 4. 재판에 관여한 법관이 그 사건에 관하여 직무에 관한 죄를 범한 때
 5. 형사상 처벌을 받을 다른 사람의 행위로 말미암아 자백을 하였

거나 판결에 영향을 미칠 공격 또는 방어방법의 제출에 방해를 받은 때

6. 판결의 증거가 된 문서, 그 밖의 물건이 위조되거나 변조된 것인 때

7. 증인·감정인·통역인의 거짓 진술 또는 당사자신문에 따른 당사자나 법정대리인의 거짓 진술이 판결의 증거가 된 때

8. 판결의 기초가 된 민사나 형사의 판결, 그 밖의 재판 또는 행정처분이 다른 재판이나 행정처분에 따라 바뀐 때

9. 판결에 영향을 미칠 중요한 사항에 관하여 판단을 누락한때

10. 재심을 제기할 판결이 전에 선고한 확정판결에 어긋나는때

11. 당사자가 상대방의 주소 또는 거소를 알고 있었음에도 있는 곳을 잘 모른다고 하거나 주소나 거소를 거짓으로 하여 소를 제기한 때

③ 위 4.부터 7.까지의 경우에는 처벌받을 행위로 유죄의 판결이나 과태료부과의 재판이 확정된 때 또는 증거부족 외의 이유로 유죄의 확정판결이나 과태료부과의 확정재판을 할 수 없을 때에만 재심의 소를 제기할 수 있습니다(동법 제451조제2항).

④ 항소심에서 사건에 대하여 본안판결을 하였을 때에는 제1심 판결에 대하여 재심의 소를 제기하지 못합니다(동법 제451조제3항).

⑤ 판결의 기본이 되는 재판에 민사소송법 제451조에 정한 사유가 있을 때에는 그 재판에 대하여 독립된 불복방법이 있는 경우라도 그 사유를 재심의 이유로 삼을 수 있습니다(동법 제452조).

⑥ 재심관할법원, 재심제기의 기간 등 재심에 관한 그 밖의 사항은 민사소송법 제453조부터 제461조까지에서 정하고 있습니다.

■ 소액사건재판을 받았는데, 판결에 승복할 수 없을 경우에는

어떻게 해야 하나요?

Q. 소액사건재판을 받았는데, 판결에 승복할 수 없습니다. 어떻게 해야 하나요?

A. 소액사건재판에 대한 판결이나 결정·명령에 불복하는 경우에는 항소할 수 있으며, 항소심 재판부는 해당 지방법원 합의부가 됩니다.

항소심이나 항고심의 판결이나 결정·명령에 불복하는 경우에는 상고 또는 재항고 할 수 있습니다.

항소란, 제1심법원의 판결에 불복이 있는 경우에 상급법원에 제기하는 불복신청을 말합니다. 항소는 판결서 송달 전 또는 판결서가 송달된 날부터 2주 내에 해야 합니다.

소액사건에 대한 지방법원 및 그 지원, 시(市)·군(郡) 법원의 단독판사의 제1심판결에 대한 항소는 지방법원 본원 합의부에서 제2심으로 심판합니다.

상고란, 항소법원의 판결에 불복이 있는 경우에 대법원에 제기하는 불복신청을 말합니다.

상고는 판결서 송달 전 또는 판결서가 송달된 날부터 2주 내에 해야 합니다.

소액사건에 대한 지방법원 본원 합의부의 제2심판결에 대해서는 ① 법률·명령·규칙 또는 처분의 헌법위반 여부와 명령·규칙 또는 처분의 법률위반 여부에 대한 판단이 부당하거나, ② 대법원의 판례에 상반되는 판단을 한 경우에만 대법원에 상고할 수 있습니다.

상고이유서에는 상고사유만을 구체적으로 명시합니다. 상

고사유가 아닌 사유는 기재했더라도 기재하지 않은 것으로 봅니다.

항고란, 소송절차에 관한 신청을 기각한 결정이나 명령에 대해 제기하는 불복신청을 말합니다. 항고는 재판이 고지된 날부터 1주일 내에 해야 합니다.

항고법원·고등법원 또는 항소법원의 결정 및 명령에 대해 재판에 영향을 미친 헌법·법률·명령 또는 규칙의 위반이 있는 경우 1주일 내에 재항고할 수 있습니다.

(관련판례 1)

소액사건에 있어서 구체적 사건에 적용할 법령의 해석에 관한 대법원판례가 아직 없는 상황에서 같은 법령의 해석이 쟁점으로 되어 있는 다수의 소액사건들이 하급심에 계속되어 있을 뿐 아니라 재판부에 따라 엇갈리는 판단을 하는 사례가 나타나고 있는 경우, 소액사건이라는 이유로 대법원이 그 법령의 해석에 관하여 판단을 하지 아니한 채 사건을 종결하고 만다면 국민생활의 법적 안전성을 해칠 것이 우려된다고 할 것인바, 이와 같은 특별한 사정이 있는 경우에는 소액사건에 관하여 상고이유로 할 수 있는 '대법원의 판례에 상반되는 판단을 한 때'의 요건을 갖추지 아니하였다고 하더라도 법령해석의 통일이라는 대법원의 본질적 기능을 수행하는 차원에서 실체법 해석적용에 있어서의 잘못에 관하여 직권으로 판단할 수 있다고 보아야 한다(대법원 2004. 8. 20. 선고 2003다1878 판결).

(관련판례 2)

소액사건심판법 제3조가 소액사건에 관한 상고이유를 일반 민사사건에 관한 상고이유보다 제한하여 규정하였다고 해서 헌법에 의하여 보장된 국민의 평등권과 재판받을 권리를 침해한 위헌규정이라고 할 수 없다(대법원 1991. 1. 11. 선고 90다10445 판결).

■ **집행절차에서 변상받지 못한 집행비용을 소액심판으로 청구할 수 있는지요?**

Q. 甲은 乙에 대한 대여금채권에 기하여 乙소유의 유체동산에 가압류하였다가 승소확정판결을 받아 강제집행을 실시하였습니다. 그런데 위 유체동산을 경매한 결과 경락가격이 집행비용에도 미치지 못하는 결과가 되었습니다. 이 경우 위 유체동산의 강제집행과정에서 소요된 집행비용을 乙에 대한 소액심판으로 청구할 수 있는지요?

A. 집행비용의 부담에 관하여 민사집행법 제53조는 "①강제집행에 필요한 비용은 채무자가 부담하고 그 집행에 의하여 우선적으로 변상을 받는다. ②강제집행의 기초가 된 판결이 파기된 때에는 채권자는 제1항의 비용을 채무자에게 변상하여야 한다."라고 규정하고 있고, 「민사집행규칙」제24조 제1항은 "①법 제53조제1항의 규정에 따라 채무자가 부담하여야 할 집행비용으로서 그 집행절차에서 변상 받지 못한 비용과 법 제53조 제2항의 규정에 따라 채권자가 변상하여야 할 금액은 당사자의 신청을 받아 집행법원이 결정으로 정한다."라고 규정하고 있습니다.

그리고 집행절차에서 변상 받지 못한 집행비용을 별도의

소로 청구할 수 있는지에 관하여 판례는 "유체동산에 대한 집행을 위하여 집행관에게 지급한 수수료는 민사소송법 제513조(현행 민사집행법 제53조) 제1항, 민사소송규칙 제107조(현행 민사집행규칙 제24조) 제1항 소정의 집행비용에 해당하므로, 그 집행절차에서 변상을 받지 못하였을 경우에는 별도로 집행법원에 '집행비용액확정결정의 신청'을 하여 그 결정을 채무명의로 삼아 집행하여야 하고, 집행관에게 지급한 수수료 상당의 금원을 채무자에게 지급명령신청의 방법으로 지급을 구하는 것은 허용되지 않는다."라고 하였습니다(대법원 1996. 8. 21.자 96그8 결정).

즉 위 집행비용확정결정을 기초로 하여 바로 금전 채권집행을 할 수 있습니다. 따라서 강제집행비용만을 소송으로 청구하거나 지급명령의 방법으로 별로도 지급을 구하는 것은 소의 이익이 없어 허용되지 아니한다는 것이 대법원의 입장입니다(1989. 9. 26. 선고 89다2356 판결).

또한, 선박의 가압류 및 감수보존집행비용에 관하여 본안소송에서 별도로 손해배상을 소구(訴求)할 이익이 있는지에 관하여 판례는 "선박의 가압류 및 감수보존 집행비용은 민사소송법 제707조(현행 민사집행법 제291조), 제513조(현행 민사집행법 제53조) 제1항에 의하여 집행채무자의 부담이 되고 채권자의 본안승소 확정판결집행시 별도의 집행권원(채무명의) 없이 회수할 수 있는 것이므로 본안소송에서 이를 불법행위로 인한 손해라 하여 별도로 소구할 이익이 없다."라고 한 바 있습니다(대법원 1979. 2. 27. 선고 78다1820 판결).

따라서 위 사안에서도 甲은 乙소유의 유체동산의 강제집행
에 소요되었지만 매각대금에서 배당 받지 못한 부분에 대
하여는 소송에 의하여 청구할 것이 아니라, 집행비용액확
정결정신청을 하여 그 결정에 기하여 집행문을 부여받아
乙의 재산에 강제집행 할 수 있을 것입니다.

제1장 가압류 개관

제1절 가압류의 개념

① 가압류란 금전채권이나 금전으로 환산할 수 있는 채권(예컨대 매매대금, 대여금, 어음금, 수표금, 양수금, 공사대금, 임료, 손해배상청구권 등)의 집행을 보전(保全)할 목적으로 미리 채무자의 재산을 동결시켜 채무자로부터 그 재산에 대한 처분권을 잠정적으로 빼앗는 집행보전제도(執行保全制度)를 말합니다(민사집행법 제276조제1항).
② 부동산소유권이전 또는 말소등기청구권, 소유물반환청구권, 매매목적물인도청구권, 임차물인도청구권 등과 같이 금전채권 이외의 물건이나 권리를 대상으로 하는 청구권 등에 대한 장래의 집행을 보전하기 위해서는 가압류가 아닌 가처분(假處分)을 신청해야 합니다.

1. 가압류의 필요성

① 가압류는 특별담보 없는 채권자의 채권보전절차 가운데 하나로 채권자가 아무리 명백한 금전채권을 가지고 있더라도 채무자의 재산 상태가 변화되거나 또는 재산을 처분·은닉하는 경우를 예상할 수 있기 때문에 특별담보가 없는 이상 일반재산에 대한 앞으로의 집행은 불완전한 상태에 있습니다. 가압류는 이와 같은 사태에 대비하여 채권의 집행을 보전하기 위해 그 필요성이 인정됩니다.
② 채무자가 빚을 갚을 능력이 있으면서도 있는 재산을 전부 처분한 후 빚을 갚지 않으려고 하는 경우가 있습니다. 이러한 경우 채권

자가 소송을 제기하여 승소한 뒤에 그 판결의 확정을 기다려 집행을 하기 까지는 많은 시간이 걸리게 되고 그 사이에 채무자가 그가 가진 재산을 모두 처분하는 경우에는 채권자가 재판에 이기고도 집행을 하지 못하여 많은 손해를 입게 됩니다. 이처럼 채권자의 권리를 확보하기 위하여 재판확정 전에 채무자가 그의 재산을 처분하지 못하도록 임시로 채무자의 재산을 동결시키는 절차가 가압류입니다.

2. 가압류의 구분

① 가압류는 가압류의 대상이 되는 재산의 종류에 따라 부동산가압류, 선박·항공기·자동차·건설기계에 대한 가압류, 채권가압류, 유체동산가압류, 전세권 등 그 밖의 재산권에 대한 가압류로 구분할 수 있습니다.
② 전세권 등 그 밖의 재산권에는 채무자의 제3자에 대한 유체동산인도청구권, 부동산인도청구권, 골프회원권, 스포츠회원권, 콘도회원권, 유체동산에 대한 공유지분권, 특허권, 실용신안권, 상표권, 디자인권, 저작권 등의 지식재산권(저작인격권은 제외), 합명·합자·유한회사의 사원권, 조합권의 지분권, 주식발행 전의 주식이나 신주인수권, 예탁유가증권, 전세권 등이 있습니다.

■ 가압류 결정으로 경매진행을 할 수 있나요?

Q. 가압류 결정으로 경매진행을 할 수 있나요?

A. 가압류는 채무자의 재산에 대한 현상유지에 그치고 가압류는 경매 또는 환가를 하지 못합니다. 채권자는 본안 소송

에서 승소하여 비로소 본안 청구권을 종국적으로 실현할
수 있으므로 가압류 결정으로 경매진행을 할 수 없습니다.
(관련판례)
가압류의 이유는 소명으로써 족하므로 가압류결정에 대한
이의에 관하여도 소명으로써 족하다(대법원 1965.5.18.선고
65다174 판결).

3. 가압류 절차

① 가압류를 신청하려는 자는 청구채권의 내용 · 신청취지 · 신청이유
등을 적은 가압류신청서 및 가압류신청 진술서를 작성해야 합니다.
② 법원은 가압류로 생길 수 있는 채무자의 손해에 대하여 담보제
공을 명령할 수 있으며, 법원의 담보제공명령을 받은 채권자는 현금
공탁 또는 공탁보증보험 가입을 통해 담보제공을 해야 합니다.

4. 가압류신청 절차

4-1. 가압류 신청 준비
4-1-1. 가압류 신청서 및 가압류신청 진술서 작성

가압류를 신청하려는 자는 청구채권의 내용·신청취지·신청이유 등을
적은 가압류신청서 및 가압류신청 진술서를 작성해야 합니다(민사집행
법 제279조제1항 및 보전처분신청사건의 사무처리요령 제2조제5호).

4-1-2. 신청비용 납부

① 가압류 신청을 하려는 자는 신청서에 10,000원(지급보증위탁계약

체결문서 제출에 의한 담보제공의 경우에도 10,000원)의 인지를 붙여야 합니다. 그 밖에 가압류 결정에 대한 이의신청 또는 취소의 신청 등을 하려는 자는 개별 신청서에 해당하는 인지를 붙여야 합니다(민사소송등인지법 제9조제2항 본문, 민사접수서류에 붙일인 지액 및 그 편철방법 등에 관한 예규 제3조 및 별표).

② 가압류를 신청하려는 자는 당사자 1명당 3회분의 송달료(당사자 1명당 3,700원 × 3회)를 예납해야 합니다(민사소송법 제116조제1항, 민사소송규칙 제19조제1항제1호 및 송달료규칙 제2조).

③ 부동산, 자동차 등에 대해 가압류를 신청하려는 자는 등록면허세 및 지방교육세를 납부해야 합니다(지방세법 제24조 및 제150조제2호).

4-1-3. 공탁보증보험 가입(부동산·자동차·건설기계·소형선박 또는 금전채권에 대한 가압류에 한함)

① 법원은 가압류로 생길 수 있는 채무자의 손해에 대하여 채권자에게 가압류 명령을 내리기에 앞서 담보제공을 명령할 수 있습니다(민사집행법 제280조제2항 및 제3항).

② 채권자가 부동산·자동차·건설기계·소형선박 또는 금전채권에 대한 가압류신청(급여채권·영업자예금채권의 경우는 제외)을 하는 경우 법원의 담보제공명령이 없더라도 일정 금액을 보증금액으로 하는 보증서 원본을 제출(공탁보증보험증서 제출)하는 방법으로 담보제공의 허가신청을 할 수 있습니다(민사집행규칙 제204조 및 지급보증위탁계약체결문서의 제출에 의한 담보제공과 관련한 사무처리요령 제6조제1항).

4-2. 가압류 신청 및 재판

4-2-1. 가압류 신청

① 가압류를 신청하려는 자는 가압류신청서를 비롯한 관련 서류를 관할법원 민사신청 담당부서(종합민원실)에 제출해야 합니다.

② 가압류 신청서에는 소장에 관한 규정이 준용되므로 심리에 앞서 재판장이 신청서의 형식적 적법 여부가 심사됩니다(민사집행법 제23조제1항 및 민사소송법 제254조).

4-2-2. 가압류 재판

① 법원은 가압류로 생길 수 있는 채무자의 손해에 대하여 담보제공을 명령할 수 있으며, 법원의 담보제공명령을 발한 후 담보제공명령을 받은 채권자가 그 결정에 정하여진 기일(보통 7일) 내에 담보를 제공하지 않으면 법원은 신청을 각하하게 되며 담보제공이 되면 가압류 명령을 발하게 됩니다(민사집행법 제280조 및 민사소송법 제219조).

② 소송요건에 흠이 있어 부적법하거나 법원이 명한 담보를 제공하지 아니한 때에는 가압류 신청이 각하됩니다(민사집행법 제23조제1항 및 민사소송법 제219조).

③ 채권자는 신청을 기각하거나 각하하는 결정에 대하여 결정 고지된 날부터 1주 이내에 즉시항고장을 제출함으로써 즉시 항고할 수 있습니다(민사집행법 제281조제2항 및 제15조제2항).

4-3. 가압류집행

① 가압류의 집행에 대하여는 강제집행에 관한 규정이 일부 준용됩니다(민사집행법 제291조).

② 가압류에 대한 재판이 있은 뒤에 채권자나 채무자의 승계가 이

루어진 경우 가압류의 재판을 집행하려면 집행문을 덧붙여야 합니다(민사집행법 제292조제1항).

③ 가압류에 대한 재판의 집행은 채권자에게 재판을 고지한 날부터 2주 이내에 해야 하며, 이는 채무자에게 송달하기 전에도 할 수 있습니다(민사집행법 제292조제2항 및 제3항).

4-4. 가압류집행취소

① 채권자는 가압류의 집행상태가 계속되고 있는 한 채무자의 동의 없이 언제든지 집행기관에 대하여 집행해제신청을 할 수 있습니다(대법원 1980. 2. 15.자 79마351 결정).

② 채무자는 법원이 정한 해방공탁금(법원이 가압류 명령결정을 내릴 때 가압류의 집행을 정지시키거나 집행한 가압류를 취소시키기 위하여 가압류명령서에 기재한 채무자가 공탁할 금액)을 공탁하여 집행법원으로 하여금 결정으로 집행한 가압류를 취소할 수 있습니다(민사집행법 제299조제1항).

③ 가압류 결정을 받기 위해 현금공탁을 한 채권자는 가압류 결정 이전에 신청을 취하하거나 각하된 때 또는 가압류 결정 이후 법원의 담보취소결정을 받아 공탁금을 회수할 수 있습니다(민사집행법 제19조제3항, 민사소송법 제125조 및 공탁법 제9조제2항제3호).

④ 공탁물이 금전인 경우 그 원금 또는 이자의 수령, 회수에 대한 권리는 그 권리를 행사할 수 있는 때부터 10년간 행사하지 않으면 시효로 인하여 소멸합니다(공탁법 제9조제3항).

4-5. 가압류 채무자 구제

4-5-1. 이의신청

채무자는 가압류 결정에 대하여 이의를 신청할 수 있습니다(민사집행법 제283조제1항).

4-5-2. 채무자에 의한 가압류취소

① 채무자는 채권자에게 상당한 기간 내에 본안의 소를 제기하고 이를 증명하는 서류를 제출하도록 하는 명령을 법원에 신청할 수 있고, 채권자가 이 명령을 이행하지 않으면 채무자는 가압류의 취소를 법원에 신청할 수 있습니다(민사집행법 제287조제1항).

② 채무자는 가압류 이유가 소멸되었거나 그 밖에 사정이 바뀐 경우에는 가압류 명령이 있은 후라도 그 취소를 신청할 수 있습니다(민사집행법 제288조제1항제1호).

③ 채무자는 법원이 명한 담보를 제공하고 그 가압류 자체의 취소를 구할 수 있습니다(민사집행법 제288조제1항제2호).

제2절 가압류의 관할

① 가압류 사건은 가압류할 물건이 있는 곳을 관할하는 지방법원이나 본안(本案)의 관할법원에 신청해야 합니다.

② 가압류를 신청하려는 자는 해당 사건의 본안이 제1심 법원에 계속 중이면 제1심 법원에, 항소심에 계속 중이면 항소법원에 가압류 신청을 해야 합니다.

1. 가압류 소송의 관할

1-1. 전속관할

① 가압류 사건은 가압류할 물건이 있는 곳을 관할하는 지방법원이나 본안의 관할법원의 전속관할입니다(민사집행법 제278조 및 제21조).

② 가압류 소송의 관할은 전속관할이므로 합의관할(민사소송법 제29조)나 변론관할(민사소송법 제30조)에 관한 규정이 적용되지 않습니다.

(법령용어해설)

① 전속관할(專屬管轄)

법정관할 가운데 특히 공익적 요구 때문에 특정 법원만이 재판을 할 수 있도록 인정된 관할을 말합니다. 전속관할로 규정된 사항은 법원의 결정이나 당사자의 의사에 의하여 변경할 수 없습니다.

② 합의관할(合意管轄)

당사자의 합의에 의하여 정해지는 관할을 말합니다. 관할의 합의는 원칙적으로 제소 전에 할 것이고 제소 후에는 관할의 이송의 문제가 있을 뿐입니다.

③ 변론관할(辯論管轄)

어떤 사건이 그 법원의 관할에 속하지 않음에도 불구하고 원고의 제소에 대하여 피고가 이의 없이 본안 변론함으로써 생기는 관할을 말합니다. 피고가 제1심 법원에서 관할위반이라고 항변하지 않고 본안에 대하여 변론을 하거나 변론준비기일에서 진술을 하거나 할 경우 변론관할이 생기게 됩니다.

(관련판례 1)

이송결정의 기속력은 당사자에게 이송결정에 대한 불복방법으로 즉시항고가 마련되어 있는 점이나 이송의 반복에 의한 소송지연을 피하여야 할 공익적 요청은 전속관할을 위배하여 이송한 경우라고 하여도 예외일 수 없는 점에 비추어 볼 때, 당사자가 이송결정에 대하여 즉시항고를 하지 아니하여 확정된 이상 원칙적으로 전속관할의 규정을 위배하여 이송한 경우에도 미친다(대법원 1995. 5. 15.자 94마1059, 1060 결정).

(관련판례 2)

본안사건에 대하여 제1심법원에서 판결이 선고된 후 가처분신청이 있은 경우에 당시 위 본안사건은 아직 기록이 동 법원에 있었고 그 뒤에 당사자의 항소에 의하여 항소심으로 송부되었다면 위 가처분신청사건의 전속관할법원은 신청 당시에 본안이 계속되어 있던 제1심법원이다(대법원 1971. 9. 18. 선고 71다1532 판결).

1-2. 관할권 없는 법원에 대한 신청

① 관할권 없음을 간과하고 가압류 명령을 하였을 때에는 상소 또는 이의가 제기되면 취소사유가 됩니다. 그러나 관할권 없는 법원이 발한 가압류 명령도 상소나 이의에 의하여 취소되지 않는 한 유효하며(대법원 1964. 4. 11.자 64마66 결정), 재심사유가 아니므로 확정되면 관할 위반의 흠이 치유됩니다(법원행정처, 법원실무제요 민사집행Ⅳ).

② 관할권 없는 법원에 가압류 신청이 있으면 관할법원으로 이송하는 것이 원칙입니다(민사소송법 제34조제1항 및 제4항). 그러나 전속관할에 위반된 이송결정도 기속력이 있으므로 관할권 없는 법원으로 잘못 이송하였더라도 이송받은 법원은 이송결정에 기속됩니다(대법원 1995. 5. 15.자 94마1059, 1060 결정).

(관련판례)

심급관할을 위배하여 이송한 경우에 이송결정의 기속력이 이송받은 상급심 법원에도 미친다고 한다면 당사자의 심급의 이익을 박탈하여 부당할 뿐만 아니라, 이송을 받은 법원이 법률심인 대법원인 경우에는 직권조사 사항을 제외하고는 새로운 소송자료의 수집과 사실확정이 불가능한 관계로 당사자의 사실에 관한 주장, 입증의 기회가 박탈되는 불합리가 생기므로, 심급관할을 위배한 이송결정의 기속력은 이송받은 상급심 법원에는 미치지 않는다고 보아야 하나, 한편 그 기속력이 이송받은 하급심 법원에도 미치지 않는다고 한다면 사건이 하급심과 상급심 법원 간에 반복하여 전전이송되는 불합리한 결과를 초래하게 될 가능성이 있어 이송결정의 기속력을 인정한 취지에 반하는 것일 뿐더러 민사소송의 심급의 구조상 상급심의 이송결정은 특별한 사정이 없는 한 하급심을 구속하게 되는바 이와 같은 법리에도 반하게 되므로, 심급관할을 위배한 이송결정의 기속력은 이송받은 하급심 법원에는 미친다고 보아야한다(대법원 1995. 5. 15.자 94마1059, 1060 결정).

2. 본안의 관할법원

2-1. 본안이 계속된 경우

① 가압류를 신청하려는 자는 해당 사건의 본안이 제1심 법원에 계속 중이면 제1심 법원에, 항소심에 계속 중이면 항소법원에 가압류 신청을 해야 합니다(민사집행법 제311조).

② 본안 사건에 대한 항소가 있었지만 그 기록이 송부되기 전이면, 신청 당시에 본안이 계속되었던 제1심 법원에 보전처분 신청을 해야 합니다(대법원 1971.9.18. 선고 71다1532 판결).

③ 본안이 상고심에 계속 중이거나 종료된 후에는 제1심 법원이 가

압류 사건의 관할법원이 됩니다.

④ 본안의 계속 법원은 가압류 신청 당시를 기준으로 결정됩니다. 따라서 가압류 신청 당시에 본안소송이 계속되어 있는 한 그 법원이 비록 본안에 대한 관할권을 가지지 않는 경우라도 무방합니다.

2-2. 본안이 계속되기 전인 경우

① 본안이 계속되기 전이라면 장차 본안소송을 제기할 때 이를 관할할 수 있는 법원이 본안의 관할법원이 됩니다.

② 선택재판적이 인정되는 청구이어서 여러 개의 법원이 경합될 경우에는 그 모두가 본안의 관할법원이 되고, 그 중 어느 법원에 가압류를 신청하여도 되며, 나중에 본안을 다른 법원에 제기해도 상관없습니다(민사소송법 제25조제1항).

(법령용어해설)

① 본안(本案)이란 보전처분에 의하여 직접 보전될 권리 또는 법률관계의 존부를 확정하는 민사재판절차를 말합니다. 반드시 통상의 소송절차이어야 할 필요는 없고 독촉절차, 제소전화해(提訴前和解)절차, 조정절차, 중재판정절차 등도 모두 본안에 포함됩니다.

② 보전처분의 피보전권리와 본안소송물인 권리는 엄격히 일치함을 요하지 아니하고 청구 기초의 동일성이 인정되는 한 본안이라고 할 수 있습니다(대법원 2001. 3. 13. 선고 99다11328 판결).

■ **채무자 주소지와 채권자 주소지가 다른 경우에 가압류 신청을 하려면 어느 법원에 해야 하나요?**

Q. 서울시 강남구 신사동에 사는 채권자 A가 대구시 동구 신

앞동에 사는 B에 대해 대여금청구소송을 제기하려고 할 때 어느 법원에 소를 제기해야 하나요? 그리고 만일 가압류 신청을 하려면 어느 법원에 신청해야 하나요?

A. 질문의 사건에 대한 소송을 제기하려고 할 때 관할법원은 채무자 보통재판적 소재지 법원인 대구지방법원에 제기하는 것이 원칙이나, 민법상 금전에 대한 지참채무 원칙상 채권자주소인 서울중앙지방법원에 제기할 수도 있습니다. 따라서 지역적 간격이 큰 경우 채권자 A로서는 자신의 주소지 관할로 가압류신청을 할 수 있습니다.

3. 목적물이 있는 곳을 관할하는 지방법원

① 가압류를 신청하려는 자는 가압류할 물건이 있는 곳(목적물 소재지)을 관할하는 지방법원에 신청해야 합니다(민사집행법 제278조).
② 가압류 목적물에 따른 관할법원 구분

구 분	관할법원 기준 장소
유체동산·부동산	가압류할 동산이나 부동산이 있는 곳
물건의 인도를 목적으로 하는 채권	물건의 소재지가 있는 곳
물상담보권이 있는 채권	물건의 소재지가 있는 곳
어음과 같이 증권으로 화체된 채권	증권소재지
권리이전에 등기·등록이 필요한 그 밖의 재산권	등기·등록을 하는 곳

4. 시·군법원의 관할에 대한 특칙

4-1. 본안의 관할법원

가압류 사건은 가압류할 물건이 있는 곳의 관할법원이나 본안의 관
할법원이 관할하므로 가압류 대상인 물건이 시·군법원 관할구역 내
에 소재하고 있다 하더라도 채권자와 채무자의 주소 등이 다른 법
원의 관할구역에 속하는 경우에는 해당 시·군법원은 관할권이 없습
니다(민사집행법 제278조).

4-2. 시·군법원의 관할

① 시·군법원이 관할하는 지역에서 본안소송의 목적물 값이 3,000만원
이하인 경우 가압류를 신청하려는 자는 해당 시·군법원에 신청할 수 있
습니다(소액사건심판법 제2조제1항 및 소액사건심판규칙 제1조의2).
② 3,000만원을 초과하는 사건을 본안으로 하는 가압류는 시·군법
원이 있는 곳을 관할하는 지방법원 또는 지방법원 지원에 신청해야
합니다(민사집행법 제22조제4호).
③ 시·군법원에서 한 가압류의 집행에 관한 제3자이의의 소는 시·군
법원이 있는 곳을 관할하는 지방법원 또는 지방법원 지원이 관할합
니다(민사집행법 제22조제2호).

5. 그 밖에 관할에 대한 규정

5-1. 재판장의 긴급처분권

가압류 신청이 있는데 법원의 사정으로 인하여 합의부 법관전원의
합의를 신속히 얻을 수 없는 때에는 그 재판이 급박히 요구되고 그
심리에 변론을 요하지 아니하는 것에 한하여 재판장이 단독으로 그
신청에 대한 재판을 할 수 있습니다(민사집행법 제312조).

5-2. 가사 가압류사건의 관할

이혼 또는 사실혼 부당파기로 인한 위자료청구권을 피보전권리로 하는 가사 가압류는 가정법원의 관할입니다(가사소송법 제63조).

(관련판례)

상고 또는 재항고로 인하여 본안기록이 상고심 또는 재항고심에 송부되고 본안이 상고심 또는 재항고심에 계속 중일 때에는, 상고심 또는 재항고심은 사실심리를 하기에 적당하지 아니하고 가사소송법 제67조의 의무불이행에 대한 제재를 가하거나 집행법원이 되기도 적당하지 아니하므로 제1심 가정법원이 가사소송법에 의한 사전처분사건이나 가압류·가처분사건의 관할법원이 된다(대법원 2002. 4. 24. 선고 2002즈합4 판결).

제3절 가압류 관련 법제

가압류는 민사집행법의 보전처분에서 규정하고 있으며, 그 집행은 민사집행법의 강제집행에 관한 규정이 일부 준용됩니다.

1. 민사집행법

1-1. 보전처분

① 가압류는 가처분과 함께 보전처분의 하나로 금전채권이나 금전으로 환산할 수 있는 채권에 대하여 동산 또는 부동산에 대한 강제집행을 보전하기 위해 할 수 있습니다(제276조제1항).

② 가압류를 신청하려면 채권자는 채무자에 대한 청구채권인 피보전 권리와 이를 하지 않으면 판결 그 밖의 집행권원을 집행할 수 없거나 집행하는 것이 매우 곤란할 염려가 있어야 합니다(제277조).

③ 가압류를 신청하려는 자는 청구채권의 내용·신청취지·신청이유 등을 적은 가압류신청서를 작성해야 합니다(제279조제1항).

④ 가압류 신청에 대한 재판은 변론 없이 할 수 있고 법원은 가압류로 생길 수 있는 채무자의 손해에 대하여 채권자에게 담보제공을 명령할 수 있습니다(제280조).

⑤ 채무자는 가압류 결정에 대하여 이의를 신청할 수 있습니다(제283조제1항).

1-2. 강제집행 규정의 준용

① 가압류의 집행은 특별한 규정이 없으면 민사집행법의 강제집행에 관한 규정이 준용됩니다(제291조 및 민사집행규칙 제218조). 따라서 집행의 목적물, 집행기관, 집행의 방법, 위임집행에 대한 채무자의 구제, 제3자의 구제절차 등 강제집행에 관한 규정이 대부분 준용됩니다.

② 다만, 청구에 관한 이의의 소(제44조), 집행문부여에 대한 이의의 소(제45조)의 규정은 원칙적으로 준용되지 않습니다.

2. 민사소송법의 준용

민사집행법에 규정이 있는 경우를 제외하고는 민사집행 및 보전처분의 절차에 관하여는 민사소송법의 규정이 준용됩니다(민사집행법 제23조제1항).

3. 그 밖의 재판 관련 법제

3-1. 민사소송 등 인지법

가압류 신청서 등 각종 신청 서류에는 수입인지를 붙여야 합니다(제9조제2항 본문 및 제10조).

3-2. 지방세법

부동산, 자동차 등에 대해 가압류를 신청하려는 자는 등록면허세 및 지방교육세를 납부해야 합니다(제24조 및 제150조제2호).

제2장 가압류 신청준비

제1절 가압류의 신청 요건 및 당사자

1. 가압류의 신청 요건

① 가압류를 신청하려면 채권자는 채무자에 대한 대여금, 손해배상청구권 등과 같은 청구채권인 피보전권리가 있어야 합니다.
② 가압류는 이를 하지 않으면 판결 그 밖의 집행권원(조정, 화해 등의 조서 또는 집행증서)을 집행할 수 없거나 집행하는 것이 매우 곤란할 염려가 있어야 합니다.

2. 가압류의 피보전권리

① 재산상의 청구권으로 금전채권이나 금전으로 환산할 수 있는 채권이어야 합니다(법원행정처, 법원실무제요 민사집행Ⅳ).
② 금전채권이라면 그 채권액의 전부뿐만 아니라 일부의 보전을 위해서도 가압류 할 수 있습니다.

피보전권리가 인정되는 경우	특정물인도청구권 같은 채무불이행으로 인한 손해배상청구권, 강제집행 불능의 경우 대상청구권과 같이 금전채권으로 바뀌는 것을 전제로 하여서만 가압류의 피보전권리가 될 수 있습니다.
피보전권리가 부정되는 경우	채무자의 작위나 부작위를 구하는 청구권을 대체집행이나 간접강제를 할 경우에는 비용청구권이나 손해배상청구권으로서의 금전채권이 생기므로 그 채권의 집행보전을 위해 가압류를 할 수 있습니다.

③ 친족법상의 청구권이나 금전으로 평가할 수 없는 청구권은 가압류에 의하여 보전될 수 없습니다.

④ 채무자의 작위나 부작위를 구하는 청구권은 금전채권이 아니므로 그 집행보전을 위해 가압류신청을 할 수 없습니다.

⑤ 청구권이 성립하여 있거나 청구권 발생의 기초가 형성되어 있어야 합니다(법원행정처, 법원실무제요 민사집행Ⅳ).

⑥ 가압류 신청 시에는 청구권이 성립해 있을 필요가 없지만 그에 대한 재판 시까지는 청구권이 성립해 있어야 합니다.

⑦ 채권에 조건이 붙어 있는 것이거나 기한이 차지 않은 것인 경우에도 가압류를 할 수 있습니다(민사집행법 제276조제2항).

⑧ 가압류의 피보전권리는 가압류 신청 당시 확정적으로 발생되어 있어야 하는 것은 아니고, 이미 그 발생의 기초가 존재하는 한 조건부 채권이나 장래에 발생할 채권도 가압류의 피보전권리가 될 수 있습니다(대법원 1993. 2. 12. 선고 92다29801 판결).

⑨ 동시이행이나 유치권 등의 항변이 부착된 청구권이나 채권양도의 대항요건을 갖추지 아니한 청구권도 피보전권리가 될 수 있습니다.

(법령용어해설)

동시이행 항변권(同時履行 抗辯權) : 대금을 지급하면 상품을 인도한다는 매매계약에서는 서로가 대가관계에 있는 채무를 부담하게 됩니다. 즉 매수인은 대금을 지급한다는 채무를 부담하고, 매도인은 상품을 인도한다는 채무를 부담하는 것입니다. 따라서 매도인의 입장에서 본다면 상품의 인도는 대금의 지급이 있을 때까지 거절할 수 있고, 매수인측에서 본다면 대금의 지급은 상품의 인도가 있을 때까지 이를 거절할 수 있습니다. 이처럼 거절할 수 있는 권리를 동시이행의 항변권이라고 합니다(민법 제536조).

유치권(留置權) : 타인의 물건 또는 유가증권을 점유하고 있는 자가 그 물건에 관해서 발생한 채권의 변제를 받을 때까지 그 물건을 유치할 수 있는 권리를 유치권이라 합니다(민법 제320조). 예컨대 시계상은 수리대금의 지급을 받을 때까지는 유치권 행사에 따라 수리한 시계를 유치해서 그 반환을 거절할 수 있습니다.

채권양도의 대항요건 : 지명채권의 양도는 양도인이 채무자에게 통지하거나 채무자가 승낙하지 아니하면 채무자 그 밖의 제3자에게 대항할 수 없습니다(민법 제450조제1항). 따라서 채무자에 대한 통지 및 채무자의 승낙은 채권양도의 대항요건이 됩니다.

⑩ 보통의 강제집행에 적합한 권리이어야 합니다(법원행정처, 법원실무제요 민사집행Ⅳ).

피보전권리가 인정되는 경우	① 단지 본안소송을 제기할 수 없다는 사유만으로 가압류에 부적합하다고는 할 수 없습니다. ② 가사소송절차에 의하여 보호를 받는 금전적 청구권(이혼 시의 위자료, 재산분할청구권)은 가정법원의 가사소송사건 또는 마류 가사비송사건을 본안사건으로 하여 가압류 대상이 됩니다.
피보전권리가 부정되는 경우	① 특수한 절차에 의하여 집행되는 청구권(예컨대, 국세징수절차에 의하여 집행할 수 있는조세 채권 그 밖의 공법상 청구권), 또 보통은 강제집행이 가능하나 특별한 사유로 인하여 집행할 수 없는 청구권(예컨대, 부집행의 특약이 있거나 파산에 의하여 면책된 채권이나 이른바 자연채무)을 구하는 것 등은 가압류의 피보전권리가 될 수 없습니다. ② 재산형의 일종인 추징은 이를 집행하는 검사의 명령이 집행권원과 동일한 효력을 갖는다하더라도 민사소송절차에 의하여 권리보호를 받을 수 없으므로 가압류명령으로 보전될 피보전권리라 할 수 없습니다(대법원 1971. 3. 9. 선고 70다2783 판결).

3. 보전의 필요성

① 가압류는 이를 하지 않으면 판결 그 밖의 집행권원(조정, 화해 등의 조서 또는 집행증서)을 집행할 수 없거나 판결을 집행하는 것이 매우 곤란할 염려가 있어야 합니다(민사집행법 제277조).

② 집행불능 또는 집행하는 것이 매우 곤란할 염려가 있을 경우란 채무자의 책임재산의 낭비, 훼손, 포기, 은닉, 염가판매 또는 채무자의 도망, 주거부정, 빈번한 이사와 같이 장래 본안판결에서 승소하더라도 그 목적을 달성할 수 없는 경우를 말합니다(법원행정처, 법원실무제요 민사집행Ⅳ).

③ 보전의 필요성은 채무자의 신분, 직업, 자산상태 등 여러 가지 사정을 종합적으로 고려하여 판단됩니다(법원행정처, 법원실무제요 민사집행Ⅳ).

■ 담보주택 외의 재산에 대하여 가압류를 신청할 수 있을까요?

Q. 채무자에게 시가 2억원짜리 주택을 담보로 1억원을 빌려주었습니다. 그런데 부동산시장의 가격 하락으로 위 담보주택 외의 재산에 대하여 가압류를 신청할 수 있을까요?

A. 어렵습니다.

충분한 물적 담보가 설정되어 있거나 채무자에게 재산이 충분히 있음이 소명된 경우에는 법원은 가압류의 필요성을 인정하지 않기 때문에 가압류 신청을 받아주지 않고 있습니다.

가압류를 신청하려면 채권자는 채무자에 대한 대여금, 손해배상청구권 등과 같은 청구채권인 피보전권리가 있어야 합니다. 또한, 가압류를 하지 않으면 판결이나 집행권원(조정, 화해 등의 조서 또는 집행증서)을 집행할 수 없거나 집행하는 것이 매우 곤란할 염려(보전의 필요성)가 있어야 합니다.

보전의 필요성에 따른 집행불능 또는 집행하는 것이 매우 곤란할 염려가 있을 경우란 채무자가 책임재산을 낭비, 훼손, 포기, 은닉, 염가판매하거나 채무자의 도망, 주거 부정, 빈번한 이사와 같이 장래 본안판결에서 승소하더라도 그 목적을 달성할 수 없는 경우를 말합니다.

보전의 필요성 유무를 판단할 때에는 채무자의 신분, 직업, 자산상태 등 여러 가지 사정을 종합적으로 고려합니다.

채권을 담보하기 위하여 주택에 근저당권설정을 하였을 경우 채권의 집행보전을 위한 가압류의 필요 유무를 판단할 때에는 위 부동산의 환가 가치를 확정하여 그 가격으로 채권 만족을 얻을 수 있는 가의 여부를 먼저 가려야 할 것입니다.

(관련판례)

채권을 담보하기 위하여 대와 그 지상건물을 근저당권 설정을 하였을 경우 채권의 집행보전을 위한 가압류의 필요 유무를 판단함에 있어서는 위 부동산의 환가 가치를 확정하여 그 가격으로 채권만족을 얻을 수 있는지 먼저 가려야 할 것이다(대법원 1967. 12. 29. 선고 67다2289 판결).

제2절 가압류의 당사자

① 가압류 소송에서는 가압류명령이나 집행명령을 신청하는 사람을 '채권자'라 하고, 그 상대방을 '채무자'라고 합니다.

② 가압류 소송에서도 당사자는 당사자능력 및 소송능력이 있어야 하며, 당사자능력 및 소송능력이 없는 자는 법정대리인 또는 소송대리인에 의하여 소송해야 합니다.

1. 당사자

1-1. 당사자의 개념

가압류 소송에서 당사자란 권리가 있음을 주장하는 사람, 즉 당사자능력이 있는 사람이 자기의 이름으로 가압류명령 또는 그 집행명령을 신청하거나 그 상대방을 말합니다.

1-2. 당사자의 호칭

① 일반적인 민사소송절차에서는 당사자를 원고·피고로 부르지만, 가압류 소송에서는 가압류명령이나 집행명령을 신청하는 사람을 '채권자'라 하고, 그 상대방을 '채무자'라고 합니다(민사집행법 제280조, 제287조 및 제292조 참조).

② 가압류명령이나 집행명령에 대하여 이의를 하는 경우 '이의신청인'을 '채무자'로, '이의피신청인'을 '채권자'라고 합니다(민사집행법 제283조 및 제285조 참조).

③ 취소신청사건에서는 취소신청인을 '신청인'으로, 그 상대방을 '피

신청인'으로 표시해야 합니다.

④ 채무자가 제3자에 대하여 채권을 가지고 있고 이 채권이 가압류 대상이 되는 경우 그 제3자 즉 대상이 되는 채권의 채무자를 제3채무자라 하고 필요한 때에는 가압류 신청서 등에 기재합니다. 다만, 제3채무자는 보전처분의 집행단계에서의 이해관계인일 뿐 보전소송의 당사자라고 할 수 없습니다(대법원 1998. 2. 13. 선고 95다15667 판결).

1-3. 당사자적격

원칙적으로 피보전권리의 주체라고 주장하는 사람이 정당한 채권자가 되고, 그에 대한 의무자라고 주장하는 사람이 채무자가 됩니다. 이 경우 실제로 그 권리자 또는 의무자인가는 묻지 않습니다(법원행정처, 법원실무제요 민사집행Ⅳ).

2. 당사자능력 및 소송능력 및 대리

① 가압류 소송에서도 당사자는 당사자능력 및 소송능력이 있어야 합니다(민사집행법 제23조제1항 및 민사소송법 제51조 이하).
② 당사자능력, 소송능력이 없는 자는 법정대리인 또는 소송대리인에 의하여 소송해야 합니다(민사소송법 제55조,제87조).

■ 본안소송에서 소송대리권을 가지는 자가 가압류 소송에서도 대리할 수 있나요?

Q. 본안소송에서 소송대리권을 가지는 자가 가압류 소송에서

도 대리할 수 있나요?

A. 본안소송에서 소송대리권을 가지는 자는 당연히 가압류 소송의 대리권도 갖습니다(민사소송법 제90조제1항). 따라서 본안소송의 위임장 사본에 본안의 소장 사본 등을 첨부하여 피보전권리를 소명한다면 별도의 소송위임장을 제출하지 않아도 됩니다.

■ **이미 사망한 채무자를 상대로 가압류를 신청할 수 있나요?**

Q. 이미 사망한 채무자를 상대로 가압류를 신청할 수 있나요?

A. 사망한 당사자를 상대로 신청하여 내려진 가압류는 무효이며(대법원 1991. 3. 29.자 89그9 결정), 그 효력은 상속인에게 미치지 않습니다(대법원 1969. 12. 30. 선고 69다1870 판결). 다만, 가압류 신청 당시 생존해 있었다면 당연 무효라고 할 수 없습니다(대법원 1993. 7. 27. 선고 92다48017 판결).

사람과 마찬가지로 실제로 존재하지 않는 단체를 상대로 한 가압류도 무효입니다(대법원 1994.11.11. 선고 94다14094 판결).

3. 가압류 소송의 참가 및 승계

3-1. 참가

① 가압류 소송절차에서도 보조참가, 독립당사자참가, 공동소송참가

가 가능합니다(민사집행법 제23조제1항).

② 제3자는 보조참가의 방법으로 이의신청할 수 있으나, 자기 이름으로 직접 이의신청을 할 수 없습니다(대법원 1970. 4. 28. 선고 69다2108 판결).

(법령용어해설)

보조참가 : 소송계속 중 소송의 결과에 이해관계가 있는 제3자가 그 소송의 원고 또는 피고의 승소를 돕기 위해 소송에 참가하는 것을 말합니다(민사소송법 제71조). 보조참가를 하는 자는 소송의 당사자가 아니면서도 타인 간의 소송의 결과로 이해관계가 있기 때문에 어느 한 쪽을 보조하여 소송에 참가하고 자기의 이익을 보호할 기회를 주는 것입니다.

독립당사자참가 : 타인 간의 소송이 계속 중 그 소송의 원고·피고 양쪽 또는 한쪽을 상대로 하여 제3자가 당사자로서 소송에 참가하는 것을 말합니다(민사소송법 제79조). 독립당사자참가는 소송의 목적이 자기의 권리에 속하거나 또는 그 결과에 의하여 권리의 침해를 받게 될 제3자가 참가함으로써 새로운 당사자가 되는 것이므로 때로는 3면 소송관계를 이루게 됩니다.

공동소송참가 : 소송의 목적이 당사자의 일방과 제3자에 대하여 합일적으로 확정되어야 할 법률상 이유가 있는 경우 그 제3자는 공동소송인으로 소송에 참가할 수 있습니다(민사소송법 제83조). 즉, 공동소송참가란 소송계속 중에 당사자 간의 판결의 효력을 받는 제3자가 원고 또는 피고의 공동소송인으로 참가하는 것을 말합니다. 제3자는 종전 당사자의 어느 한 쪽과 공동소송인이 되는 것이므로 이를 공동소송적 당사자참가라 합니다.

3-2. 승계

① 가압류 신청 전 승계

가압류 신청 전에 피보전권리나 다툼의 대상 등의 승계가 있는 경우 반드시 새로운 승계인을 당사자로 삼아야 합니다(대법원 1991. 3. 29.자 89그9 결정).

② 가압류 집행 전 승계

가압류 신청 후 집행 전에 채권자 또는 채무자의 승계가 있는 경우 그 승계인에 대하여 또는 승계인이 집행을 하기 위해서는 승계집행문을 부여받아야 합니다(민사집행법 제292조제1항).

③ 가압류명령 집행 후 승계

가압류의 피보전권리의 양수인 또는 승계인은 가압류 등기의 등기명의와 관계없이 자신이 피보전권리의 양수인임을 이유로 가압류의 효력을 주장할 수 있습니다(대법원 1993. 7. 13. 선고 92다33251 판결 참고).

■ 가압류를 신청하였으나 집행 전에 채무자가 사망하였을 경우 어떻게 해야 하나요?

Q. 가압류를 신청하였으나 집행 전에 채무자가 사망하였습니다. 이 경우 어떻게 해야 하나요?

A. 사망한 채무자의 승계인에 대한 승계집행문을 법원으로부터 부여받아야 합니다.

가압류 신청 전에 피보전권리나 다툼의 대상 등의 승계가 있는 경우 반드시 새로운 승계인을 당사자로 삼아야 합니다.

가압류 신청 후 집행 전에 채무자의 승계가 있는 경우 법원으로부터 그 승계인에 대한 승계집행문을 부여받아야 합니다.

■ 자택 가압류를 하려는데 배우자 명의로 된 경우에도 가압류가 가능할까요?

Q. 공증까지 쓰고 돈을 빌려줬는데, 자택 가압류를 하려고 하니 배우자 명의로 되어 있네요. 배우자 명의라도 가압류가 가능할까요?

A. 채무자 명의가 아닌 재산은 원칙적으로 가압류 할 수 없습니다. 다만, 다음의 경우에는 가압류할 수 있습니다.

① 채무자의 배우자가 채무자에게 채무가 있어 제3채무자에 해당한다면 채권자대위권을 행사할 수 있고, 이 권리를 피보전권리로 하여 배우자 명의의 자택을 가압류 할 수 있습니다.

② 그 밖에 채무자 명의로 있다가 강제집행을 면하려고 배우자 명의로 옮긴 재산의 경우에는 가압류할 수 있습니다.

채무자와 그 배우자가 공유하는 유체물인 동산은 채무자가 점유하거나 그 배우자와 공동으로 점유하고 있는 경우에는 가압류할 수 있습니다.

(관련판례 1)

채권자가 이미 사망한 자를 그 사망 사실을 모르고 제3채무자로 표시하여 압류 및 전부명령을 신청하였을 경우 채무자에 대하여 채무를 부담하는 자는 다른 특별한 사정이 없는 한 이제는 사망자가 아니라 그 상속인이므로 사망자를 제3채무자로 표시한 것은 명백한 오류이고, 또한 압류 및 전부명령에 있어서 그 제3채무자의 표시가 이미 사망한 자로 되어 있는 경우 그 압류 및 전부명령의 기재와 사망이라는 객관적 사정에 의하여 누구라도 어느 채권이 압류 및 전부되었는지를 추인할 수 있다고 할 것이어서 그 제3채무자의 표시를 사망자에서 그 상속인으로 경정한다고 하여 압류 및 전부명령의 동일성의 인식을 저해한다고 볼 수는 없으므로, 그 압류 및 전부명령의 제3채무자의 표시를 사망자에서 그 상속인으로 경정하는 결정은 허용된다(대법원 1998. 2. 13. 선고 95다15667 판결).

(관련판례 2)

사망한 자에 대하여 실시된 송달은 위법하여 원칙적으로 무효이나, 그 사망자의 상속인이 현실적으로 그 송달서류를 수령한 경우에는 하자가 치유되어 그 송달은 그 때에 상속인에 대한 송달로서 효력을 발생하므로, 압류 및 전부명령 정본이나 그 경정결정 정본의 송달이 이미 사망한 제3채무자에 대하여 실시되었다고 하더라도 그 상속인이 현실적으로 그 압류 및 전부명령 정본이나 경정결정 정본을 수령하였다면, 그 송달은 그 때에 상속인에 대한 송달로서 효력을 발생하고, 그 때부터 각 그 즉시항고기간이 진행한다(대법원 1998. 2. 13. 선고 95다15667 판결).

제3절 가압류 신청서 작성

신청서에는 ① 당사자(대리인이 있는 경우 대리인 포함), ② 목적물의 가액, 피보전권리 및 목적물의 표시 ③ 신청의 취지, ④ 신청의 이유, ⑤ 관할법원, ⑥ 소명방법 및 ⑦ 작성한 날짜를 기재하고, 당사자 또는 대리인의 기명날인 또는 서명을 해야 합니다.

1. 당사자 표시(채권자·채무자)

① 가압류를 신청하는 사람을 '채권자', 그 상대방을 '채무자'라 적고, 각각의 주소를 적습니다(민사소송법 제274조제1항 및 동규칙 제2조).

② 대리인이 있는 경우 대리인의 이름(명칭 또는 상호)·주소와 연락처(전화번호·휴대폰번호·FAX번호 또는 전자우편주소 등)을 적습니다(민사소송법 제274조제1항 및 동규칙 제2조).

<table>
<tr><td>

채 권 자 ㅇ ㅇ ㅇ (주민등록번호)
　서울ㅇㅇ구ㅇㅇ동 111-11 ㅇㅇ아파트 101동 101호(우: 000-000)
　채권자의 소송대리인 변호사 ㅇ ㅇ ㅇ
　　서울 ㅇㅇ구 ㅇㅇ동 333-33 ㅇㅇ빌딩 111호
채 무 자 ㅇ ㅇ ㅇ (주민등록번호)
　서울 ㅇㅇ구 ㅇㅇ동 222-22 ㅇㅇ빌라 203호 (우: 000-000)

</td></tr>
</table>

③ 미성년자가 당사자인 경우에는 법정대리인의 인적사항을 표시하고, 미성년자와의 관계를 소명할 수 있는 가족관계증명서를 제출해야 합니다.

채 권 자 ○ ○ ○ (주민등록번호)
　서울○○구○○동 111-11 ○○아파트 101동 101호(우: 000-000)
　채권자는 미성년자이므로 법정대리인
　　친권자 부 ○ ○ ○, 모 ○ ○ ○
　　서울 ○○구 ○○동 333-33 ○○빌딩 111호
채 무 자 ○ ○ ○ (주민등록번호)
　서울 ○○구 ○○동 222-22 ○○빌라 203호 (우: 000-000)

④ 법인의 경우에는 법인명칭(또는 상호), 주사무소(또는 본점), 송달장소(영업소 또는 지점), 대표자, 법률상 대리인, 소송상 대리인의 순서로 위에서부터 아래로 차례로 기재합니다.

채 권 자 주식회사 ○○ (법인등록번호)
　　서울 ○○구 ○○동 111-11 (우: 000-000)
　　　대표이사 ○ ○ ○
채 무 자 의료법인 ○○ (법인등록번호)
　　서울 ○○구 ○○동 222-22 ○○빌딩 203호 (우: 000-000)
　　소관 ○○병원 원무과
　　대표자 이사장 ○ ○ ○
제3채무자 주식회사 ○○은행 (법인등록번호)
　　서울 ○○구 ○○동 333-33 ○○빌딩 111호
　　대표이사 ○ ○ ○
　　소관 ○○지점
　　서울 ○○구 ○○동 ○○-○○호

⑤ 채무자의 현주소지와 부동산등기사항증명서(또는 자동차·건설기계 등록원부)상의 주소가 다를 경우 이를 같이 적어 같은 사람임을 밝혀야 합니다.

채 무 자 ○ ○ ○ (주민등록번호)

　서울 ○○구 ○○동 222-22 ○○빌라 203호 (우: 000-000)

　등기부상 주소 서울 ○○구 ○○동 1404 ○○빌딩 1003호

◀ 기재 시 유의사항 ▶

① 주민등록번호는 기재하지 않아도 되지만, 당사자를 명확하게 지정하기 위해 기재함이 좋습니다.

② 법인이 당사자인 경우 법인등기사항증명를 제출해야 하는바, 법인등기사항증명서와 일치되도록 법인명칭, 주 사무소, 대표자, 법률상 대리인 등의 당사자를 표시해야 합니다.

③ 잘 알려진 법인의 경우를 제외하고는 법인명칭 옆 괄호 안에 법인등록번호를 기입함이 법인의 특정을 위해 좋습니다.

2. 청구채권(피보전권리)의 표시 및 목적물의 표시

2-1. 피보전권리의 요지 적시

가압류신청서에는 신청취지 및 신청이유의 기재에 앞서 피보전권리의 요지를 구체적으로 간결하게 표시해야 합니다(민사집행법 제279조제1항).

2-2. 청구채권의 표시

청구채권의 내용(피보전권리의 요지)은 다음의 예시와 같이 표시되나, 간결·명료하게 표시하기 어렵거나 그 내용이 길어 별지를 이용할 경우에는 "별지 기재 내용과 같음"으로 표시하고 별지를 붙입니다.

<예시 1: 체불임금 및 퇴직금>
청구채권의 표시 금 28,696,745원 (체불임금 및 퇴직금)(채권자들이 채무자에 대하여 가지는 별지 제1목록 체불임금 및 퇴직금내역서 (마)항

기재의 미지급 임금 및 퇴직금청구채권)

<예시 2: 대여금>
청구채권의 표시 금 120,000,000원 (대여금) 채권자가 채무자에 대하여
가지는 대여금청구채권

<예시 3: 손해배상금>
청구채권의 표시 및 금액
금 19,978,765원(2001. 4. 25.자 채무자과실에 의한 교통사고로 인한
손해배상금)

2-3. 목적물의 표시

가압류할 목적물의 표시는 간략히 적되 그 내용이 긴 경우 "별지 목
록 기재와 같음"이라고 표시하고, 별지로 첨부합니다(민사집행법 제
279조제1항).

3. 신청의 취지

① 소장의 청구취지에 상응하는 것으로 가압류를 통해 구하려는 그
내용을 말하며, 권리를 보전하기 위하여 필요한 보전처분의 종류와
태양을 적습니다(민사집행규칙 제203조제2항).

② 법원을 구속하는 것은 아니지만 당사자의 신청목적과 한도를 나
타내는 표준이 되므로 다음과 같이 명확히 적어야 합니다.

<예시 1: 부동산가압류>
1. 채권자는 채무자에 대한 위 청구채권의 집행을 보전하기 위하여 채
무자 소유의 별지 목록 기재 부동산을 가압류한다.
라는 재판을 구합니다.

<예시 2: 자동차가압류>
1. 채권자는 채무자에 대한 위 청구채권의 집행을 보전하기 위하여 채

무자 소유의 별지 목록 기재 자동차를 가압류한다.
라는 재판을 구합니다.

<예시 3: 채권가압류>
1. 채권자가 채무자에 대하여 가지고 있는 위 청구채권의 집행을 보전하기 위하여 채무자의 제3채무자에 대한 별지 기재 채권을 가압류 한다.
2. 제3채무자는 채무자에게 위 채권에 관한 지급을 해서는 아니된다.
라는 재판을 구합니다.

4. 신청의 이유

4-1. 신청이유 적시

신청취지를 구하는 근거로서 ① 피보전권리의 존재와 ② 보전의 필요성을 구체적으로 적어야 합니다(민사집행법 제279조제2항 및 민사집행규칙 제203조제2항).

4-2. 피보전권리

가압류에서는 피보전권리인 청구채권을 표시하고 그 금액을 적습니다. 청구채권이 일정한 금액이 아닌 때에는 금전으로 환산한 금액을 적습니다(민사집행법 제279조제1항제1호).

4-3. 보전의 필요성

민사집행법 제277조에 따라 가압류의 이유가 될 사실을 구체적으로 명확하게 표시합니다(민사집행법 제279조제1항제2호).

5. 그 밖의 기재사항

① 법원의 표시(민사소송법 제274조)

② 소명방법의 표시(민사집행법 제279조제2항)

③ 작성한 날짜(민사소송법 제274조)

④ 당사자 또는 대리인의 기명날인 또는 서명(민사소송법 제274조)

⑤ 덧붙인 서류의 표시(민사소송법 제274조)

※ 신청서에 기재해야 할 사항은 개별 가압류에 따라 약간씩 차이가 있습니다.

6. 가압류신청 진술서 작성

6-1. 가압류신청 진술서 첨부

① 가압류 신청을 하려는 자는 가압류신청 진술서를 작성해야 합니다(보전처분신청사건의 사무처리요령 제2조제5호 및 전산양식 A4705).

② 가압류신청 진술서를 첨부하지 않거나, 고의로 진술 사항을 누락하거나 허위로 진술한 내용이 발견된 경우에는 특별한 사정이 없는 한 보정명령 없이 신청이 기각될 수 있습니다(보전처분신청사건의 사무처리요령 제3조).

가압류신청 진술서

채권자는 가압류 신청과 관련하여 다음 사실을 진술합니다. 다음의 진술과 관련하여 고의로 누락하거나 허위로 진술한 내용이 발견된 경우에는, 그로 인하여 보정명령 없이 신청이 기각되거나 가압류이의절차에서 불이익을 받을 것임을 잘 알고 있습니다.

20 .   .   .

채권자(소송대리인) ＿＿＿＿＿＿＿＿＿＿＿＿ (날인 또는 서명)

※ 채무자가 여럿인 경우에는 각 채무자별로 따로 작성하여야 합니다.

◇ 다 음 ◇

1. 피보전권리(청구채권)와 관련하여

가. 채무자가 신청서에 기재한 청구채권을 인정하고 있습니까?

　□ 예

　□ 아니오 → 채무자 주장의 요지 :

　□ 기타 :

나. 채무자의 의사를 언제, 어떠한 방법으로 확인하였습니까? (소명자료 첨부)

다. 채권자가 신청서에 기재한 청구금액은 본안소송에서 승소할 수 있는 금액으로 적정하게 산출된 것입니까? (과도한 가압류로 인해 채무자가 손해를 입으면 배상하여야 함)

　□ 예　　□ 아니오

2. 보전의 필요성과 관련하여

가. 채권자가 채무자의 재산에 대하여 가압류하지 않으면 향후 강제집행이 불가능하거나 매우 곤란해질 사유의 내용은 무엇입니까?

나. 채권자는 신청서에 기재한 청구채권과 관련하여 공정증서 또는 제소전 화해조서가 있습니까?

다. 채권자는 신청서에 기재한 청구채권과 관련하여 취득한 담보가 있습니까? 있다면 이 사건 가압류를 신청한 이유는 무엇입니까?

라. [채무자가 (연대)보증인인 경우] 채권자는 주채무자에 대하여 어떠한 보전조치를 취하였습니까?

마. [다수의 부동산에 대한 가압류신청인 경우] 각 부동산의 가액은 얼마입니까? (소명자료 첨부)

바. [유체동산 또는 채권 가압류신청인 경우] 채무자에게는 가압류할 부
　동산이 있습니까?

　□ 예　　□ 아니오 → 채무자의 주소지 소재 부동산등기부등본 첨부

사. ["예"로 대답한 경우] 가압류할 부동산이 있다면, 부동산이 아닌 유체
　동산 또는 채권 가압류신청을 하는 이유는 무엇입니까?

　□ 이미 부동산상의 선순위 담보 등이 부동산가액을 초과함 → 부동산
　등기부등본 및 가액소명자료 첨부

　□ 기타 사유　→ 내용 :

아. [유체동산가압류 신청인 경우]

　① 가압류할 유체동산의 품목, 가액은?

　② 채무자의 다른 재산에 대하여 어떠한 보전조치를 취하였습니까? 그
　결과는?

3. 본안소송과 관련하여

가. 채권자는 신청서에 기재한 청구채권과 관련하여 채무자를 상대로 본
　안소송을 제기한 사실이 있습니까?

　□ 예　　□ 아니오

나. ["예"로 대답한 경우]

　①본안소송을 제기한 법원·사건번호·사건명은?
　②현재 진행상황 또는 소송결과는?

다. ["아니오"로 대답한 경우] 채권자는 본안소송을 제기할 예정입니까?

　□ 예 → 본안소송 제기 예정일 :

　□ 아니오 → 사유 :

4. 중복가압류와 관련하여

가. 채권자는 신청서에 기재한 청구채권(금액 불문)을 원인으로, 이 신청
　외에 채무자를 상대로 하여 가압류를 신청한 사실이 있습니까? (과거
　및 현재 포함)

　□ 예　　□ 아니오

나. ["예"로 대답한 경우]
　①가압류를 신청한 법원·사건번호·사건명은?
　②현재 진행상황 또는 결과(취하/각하/인용/기각 등)는? (소명자료 첨부)
다. [다른 가압류가 인용된 경우] 추가로 이 사건 가압류를 신청하는 이
　　유는 무엇입니까? (소명자료 첨부)

제4절 신청비용 납부

1. 인지 첩부

① 가압류 신청을 하려는 자는 신청서에 10,000원(지급보증위탁계약
체결문서 제출에 의한 담보제공의 경우에도 10,000원)의 인지를 붙
여야 합니다.

② 그 밖에 가압류 결정에 대한 이의신청 또는 취소의 신청 등을
하려는 자는 개별 신청서에 해당하는 인지를 붙여야 합니다.

③ 가압류 신청이나 가압류 결정에 대한 이의 또는 취소의 신청을
위한 신청서에는 다음의 구분에 따른 인지를 붙여야 합니다(민사소
송등인지법 제9조제2항).

구 분	인지액
가압류신청서	10,000원
지급보증위탁계약체결문서의 제출에 의한 담보제공허가 신청서	0원
가압류 결정에 대한 이의신청서	10,000원
가압류 이의신청 사건의 이송신청서	1,000원
가압류 이의에 관한 판결에 대한 항소장, 상고장	신청서에 붙인 인지액의 2배
제소명령신청서	1,000원

제소기간 도과에 의한 가압류 취소신청서	10,000원
사정변경 등에 의한 가압류 취소신청서	10,000원
가압류 취소재판의 효력정지신청서	1,000원
강제관리의 방법에 의한 가압류 집행신청서	5,000원
해방공탁에 의한 가압류 집행의 취소신청서	1,000원
담보취소신청서 및 담보권리행사 최고신청서	1,000원
담보취소결정확정증명원	500원

2. 인지의 구입

가압류 신청서에 붙여야 할 인지는 수입인지로 납부할 수 있으며, 수입인지는 다음과 같은 곳에서 구입할 수 있습니다(수입인지에 관한 법률 제3조제1항, 제4조제3항, 제5조제2항 및 동법 시행령 제6조). 구입한 대한민국정부수입인지는 신청서 표지 또는 신청서 첫 장 앞면 우측 상단에 붙입니다.

① 우체국

② 은행법에 따른 인가를 받아 설립된 은행

③ 한국산업은행법에 따른 한국산업은행

④ 한국수출입은행법에 따른 한국수출입은행

⑤ 농업협동조합법에 따른 조합, 중앙회 및 농협은행

⑥ 수산업협동조합법에 따른 수산업협동조합과 그 중앙회 및 수협은행

⑦ 신용협동조합법에 따른 신용협동조합

⑧ 상호저축은행법에 따른 상호저축은행

⑨ 새마을금고법에 따른 새마을금고

⑩ 수입인지 판매소

3. 전자수입인지의 구입

전자수입인지의 경우에는 위의 구입처 외에 수입인지에 관한 법률 제9조제2항에 따라 업무를 위탁받은 기관이나 행정기관을 통해 구입할 수 있습니다(수입인지에 관한 법률 제3조제2항)

■ 가압류 신청을 하려면 인지는 얼마짜리를 붙여야 하나요?

Q. 가압류 신청을 하려면 인지는 얼마짜리를 붙여야 하나요?

A. 가압류신청서에 붙여야 할 인지는 1만원짜리입니다.

가압류 신청을 하면서 공탁보증보험을 통한 담보제공을 하는 경우에도 인지대는 동일합니다.

◇ 신청서별 인지대

신청자	구 분	인지대
채권자	가압류신청서	1만원
	지급보증위탁계약체결문서(공탁보증보험증서)의 제출에 의한 담보제공허가신청서	0원
공통	가압류 결정에 대한 이의신청서	1만원
채무자	제소명령신청서	1천원
	제소기간 도과에 의한 가압류 취소신청서	1만원
	사정변경 등에 의한 가압류 취소신청서	1만원
	가압류 해방공탁에 의한 가압류 집행의 취소신청서	1천원

■ 사용치 않은 수입인지는 환불 가능한가요?

Q. 제가 잘못 구입한 대한민국 정부 수입인지가 꽤 많이 있는데 이걸 어디다 쓸데도 없고 해서 해당 법률을 찾아보니 금융기관이나 우체국에서 환매를 해준다고 하던데 훼손되

지 않은 것이면 바로 환매가 가능한가요? 우체국에서 구입한 게 아니여도 상관없나요? 환매하려면 어떻게 해야 하는지 절차가 궁금합니다. 필요한 서류 같은 건 없겠죠?

A. 수입인지는 오염·훼손되어 판매에 부적합하다고 인정되는 것을 제외하고 교환 또는 환매(환불)가 가능합니다.

다만, 수수료 5%를 공제한 액면금액의 95%에 상당하는 금액을 현금으로 지급하며, 금융업무가 가능한 관내국 이상 우체국(우편취급국 제외)에서 금융업무시간까지 환매 가능합니다.

또한, 해당 우체국에서 당월 판매한 수입인지 판매대금 범위 내에서만 가능하기 때문에 방문 전에 환매가능 금액을 확인 후 방문하여 주시기 바랍니다.

4. 송달료 예납

① 가압류를 신청하려는 자는 당사자 1명당 3회분의 송달료(당사자 1명당 3,700원 × 3회)를 예납해야 합니다.

※ 1회 송달료 3,700원 = 왕복 통상우편료 620원 + 등기수수료 1,630원 + 특별송달수수료 1,300원

② 송달이란 소송의 당사자 및 그 밖의 소송관계인에게 소장·상소장·판결정본 등 소송서류의 내용을 알 수 있는 기회를 주기 위해 법정의 방식에 좇아 하는 통지행위를 말합니다. 송달은 송달을 받은 자에게 서류의 내용을 확실하게 알리고 그와 더불어 이를 보관함으로써 그 내용을 둘러싼 분쟁을 미연에 방지하는 것을 목적으로 합니다.

③ 가압류의 신청, 가압류의 신청을 기각 또는 각하한 결정에 대한 즉시항고, 가압류에 대한 이의신청, 가압류의 취소신청, 이의신청 및 취소신청에 대한 즉시항고에 대한 결정은 당사자에게 송달해야 합니다(민사집행규칙 제203조의4).

5. 송달료 납부

① 송달료를 납부한 채권자는 송달료납부서 1통을 가압류 신청서에 첨부하여 관할법원에 제출해야 합니다(송달료규칙 제3조제2항).
② 송달료 납부 방법 및 송달료납부서 등의 교부

송달료 납부 방법	송달료납부서 등
수납은행에 현금으로 납부	송달료납부서 및 송달료 영수증을 교부 받음
수납은행에 인터넷뱅킹을 이용하여 현금으로 납부	송달료납부서 및 송달료 영수증의 해당사항을 기재한 정보를 인터넷으로 제공하여, 이를 납부인이 출력함
현금자동입출금기를 이용하여 납부	이용명세표로 송달료납부서를 갈음함
수납은행 또는 송달료납부대행기관의 인터넷 홈페이지 등에서 송달료납부대행기관을 통해 신용카드·직불카드(이하 "신용카드 등"이라 함) 등으로 납부	송달료 신용카드 등 납부서, 송달료 신용카드 등 영수증 각 1통을 출력물로 제공 받음

③ 「송달료납부대행기관」이란 정보통신망을 이용하여 신용카드 등에 의한 결제를 수행하는 기관으로서 송달료납부대행기관으로 지정받은 기관을 말합니다.

6. 송달료 추가 납부

① 이미 납부한 송달료가 해당 사건의 송달에 소요되는 요금보다 부족하다고 인정되는 대에는 법원으로부터 송달료의 추가납부 통지를 받을 수 있습니다(송달료규칙의 시행에 따른 업무처리요령 제30조 및 제32조).

② 송달료를 추가 납부하려는 자는 수납은행에 비치되어 있는 송달료납부서에 법원의 사건번호를 기재 후 수납은행에 현금을 납부해야 합니다(송달료규칙 제6조제1항).

7. 등록면허세 납부 수입증지 첩부

① 부동산, 자동차 등에 대해 가압류를 신청하려는 자는 등록면허세 및 지방교육세를 납부해야 합니다. 또한, 부동산가압류의 신청수수료는 매 부동산마다 3,000원입니다.

② 등록면허세 및 지방교육세는 지방세이므로 목적물의 납세지 시·군·구청 등록세과를 방문하여 가압류 신청서 사본을 건네주고 등록세납부고지서를 발급받아 해당 세액을 금융기관에 납부하면 됩니다(지방세법 제24조제1호, 제25조 및 제152조제1항).

③지방세 납부는 해당 시·군·구청을 직접 방문하여 등록면허세세납부고지서를 발급받아 납부하거나, 일부 지방세의 경우 행정자치부의 지방세 인터넷 납부시스템을 이용하여 신고·납부할 수 있습니다.

④ 등록면허세 및 지방교육세를 금융기관에 납부하고 받은 등록면허세납세필영수증(원본)을 신청서에 클립 등으로 고정하여 제출합니다.

⑤ 등록면허세·지방교육세 반환 받기

가압류 신청의 취하(이미 등기·등록이 이루어진 경우는 제외)나 각하, 결정 후 미사용·집행불능(가압류 결정은 인용되었으나 등기소에 촉탁이 안 되는 경우 등)이 된 경우 채권자는 이미 납부한 등록면허세·지방교육세를 반환받을 수 있습니다.

⑥ 반환 방법

1. 등록면허세·지방교육세를 반환받으려는 채권자는 "미사용증명원"을 작성하여(2부 제출, 500원 인지 첩부) 법원공무원으로부터 확인 날인을 받고 법원으로부터 가압류신청서와 함께 제출한 등록면허세납세필영수증 원본을 돌려 받습니다.

2. 해당 시·군·구청을 방문하여 확인 날인받은 미사용증명서, 등록면허세·지방교육세 영수증(원본) 그 밖에 등기촉탁 각하결정 정본 등을 제출하면 납부한 등록면허세·지방교육세를 반환받을 수 있습니다.

8. 수입증지 첩부

① 대법원수입증지(부동산에 한함)

부동산가압류를 신청하려는 자는 법원에서 가압류 결정이 내려지면 법원에서 가압류 등기를 집행하기 위해 등기소에 촉탁할 때 매 부동산당 3,000원의 수수료를 제출해야 합니다(등기사항증명서 등 수수료규칙 제5조의2제2항, 등기신청수수료 징수에 관한 예규 제2호자목 및 별표 1 제11호).

② 제출 방법 및 납부액

구입한 수입증지는 신청서에 붙이지 말고 클립 등으로 신청서에 끼워서 제출해야 합니다.

③ 가압류할 목적물이 토지와 건물 중 하나만을 가압류하는 경우에

는 3,000원, 토지와 건물 모두를 가압류하는 경우에는 6,000원, 아파트나 빌라·연립의 경우에는 3,000원의 증지를 구입·제출해야 합니다(등기신청수수료 징수에 관한 예규 제2호자목 및 별표 1 제11호).

■ **가압류의 신청사건과 변호사의 보수가 소송비용에 산입되는지요?**

Q. 가압류 명령의 신청사건 항고심에서 변론 또는 심문기일이 열리기 전에 항고 취하로 사건이 종결되었다면 변호사 보수가 소송비용에 산입되나요?

A. 변호사보수의 소송비용산입에 관한 규칙(이하 '변호사보수규칙'이라고 합니다)은 제3조 제2항에서 "가압류, 가처분 명령의 신청, 그 명령에 대한 이의 또는 취소의 신청사건에 있어서 소송비용에 산입되는 변호사의 보수는, 피보전권리의 값에 따라 제1항의 기준에 의하여 산정한 금액의 2분의 1로 한다. 다만, 가압류, 가처분 명령의 신청사건에 있어서는 변론 또는 심문을 거친 경우에 한한다."고 규정하고 있습니다.

대법원은 가압류·가처분명령의 신청사건에 있어서 변론이나 심문 없이 진행된 경우(이러한 경우에는 소송이 대심적 구조의 형태를 지니지 아니합니다)에는 변호사보수규칙 제3조 제2항 단서의 반대해석상 변호사보수를 소송비용에 산입할 수 없다(대법원 2010. 5. 25.자 2010마181 결정 참조)고 판시한 바 있습니다. 그러나 일단 가압류·가처분명령의 신청사건에 대한 심리가 제1심 단계에서 변론 또는 심문을 거쳐 대심적인 구조로 들어선 이상, 그에 대한 항고심에서 변론 또는 심문기일이 열리기 전에 항고인의 항고 취하로 사건이 종결되었다고 하더라도 그 이전에 항고인의 상대방이 소송대리인을 선임하고 그 소송대리인이 항고이유에 대해 답변서 등을 제출하였다면 그 상대방이 지급한 변호사보수는 변호사보수규칙 제3조 제2항에 따라 소송비용에 산입된다고 보아야 한다(대법원 2015. 9. 3. 자 2015마1043 결정)고 대법원이 결정한 바 있습니다.

따라서 이 사건 본안 사건에 관하여 제1심에서 심문을 거친 이상 항고심에서 심문을 거치지 아니하였다고 하더라도, 본안 항고심 사건에서 신청인이 소송대리인을 선임하고 그 소송대리인이 항고이유에 대한 답변서를 제출하였다면 신청인이 지급한 변호사보수는 변호사보수규칙 제3조 제2항에 따라 소송비용에 산입된다고 보아야 할 것입니다.

제5절 선담보제공

1. 선담보제공 허가 신청(공탁보증보험 가입)

① 채권자가 부동산·자동차·건설기계·소형선박 또는 금전채권에 대한 가압류 신청(급여채권·영업자예금채권의 경우는 제외)을 하는 경우 법원의 담보제공명령이 없더라도 미리 일정 금액을 보증금액으로 하는 보증서 원본을 제출(공탁보증보험증서 제출)하는 방법으로 담보제공의 허가신청을 할 수 있습니다.

② 부동산·자동차·건설기계·소형선박 또는 금전채권에 대한 가압류 신청 시 법원으로부터 선담보제공 허가를 받으려는 자는 가압류 신청서 접수 전에 인근 보증보험회사의 공탁보증보험에 가입해야 합니다.

2. 담보제공명령

① 법원은 가압류로 생길 수 있는 채무자의 손해에 대하여 담보제공을 명령할 수 있습니다(민사집행법 제280조제2항,3항).
② 법원의 담보제공명령을 발한 후 담보제공명령을 받은 채권자가 그 결정에 정하여진 기일(보통 7일) 내에 담보를 제공하지 않으면 법원은 신청을 각하하게 되며 담보제공이 되면 가압류 명령을 발하게 됩니다(민사집행법 제280조제3항 및 민사소송법 제219조).
③ 담보제공의 필요성
가압류는 피보전권리의 존부에 관한 확정적인 판단 없이 소명으로 사실을 인정하고 채무자의 재산을 동결하는 것이기 때문에 채무자는 때에 따라서 아무런 의무 없이 손해를 입게 되는 수가 있습니다. 따라서 비교적 간이한 절차에 따라 채권자에게 채권보전수단을 마련해 주는 대신 나중에 그 가압류가 잘못된 것으로 밝혀질 경우 채무자가 그 손해를 쉽게 회복할 수 있도록 담보를 마련해 두는 것이 형평에 적합합니다.

3. 부동산, 자동차, 채권 가압류 신청에서의 선담보제공

3-1. 선담보제공의 예외
원칙적으로 가압류를 신청하면 법원에서 청구채권금액을 기준으로 담보제공명령을 하면 그때 보증보험가입 및 증권을 발부받아 제출하거나 현금공탁을 하지만 가압류의 긴급성을 위하여 부동산·자동차·건설기계·소형선박 또는 금전채권에 대한 가압류의 경우 예외적으로 선담보제공을 허가하고 있습니다.

3-2. 선담보제공 허가 신청

① 채권자가 부동산·자동차·건설기계·소형선박 또는 금전채권에 대한 가압류신청(급여채권·영업자예금채권의 경우는 제외)을 하는 경우 법원의 담보제공명령이 없더라도 미리 다음의 금액을 보증금액으로 하는 보증서 원본을 제출(공탁보증보험증서 제출)하는 방법으로 담보제공의 허가신청을 할 수 있습니다(민사집행규칙 제204조 및 지급보증위탁계약체결문서의 제출에 의한 담보제공과 관련한 사무처리요령 제6조제1항).

구 분	보증금액
부동산·자동차·건설기계·소형선박에 대한 가압류 신청사건	청구금액의 1/10
금전채권에 대한 가압류 신청사건 (급여채권·영업자예금채권의 경우는 제외)	청구금액의 2/5(다만, 법원이 지역 사정 등을 고려하여 별도의 기준을 정한 경우에는 그 금액)

※ 청구금액은 원금만을 기준으로 하고 이자·지연손해금 등은 미포함임.

※ 보증금액의 1만원 미만 부분은 버림.

② 선담보제공은 가압류신청서에 다음과 같은 의사표시를 기재하여 법원의 허가를 받아야 합니다(지급보증위탁계약체결문서의 제출에 의한 담보제공과 관련한 사무처리요령 제6조제3항).

4. 공탁보증보험 가입

4-1. 공탁보증보험의 가입

부동산·자동차·건설기계·소형선박 또는 금전채권에 대한 가압류 신청 시 법원으로부터 선담보제공 허가를 받으려는 자는 가압류 신청서 접수 전에 신청서를 지참하여 가까운 보증보험회사에 방문 후 공탁보증보험에 가입해야 합니다.

4-2. 보험계약자격(서울보증보험, 공탁보증보험 상품요약서)

① 미성년자, 피성년후견인, 피한정후견인 등 단독으로 법률행위가 불가능한 자는 보험계약을 체결할 수 없습니다. 다만, 친권자 또는 법정대리인의 동의가 있는 경우에는 단독으로 보험계약을 체결할 수 있습니다.

② 신용불량거래처로 등록되어 있는 개인 또는 법인은 공탁보증보험

가입이 제한될 수 있습니다.

4-3. 보증보험료 납부

공탁보증보험에 가입하려는 자는 공탁금액에 보험요율을 곱한 납입
보험료를 납부해야 합니다.

```
납입보험료 = 공탁금액(보증금액) × 보험요율
※ 공탁보증보험료율(2012. 4. 1. 기준)
  개인, 일반회사  0.302%
  상장법인  0.211%
  금융기관, 국가기관  0.151%
```

5. 보증보험료 환급

① 채권자는 다음과 같은 사유가 발생한 경우 법원으로부터 보증보
험증서를 반환받아 보증료(보험료)를 전부 또는 일부를 환급받을 수
있습니다(지급보증위탁계약체결문서의 제출에 의한 담보제공과 관련
한 사무처리요령 제6조제6항).

 1. 법원이 담보제공에 대하여 불허가결정을 하고 현금공탁을 명한
    경우
 2. 가압류신청이 각하·기각된 경우
 3. 법원이 담보금액을 감액한 경우
 4. 채권자가 가압류신청을 취하한 경우
 5. 가압류집행이 미집행되거나 집행불능된 경우

② 보증보험료를 반환 받으려는 자는 담당 법원공무원(가압류 신청
계 공무원)으로부터 보증보험증서 원본 아래에 다음과 같은 기재를
받아야 합니다(지급보증위탁계약체결문서의 제출에 의한 담보제공과
관련한 사무처리요령 제6조제6항).

OO 보험주식회사 △△지점 귀하

다음과 같은 사유로 지급보증위탁계약 원인이 전부 또는 일부 소멸
되어 귀사가 발행한 보증서(공탁보증보험증권)가 담보로 전부 또는
일부 제공되지 아니하였으므로 채권자가 보증료(보험료)를 환급받을
수 있도록 하여 주시기 바랍니다.

- 다음 -
■ 불허가 ■ 각하·기각 ■ 감액(금 원) ■ 취하
■ 미집행 ■ 집행불능

20 . . .

법원사무관 O O O

제3장 가압류 신청

제1절 부동산에 대한 가압류 신청

① 가압류하려는 부동산은 특정할 수 있어야 하며, 미등기 부동산도 보존등기가 가능한 경우 가압류할 수 있습니다.
② 부동산가압류를 신청하려는 자는 청구채권의 내용, 가압류할 부동산의 표시, 신청취지, 신청이유 등을 적은 부동산가압류신청서 및 가압류신청 진술서를 관할법원에 제출해야 합니다.

[서식 예] 부동산가압류신청서(대여금)

부동산가압류신청

채 권 자 ○○○

　　　　○○시 ○○구 ○○길 ○○(우편번호 ○○○-○○○)

　　　　전화·휴대폰번호:

　　　　팩스번호, 전자우편(e-mail)주소:

채 무 자 ◇◇◇

　　　　○○시 ○○구 ○○길 ○○(우편번호 ○○○-○○○)

　　　　전화·휴대폰번호:

　　　　팩스번호, 전자우편(e-mail)주소:

청구채권의 표시

금 ○○○원

채권자가 채무자에 대하여 가지는 대여금청구채권

가압류하여야 할 부동산의 표시

별지 제1목록 기재와 같습니다.

신 청 취 지

　채권자가 채무자에 대하여 가지는 위 채권의 집행을 보전하기 위하
여 채무자　소유의 별지 제1목록 기재 부동산을 가압류한다.
라는 재판을 구합니다.

신 청 이 유

1. 채권자는 채무자에게 20○○. ○. ○. 이자를 월 2%, 갚을 날짜는
   12개월 뒤로 정하여 금 ○○○원을 빌려준 사실이 있습니다. 그러
   나 채무자는 갚을 날짜가 지난 지금까지 별다른 사유 없이 지급하
   지 아니하고 있습니다.
2. 채권자가 알아본 결과 채무자는 다른 채권자에게도 많은 채무가 있
   고, 채무자의 재산이라고는 담보제공 된 아파트 한 채가 있을 뿐입
   니다.
3. 채권자는 채무자로부터 대여금을 지급 받기 위한 본안소송을 준비
   하고 있으나, 위와 같은 채무자의 재산상태에서는 승소한 뒤에도
   강제집행의 목적을 달성할 수 없기 때문에 이 사건 신청에 이르게
   된 것입니다.
4. 그리고 담보제공은 공탁보증보험증권(■■보증보험주식회사 증권
   번호 제○○호)을 제출하는 방법으로 할 수 있도록 허가하여 주시
   기 바랍니다.

첨 부 서 류

1. 현금보관증　　　　　　　　　　　　　　1통
1. 부동산등기사항전부증명서　　　　　　2통
1. 가압류신청진술서　　　　　　　　　　1통
1. 송달료납부서　　　　　　　　　　　　1통

20ㅇㅇ. ㅇ. ㅇ.

위 채권자 ㅇㅇㅇ (서명 또는 날인)

ㅇㅇ지방법원　귀중

[별 지 1]

가압류할 부동산의 표시

1. ㅇㅇ시 ㅇㅇ구 ㅇㅇ동 ㅇㅇ-ㅇㅇ

　　대 157.4㎡

1.위 지상

　　벽돌조 평슬래브지붕 2층주택

　　1층 74.82㎡

　　2층 74.82㎡

　　지층 97.89㎡. 끝.

1. 가압류목적물

1-1. 가압류목적물의 특정

① 가압류 대상 부동산은 특정할 수 있어야 합니다.

② 지분 표시는 등기부에 따라 정확해야 합니다.

1-2. 부동산의 합유 지분

① 조합재산을 구성하는 개개의 재산에 대한 합유지분에 대해서는 가압류의 대상으로 할 수 없습니다. 각 조합원의 채권자는 그 조합원이 전체로서의 조합재산에 대해 가지는 합유지분을 가압류할 수 있습니다(민법 제714조).

② 조합재산에 대하여 가지는 지분에 대한 가압류 절차는 민사집행법 제251조에 따라 그 밖의 재산권에 대한 집행방법에 따릅니다.

■ 조합재산에도 가압류를 할 수 있나요?

Q. 甲학원은 A, B, C 3명의 선생님이 상호출자하여 운영하는 학원인데, 저는 이 학원 인테리어 공사를 하였음에도 학원 운영이 어렵다는 이유로 현재까지 공사대금을 지급받지 못하고 있습니다. 이 경우 A를 가압류 채무자로 하여 학원 계좌에 대해 가압류를 할 수 있나요?

A. 조합계약이란 2인 이상이 상호출자하여 공동사업을 경영할 것을 약정함으로써 성립하는 계약입니다. 조합 채무에 대해서는 전 조합원에게 합유적으로 귀속되며, 조합재산으로 책임집니다.

그런데 조합재산에 대해 가압류에 대하여, 판례는 "민법상 조합에서 조합의 채권자가 조합재산에 대하여 강제집행을 하려면 조합원 전원에 대한 집행권원을 필요로 하고, 조합재산에 대한 강제집행의 보전을 위한 가압류의 경우에도 마찬가지로 조합원 전원에 대한 가압류명령이 있어야 하므로, 조합원 중 1인만을 가압류채무자로 한 가압류명령으로써 조합재산에 가압류집행을 할 수는 없다."고 하여 조합원 전원을 상대로 가압류 신청해야 하지, 조합원 중 1인만을 상대로 가압류 신청을 할 수 없다 판단하고 있습니다.

학원의 운영에 관해서 여러 가지 모습이 있을수 있으나, A, B, C 3명이 상호 출자하여 학원을 운영하는 것이라면 위 학원은 조합에 해당할 수 있습니다. 만약 학원을 조합으로 보게 될 경우, 조합재산에 대한 가압류는 조합원 전원을 상대로 해야 하므로, 조합원 1인인 A만을 상대로 한 가압류는 기각될 것입니다. 그러므로 학원 계좌에 대해 가압류를 하기 위해서는 A, B, C 3명 전원을 상대로 가압류를 신청해야 합니다.

(관련판례)

민법 제714조는 "조합원의 지분에 대한 압류는 그 조합원의 장래의 이익배당 및 지분의 반환을 받을 권리에 대하여 효력이 있다."고 규정하여 조합원의 지분에 대한 압류를 허용하고 있으나, 여기에서의 조합원의 지분이란 전체로서의 조합재산에 대한 조합원 지분을 의미하는 것이고, 이와 달리 조합재산을 구성하는 개개의 재산에 대한 합유지분에 대하여는 압류 기타 강제집행의 대상으로 삼을 수 없다 할 것이다(대법원 2007. 11. 30. 자 2005마1130 결정).

1-3. 미등기부동산

① 미등기부동산이라도 그 부동산이 채무자의 소유이면 즉시 채무자

명의로 등기할 수 있다는 것을 증명할 서류(미등기 건물인 경우에는 그 건물이 채무자의 소유임을 증명할 서류, 그 건물의 지번·구조·면 적을 증명할 서류 및 그 건물에 관한 건축허가 또는 건축신고를 증 명할 서류)를 붙여 가압류를 신청할 수 있습니다(민사집행법 제81조 제1항제2호, 제291조 및 미등기 건물의 처분제한등기에 관한 업무처 리지침).

② 「부동산」이란 토지와 그 정착물을 말합니다(민법 제99조제1항). 이 중에서 건물과 토지는 부동산등기부에 소유권보존등기가 경료되 어야 원칙적으로 소유권을 취득할 수 있습니다(민법 제186조 참조). 「미등기부동산」이란 이러한 소유권보존등기가 경료되지 않은 토지와 건물을 말합니다.

③ 미등기건물에 대한 가압류 신청시 첨부해야 할 서류는 다음과 같습니다.

 1. 미등기건물이 이미 사용승인을 받아 건축물대장등본을 발급받을
    수 있는 경우
   가. 소유자의 주소 및 등기용등록번호증명서
   나. 건축물대장등본(집합건물은 소재도·각층의 평면도·구분건물의 평면도)
 2. 건물로서의 외관을 갖추었지만 아직 사용승인을 받지 못한 경우
   가. 소유자의 주소 및 등기용등록번호증명서
   나. 건물이 채무자의 소유임을 증명할 수 있는 서류
   다. 건물의 소재와 지번·구조·면적을 증명할 수 있는 서류
   라. 건축허가서 또는 신고서

④ 채권자는 공적 장부를 주관하는 공공기관에 그 건물이 채무자의 소유임을 증명할 서류, 그 건물의 지번·구조·면적을 증명할 서류 및 그 건물에 관한 건축허가 또는 건축신고를 증명할 서류의 사항들을

증명하여 줄 것을 청구할 수 있습니다(민사집행법 제81조제2항 및 제291조).

⑤ 미등기건물의 지번·구조·면적을 증명하지 못한 때에는, 가압류 신청권자는 가압류 신청과 동시에 그 조사를 집행법원에 신청할 수 있습니다(민사집행법 제81조제3항 및 제291조).

■ 미등기 부동산에 대한 가압류신청은 어떤 절차가 있나요?

Q. 저는 甲에게 1,000만원을 빌려주고 돈을 받지 못하고 있습니다. 甲은 재산을 은닉하려는 태도를 취하고 있어 얼른 그의 재산을 가압류해놓고 싶습니다. 그런데 부동산 가압류를 하려면 부동산 등기부 등본을 제출해야 한다고 해서 인터넷 등기소에 해당 주소지를 검색해봤는데도 도무지 나오지가 않더군요. 미등기 부동산인 걸 알았습니다. 등기가 되어있지 않은 부동산도 가압류 할 수 있나요?

A. 민사집행규칙 제218조는 보전처분의 집행에 관하여 특별한 규정이 없으면 강제집행에 관한 규정을 준용하도록 하고 있으므로 미등기 부동산에 대하여도 가압류를 할 수 있습니다.

이 때 가압류 신청을 하면서 ①건물이 채무자의 소유임을 증명할 서류(통상적으로 건축허가서나 건축신고서를 제출받고 있고, 미흡할 경우 건축도급계약서 등을 추가로 받습니다), ②건물의 지번과 구조와 면적을 증명할 서류, ③건물에 관한 건축허가(신고)를 증명할 서류가 필요합니다. 토지의 경우 ①토지대장, ②확정판결, ③수용증명서(재결서등본과 공탁서원본) 등이 있습니다(부동산등기법 제65조).

대장등본에 의하여 소유권보존등기를 신청할 수 있는 자는 원칙적으로 대장등본에 의하여 대장에 자기 또는 피상속인이 최초의 소유자로 등록되어 있음을 증명하는 자이어야 합니다.

대법원은 1994.3.11. 선고 93다57704 판결에서 '부동산등기법 제65조 제2호 소정의 판결은 그 내용이 신청인에게 소유권이 있음을 증명하는 확정판결이면 족하고, 그 종류에 관하여 아무런 제한이 없어 반드시 확인판결이어야 할 필요는 없고, 이행판결이든 형성판결이든 관계가 없으며, 또한 화해조서 등 확정판결에 준하는 것도 포함한다.'고 하여 판결의 범위를 넓게 보고 있습니다.

법원의 가압류 결정 및 가압류기입등기 촉탁이 있으면 등기관은 직권으로 그 부동산을 소유권보존등기하고 경매개시결정등기를 하게 됩니다.

■ **미등기 부동산뿐인 채무자의 재산을 가압류하려는데, 미등기 부동산도 가압류가 가능할까요?**

Q. 미등기 부동산뿐인 채무자의 재산을 가압류하려는데, 미등기 부동산도 가압류가 가능할까요?

A. 미등기 부동산이라도 그 부동산이 채무자의 소유이면 즉시 채무자명의로 등기할 수 있다는 것을 증명할 서류(미등기 건물인 경우에는 그 건물이 채무자의 소유임을 증명할 서류, 그 건물의 지번·구조·면적을 증명할 서류 및 그 건물에

관한 건축허가 또는 건축신고를 증명할 서류)를 붙여 가압류를 신청할 수 있습니다.

채권자는 공적 장부를 주관하는 공공기관에 그 건물이 채무자의 소유임을 증명할 서류, 그 건물의 지번·구조·면적을 증명할 서류 및 그 건물에 관한 건축허가 또는 건축신고를 증명할 서류의 사항들을 증명하여 줄 것을 청구할 수 있습니다.

미등기 건물의 지번·구조·면적을 증명하지 못한 때에는, 가압류 신청권자는 가압류 신청과 동시에 그 조사를 집행법원에 신청할 수 있습니다.

1-4. 신탁법의 신탁재산

수탁자의 명의로 되어 있는 신탁재산은 원칙적으로 강제집행이 금지되므로 가압류 신청을 할 수 없습니다. 다만, 신탁사무의 처리 중 발생한 권리에 의한 경우에는 예외적으로 가압류가 허용되는 경우가 있습니다(신탁법 제21조제1항).

2. 부동산가압류신청서 작성

2-1. 신청서 작성

부동산가압류신청서를 작성하려는 자는 신청서에 ① 당사자(대리인이 있는 경우 대리인 포함), ② 청구채권의 표시 및 목적물의 표시 ③ 신청의 취지, ④ 신청의 이유, ⑤ 관할법원, ⑥ 소명방법 및 ⑦ 작성한 날짜를 기재하고, 당사자 또는 대리인의 기명날인 또는 서명을 해야 합니다(민사집행법 제23조제1항, 제279조, 민사집행규칙 제203조제2항, 민사소송법 제249조 및 제274조).

2-2. 가압류할 부동산의 표시

① 가압류할 부동산의 표시는 "별지 목록 기재와 같음"이라고 표시하고, 별지로 첨부합니다(민사집행법 제279조제1항제2호).

<예시 1: 주택과 토지를 함께 가압류 하는 경우>
가압류할 부동산의 표시
별지 제1목록과 같습니다.
[별지 1]
부동산의 표시
1. 서울 종로구 수송동 10000 대 200㎡
2. 위 지상 벽돌조 평슬레브지붕 2층주택
1층 150㎡
2층 150㎡
지층 170㎡. 끝.

<예시 2: 아파트를 가압류 하는 경우>
가압류할 부동산의 표시
별지 제1목록과 같습니다.
[별지 1]
부동산의 표시
1동의 건물의 표시
서울 종로구 수송동 10000
서울 종로구 수송동 10000-2 이마아파트 107동
철근콘크리트조 슬래브지붕 5층 아파트
1층 291.80㎡
2층 283.50㎡
3층 283.50㎡
4층 283.50㎡
5층 283.50㎡
전유부분의 건물의 표시
철근콘크리트조 제9층 901호 131.40㎡
대지권의 목적인 토지의 표시
1. 서울 종로구 수송동 10000 대 OOO㎡

2. 서울 종로구 수송동 10000-2 대 OOO㎡ 대지권의 표시 1, 2 소유대지권 비율 43685.4분의 58.971.끝

2-3. 신청취지

소장의 청구취지에 상응하는 것으로 가압류에 의해 구하려는 보전처분의 내용을 말하며, 권리의 보전을 위해 필요한 내용을 적습니다(민사집행규칙 제203조제2항).

<예시> 신 청 취 지 채권자가 채무자에 대하여 가지는 위 청구채권의 집행을 보전하기 위하여 채무자 소유의 별지 1목록 기재 부동산을 가압류한다. 라는 재판을 구합니다.

2-4. 신청이유

① 신청취지를 구하는 근거로 피보전권리의 존재와 보전의 필요성을 구체적으로 적어야 합니다(민사집행규칙 제203조제2항).

② 그 밖에 선담보제공을 하는 경우 이를 허가해 달라는 취지를 적습니다.

[서식 예] 부동산가압류신청서(약속어음)

부동산가압류신청   채 권 자 ○○○ 　　　　○○시 ○○구 ○○길 ○○(우편번호 ○○○-○○○) 　　　　전화·휴대폰번호:

        팩스번호, 전자우편(e-mail)주소:

채 무 자 ◇◇◇

        ○○시 ○○구 ○○길 ○○(우편번호 ○○○-○○○)

        전화·휴대폰번호:

        팩스번호, 전자우편(e-mail)주소:

청구채권의 표시

금 10,000,000원정

채권자가 채무자에 대하여 가지는 약속어음금청구채권

가압류할 부동산의 표시

별지 제1목록 기재와 같습니다.

신 청 취 지

　채권자가 채무자에 대하여 가지는 위 채권의 집행을 보전하기 위하
여 채무자　　소유의 별지 제1목록 기재 부동산을 가압류한다.
라는 재판을 구합니다.

신 청 원 인

1. 채무자는 신청외 ■■주식회사 발행의 액면금액 금 10,000,000원정,
   지급기일 20○○. ○. ○. 지급지 및 장소 : ○○시, ○○은행 ○
   ○동지점으로 된 약속어음을 배서·양도하였습니다.
2. 이 사건 약속어음은 신청외 ■■주식회사가 신청외 ◆①◆에게 발
   행·교부하여 다시 신청외 ◆②◆에게, 다시 신청외 ◆③◆에게, 다
   시 채무자에게 배서·양도함으로써 전전 유통되었고 채권자는 채무
   자로부터 이 사건 약속어음을 배서·양도받아 적법한 최종 소지인이
   되었습니다.

3. 채권자는 이 사건 약속어음의 지급기일에 지급장소에 가서 지급제시 하였으나, 이 사건 약속어음은 지급기일 도래 전에 이미 부도처리 된 것으로 확인되었습니다.

4. 채권자는 이 사건 약속어음을 배서·양도한 책임이 있는 채무자로부 터 금 10,000,000원의 약속어음금을 구하는 본안소송을 준비하고 있으나, 채무자는 별지 1목록 기재 부동산 외에 별다른 재산이 없 으며 이마저도 다른 사람에게 처분할 가능성이 있어 지금 곧 가압 류하지 않으면 승소 후에도 강제집행의 목적을 달성할 수 없게 될 우려가 있어 이 사건 신청에 이르게 된 것입니다.

5. 담보제공은 공탁보증보험증권(■■보증보험주식회사 증권번호 제 ○○호)을 제출하는 방법으로 할 수 있도록 허가하여 주시기 바랍 니다.

첨 부 서 류

1. 약속어음	1통
1. 부동산등기사항증명서	2통
1. 가압류신청진술서	1통
1. 송달료납부서	1통

20○○. ○. ○.

위 채권자 ○○○ (서명 또는 날인)

○○지방법원 귀중

[별 지 1]

부동산의 표시

1. ○○시 ○○구 ○○동 ○○-○○

    대 157.4㎡

> 1. 위 지상
> 벽돌조 평슬래브지붕 2층주택
> 1층 74.82㎡
> 2층 74.82㎡
> 지층 97.89㎡. 끝.

3. 부동산가압류 신청에 따른 비용 납부

3-1. 인지 첩부

부동산가압류를 신청하려는 자는 10,000원(보증보험증권에 의한 담보제공인 경우에도 10,000원)의 인지를 붙여야 합니다(민사소송 등 인지법 제9조제2항 본문, 민사접수서류에 붙일 인지액 및 그 편철방법 등에 관한 예규 제3조 및 별표].

3-2. 송달료 납부

① 부동산가압류를 신청하려는 자는 3회분의 송달료(3,700원 ×당사자수×3회분)를 미리 내야 합니다(민사소송법 제116조제1항, 민사소송규칙 제19조제1항제1호, 송달료규칙 제2조, 송달료규칙의 시행에 따른업무처리요령 제7조제1항 및 별표 1).

② 1회 송달료 3,700원 = (왕복 통상우편료 620원 + 등기수수료 1,630원 + 특별송달수수료 1,300원(국내 통상우편요금 및 우편이용에 관한 수수료 별표).

3-3. 등록면허세 납부

① 부동산가압류를 신청하려는 자는 등록면허세(청구채권금액의

1,000분의 2) 및 지방교육세(등록면허세의 100분의 20)를 납부해야 합니다(지방세법 제24조제1호, 제28조제1항제1호라목, 제150조제2호 및 제151조제1항제2호).

② 산출된 등록면허세가 6,000원 미만인 경우 6,000원으로 하여 납부해야 합니다(지방세법 제28조제1항단서 및 제1호마목).

3-4. 대법원 수입증지 구입

부동산가압류를 신청하려는 자는 법원에서 가압류결정이 내려지면 법원에서 가압류 등기를 집행하기 위해 등기소에 촉탁할 때 첨부하여 사용할 대법원수입증지를 부동산 1개당 3,000원의 수입증지를 구입하여 제출해야 합니다(등기사항증명서 등 수수료규칙 제5조의2제2항, 등기신청수수료 징수에 관한 예규 제2호자목 및 별표 1 제11호).

■ 가압류를 신청하려면 신청비용은 얼마 인가요?

Q. A에 대한 채권 2,000만원을 보전하기 위해 A 소유의 부동산(주택건물 및 토지)을 가압류를 신청하려 합니다(공탁보증보험에 가입할 예정임). 이 경우 신청비용은 얼마 인가요?

A. 부동산가압류신청을 하려는 자는 신청서를 접수하기에 앞서 인지를 첨부해야 하며, 송달료를 미리 예납해야 합니다. 그리고 등록면허세 및 지방교육세 납부하고 수입증지를 첨부해야 합니다.

① 수입인지 비용: 10,000원

② 송달료: 3,700원 × 당사자수 × 3회분 = 3,700원 × 2 × 3회분 = 21,300원

③ 등록면허세: 2,000만원 × 2/1000 = 40,000원

④ 지방교육세: 40,000원 × 20/100 = 8,000원

⑤ 수입증지: 3,000원 × 2(건물 + 토지) = 6,000원

⑥ 신청비용 총액: 10,000원 + 21,300원 + 40,000원 +
8,000원 + 6,000원 = 85,300원

4. 선담보제공 허가 신청

부동산에 대한 가압류신청을 하려는 자는 법원의 담보제공명령이 없
더라도 미리 청구금액의 1/10을 보증금액으로 하는 보증서원본을
제출하는 방법(공탁보증보험 가입)으로 담보제공의 허가신청을 할
수 있습니다(민사집행규칙 제204조 및 지급보증위탁계약체결문서의
제출에 의한 담보제공과 관련한 사무처리요령 제6조제1항).

■ **배당요구하지 않은 가압류권자는 배당에서 제외되는지요?**

Q. 저는 甲에게 3,000만원을 빌려주었으나 받지 못하여 甲소
유 부동산을 가압류하였고, 그 부동산은 경매되어 배당기
일만 남겨 놓고 있습니다. 그런데 저는 바빠서 배당요구신
청을 하지 못하였습니다. 이 경우 저는 배당에서 제외되는
지요?

A. 민사집행법 제88조 제1항은 "경매개시결정이 등기된 뒤에
가압류를 한 채권자는 배당요구를 할 수 있다"고 규정하고
있으나, 같은 법 제148조는 배당받을 채권자의 범위에 관
하여 "제147조(배당할 금액 등) 제1항에 규정한 금액을 배

당받을 채권자는 ①배당요구의 종기까지 경매신청을 한 압류채권자, ②배당요구의 종기까지 배당요구를 한 채권자, ③첫 경매개시결정등기 전에 등기된 가압류채권자, ④저당권·전세권, 그 밖의 우선변제청구권으로서 첫 경매개시결정등기 전에 등기되었고 매각으로 소멸하는 것을 가진 채권자로 한다."라고 규정하고 있고, 이에 관한 명문 규정이 없었던 구「민사소송법」(2002. 1. 26. 법률 제6626호로 개정되기 전의 것)하의 판례도 "경매절차개시 전의 부동산가압류권자는 배당요구를 하지 않았더라도 당연히 배당요구를 한 것과 동일하게 취급되므로, 그러한 가압류권자가 채권계산서를 제출하지 않았다 하여도 배당에서 제외하여서는 아니 된다."라고 하였습니다(대법원 1995. 7. 28. 선고 94다57718 판결, 2002. 12. 10. 선고 2002다48399 판결).

그러므로 첫 경매개시결정등기 이후에 등기된 가압류채권자는 배당요구를 하여야만 배당을 받을 수 있을 것이나, 첫 경매개시결정등기 전에 등기된 가압류채권자는 배당요구신청을 하지 않았을 경우에도 배당 받을 채권자에 해당되며, 위 사안에 있어서도 귀하는 위 부동산경매개시 전에 가압류한 채권자인 듯하므로, 배당요구신청을 하지 않았다고 하더라도 귀하의 가압류채권을 배당에서 제외시키지 못할 것입니다.

참고로 민사집행법 제160조 제1항 제2호는 "배당을 받아야 할 채권자의 채권이 가압류채권자의 채권인 때에는 그에 대한 배당액을 공탁하여야 한다"고 규정하고, 같은 법 제161조 제1항은 "법원이 제160조 제1항의 규정에 따라 채권자에 대한 배당액을 공탁한 뒤 공탁의 사유가 소멸한 때에는 법원은 공탁금을 지급하거나 공탁금에 대한 배당을 실시하여야 한다."라고 규정하고 있으므로 귀하의 가압류채권에 대한 배당금액은 공탁되고, 귀하는 승소판결을 받아 그 출급을 청구해야 할 것으로 보입니다.

5. 부동산가압류 신청 접수

① 부동산가압류를 신청하려는 자는 다음의 서류를 관할법원 민사신청 담당부서(종합민원실)에 제출해야 합니다(민사소송법 제273조·제275조, 민사집행규칙 제203조 및 보전처분 신청사건의 사무처리요령 제3조).

1. 부동산가압류신청서 1부
2. 가압류신청진술서 1부
3. 부동산 목록 4부 이상(결정정본 및 등기촉탁서 작성에 필요한 수만큼 준비)
4. 부동산등기사항증명서 1부
5. 그 밖에 소명방법으로 각종 권리증서(예: 차용증, 대출금영수증, 약속어음 등) 사본 1부
6. 법인등기부등본(당사자가 법인인 경우에 한함)

② 부동산가압류 사건은 원칙적으로 가압류할 부동산의 소재지를 관할하는 법원이나 본안의 관할법원이관할합니다(민사집행법 제278조 및 제21조).

[서식 예] 부동산가압류신청서(약정금)

부동산가압류신청

채 권 자 ○○○

　　　○○시 ○○구 ○○길 ○○(우편번호 ○○○-○○○)

　　　전화·휴대폰번호:

　　　팩스번호, 전자우편(e-mail)주소:

채 무 자 ◇◇◇

　　　○○시 ○○구 ○○길 ○○(우편번호 ○○○-○○○)

　　　전화·휴대폰번호:

　　　팩스번호, 전자우편(e-mail)주소:

청구채권의 표시

금 ○○○원 (약정금채권)

　지급일을 ○○○. ○. ○.로 하는 약정금청구채권

가압류할 부동산의 표시

별지 제1목록 기재와 같습니다.

신　청　취　지

　채권자의 채무자에 대한 위 청구채권표시의 채권을 보전하기 위하여 채무자 소유의 별지 제1목록 기재 부동산을 가압류한다.

라는 재판을 구합니다.

신 청 원 인

1. 사실관계

채권자는 건축업을 하는 사람입니다. 채무자의 요청으로 채무자의 주택을 건축하기로 계약을 하면서 채권자는 20ㅇㅇ. ㅇ. ㅇ.까지 건축을 완료할 것, 채무자는20ㅇㅇ. ㅇ. ㅇ.까지 금ㅇㅇㅇ원을 지급할 것을 내용으로 하는 약정서를 작성하였습니다. 건축공사를 하는 동안 채무자는 온갖 주문을 하면서 채권자의 업무를 방해하기도 하였습니다. 채권자는 이런 채무자의 성격에 맞추고 건축기일을 엄수하기 위해 밤을 세워가면서 건축을 하여 약정된 기일에 건축의 완료를 하고 채무자에게 약정된 금액을 요구하자 채무자는 임대의 부진, 터무니없는 하자 등을 이유로 약정금의 지급을 계속 미루며 지급을 회피하고 있어 채권자의 생계에 막대한 타격을 받고 있습니다.

2. 가압류가 필요한 이유

채권자는 채무자를 상대로 본안의 소송을 준비하고 있으나 본안판결이 끝날 때까지는 상당한 시일이 소요되고, 채권자가 알아본 바에 의하면 채무자는 채권자가 건축한 주택이외에는 별다른 재산이 없으므로, 만약 채권자가 이 사건 신청의 부동산을 보전하지 않으면 나중에 본안에서 승소판결을 받아도 강제집행의 목적을 달성할 수 없기 때문에 부득이 이 사건 신청에 이른 것입니다.

3. 담보의 제공

담보제공은 공탁보증보험증권(■■보증보험주식회사 증권번호 제ㅇㅇ호)을 제출하는 방법으로 할 수 있도록 허가하여 주시기 바랍니다.

소명방법 및 첨부서류

1. 약정서   1통

1. 부동산등기사항증명서(건물, 토지) 각   1통

1. 가압류신청진술서   1통

1. 송달료납부서   1통

                    20○○. ○. ○.

            위 채권자 ○○○ (서명 또는 날인)

○○지방법원 ○○지원 귀중

[별 지 1]

부동산의 표시

1. ○○시 ○○구 ○○동 ○○-○○

   대 157.4㎡

1.위 지상

   벽돌조 평슬래브지붕 2층주택

   1층 74.82㎡

   2층 74.82㎡

   지층 97.89㎡. 끝.

[서식 예] 부동산 소유권이전등기청구권 가압류신청서
(구상금채권을 원인으로)

부동산소유권이전등기청구권가압류신청

채 권 자 ○○○

        ○○시 ○○구 ○○길 ○○(우편번호 ○○○-○○○)

        전화·휴대폰번호:

　　　　　팩스번호, 전자우편(e-mail)주소:
채 무 자 ◇◇◇
　　　　　○○시 ○○구 ○○길 ○○(우편번호 ○○○-○○○)
　　　　　전화·휴대폰번호:
　　　　　팩스번호, 전자우편(e-mail)주소:
제3채무자 ◉◉◉
　　　　　○○시 ○○구 ○○길 ○○(우편번호 ○○○-○○○)
　　　　　전화·휴대폰번호:
　　　　　팩스번호, 전자우편(e-mail)주소:

청구채권의 표시

금 24,000,000원(20○○. ○. ○.자 연대보증채무를 대위변제한 구상
금채권)

가압류할 채권의 표시

별지목록 기재와 같습니다.

신 청 취 지

1. 채무자의 제3채무자에 대한 별지기재 부동산에 대한 소유권이전등
   기청구권을 가압류한다.
2. 제3채무자는 채무자에 대하여 위 부동산에 관한 소유권이전등기절
   차를 이행하여서는 아니 된다.
3. 채무자는 위 소유권이전등기청구권을 양도하거나 그밖에 처분을 하
   여서는 아니 된다.
라는 재판을 구합니다.

신 청 이 유

1. 채권자는 채무자가 신청외 주식회사 ■■은행으로부터 20○○. ○. ○. 대출한 금 14,000,000원, 20○○. ○. ○○. 대출한 금 16,000,000원에 대하여 연대보증을 선 바 있습니다. 그러나 채무자가 위 대출금채무를 변제하지 못하여 채권자가 20○○. ○○. ○. 원금과 이자의 합계 금 24,000,000원을 대위변제 하게 되었습니다. 이에 채권자는 채무자에게 구상금채무의 이행으로서 위 금 24,000,000원을 지급할 것을 독촉하였으나 채무자는 계속 미루기만 하고 지금까지 변제하지 않고 있습니다.

2. 그러므로 채권자는 귀원에 본안소송 제기의 준비를 하고 있으나 채무자는 별지 기재 부동산소유권이전등기청구권 외에는 별다른 재산이 없습니다. 따라서 채무자의 유일한 재산인 별지기재 부동산소유권이전등기청구권을 가압류하지 않는다면 채권자가 ,나중에 승소판결을 얻는다 하더라도 강제집행이 불가능하겠기에, 집행보전을 위하여 이 사건 신청에 이른 것입니다.

3. 한편, 채권자는 경제적 여유가 없으므로 담보제공에 관하여는 민사집행법 제19조 제3항, 민사소송법 제122조에 의하여 보증보험주식회사와 지급보증위탁계약을 맺은 문서를 제출하는 방법으로 담보제공을 할 수 있도록 허가하여 주시기 바랍니다.

소 명 방 법

1. 소갑 제1호증의 1, 2   대위변제확인서 및 영수증

첨 부 서 류

1. 위 소명방법   1통
1. 부동산등기사항증명서   1통

1. 가압류신청진술서   1통

1. 송달료납부서   1통

20○○. ○. ○.

위 채권자 ○○○ (서명 또는 날인)

○○지방법원 귀중

[별 지 2]

가압류할 채권의 표시

채무자의 제3채무자에 대한 아래 부동산에 관한 소유권이전등기청구권

- 아 래 -

1동의 건물의 표시

　　○○시 ○○구 ○○동 ○○

　　[도로명주소] ○○시 ○○구 ○○길 ○○

　　철근콘크리트조 슬래브지붕 19층 아파트 제102동

전유부분의 건물의 표시

　　철근콘크리트조

　　3층 308호

　　59.98㎡

대지권의 목적인 토지의 표시

　　○○시 ○○구 ○○동 ○○ 대 11243.8㎡

대지권의 표시

　　소유권대지권 11243.8분의 40.151. 끝.

(관련판례)

소유권이전등기청구권에 대한 가압류가 있기 전에 소유권이전등기청
구권을 보전하기 위하여 소유권이전등기청구권 처분금지가처분이 있

었다고 하더라도 그 가처분이 뒤에 이루어진 가압류에 우선하는 효력은 없으므로, 그 가압류는 가처분채권자와 사이의 관계에서도 유효하고, 이는 소유권이전등기청구권에 대한 압류의 경우에도 마찬가지임(대법원 2001.10.9. 선고 2000다51216 판결).

6. 가압류 신청 접수 후

① 신청서를 법원에 제출하면 사건번호를 부여받게 되고, 채권자는 법원에 비치된 민원인용 컴퓨터 단말기를 통하여 사건번호를 입력하면, 담보제공명령, 가압류 인용결정 여부 등을 알 수 있습니다.
② 가압류 결정 후 14일 경과 후에는 법원에 가지 않고 대법원 홈페이지에서도 확인할 수 있습니다.

■ **부동산 가압류 신청시 유의사항 및 비용 등은 어떻게 되나요?**

Q. 이번에 회사에서 퇴직하면서 그동안 못 받은 임금과 퇴직금을 받으려고 소송진행 중에 있습니다. 회사는 현재 부도 위기에 처해있고 대표자는 도망갈 기회를 엿보는 듯합니다. 소송에서 이겨도 소액체당금으로 300만원만 받기에는 미지급 임금이 너무 많습니다. 회사 소유 사무실을 가압류 하고 싶은데, 관할법원의 문제, 공탁금 납부나 송달료 등 모르는 것이 너무 많습니다. 어떻게 처리해야 하나요?

A. 관할법원은 본안의 관할법원이나 다툼의 대상(계쟁물) 소재지를 관할하는 지방법원입니다. 귀하의 경우 임금청구소송 본안의 관할은 원고, 피고의 주소지에 모두 있고, 회사 사

무실 주소지 관할 지방법원에 있으니 어디에 하셔도 좋습니다만 본안을 제기하는 법원에 같이 하는 것이 통상적인 실무례입니다.

공탁금액은 보증보험회사와 지급보증위탁계약을 체결하는 문서로 제출할 수 있습니다. 신청서의 신청이유 말미란에 '담보제공은 공탁보증보험증권을 제출하는 방법에 의할 수 있도록 허가하여 주시기 바랍니다.'라는 문구를 넣으면서 신청하면 됩니다. 가압류가 사후에 부당한 것으로 판명되었을 때의 손해액을 보증하는 것으로 볼 수 있는데, 법원 근처의 서울보증보험회사의 보험증권을 발급받아 가압류신청서에 첨부하시면 됩니다. 지급보증위탁계약을 체결하는 문서의 발급수수료는 통상 그 문서 액면가액의 1/100입니다.

또한 부동산 가압류의 경우 가압류할 물건소재지를 관할하는 시·구·군청에서 발행한 등록면허세납부서에 의하여 가압류할 금액의 2/1000에 해당하는 등록면허세와 등록면허세액의 20/100에 해당하는 교육세를 납부하고 그 영수증을 신청서에 첨부하여야 합니다.

이 신청서를 접수할 때는 당사자 1인당 3회분의 송달료를 수납은행에 납부하여야 합니다. 이 납부 영수증도 신청서에 같이 첨부하시면 됩니다.

■ 채권자가 가압류의 집행을 위한 전제로서 채무자 명의의 소유권보존등기를 대위 신청할 필요가 있는지요?

Q. 채권자가 가압류의 집행을 위한 전제로서 채무자 명의의

소유권보존등기를 대위 신청할 필요가 있는지요?

A. ① 집행법원이 미등기 부동산에 대한 가압류등기를 촉탁 (촉탁서에는 채무자 명의의 소유권보존등기에 필요한 서면이 첨부되어야 함)하는 경우에는 등기관이 직권으로 당해 부동산에 대한 소유권보존등기를 경료하게 되므로, 채권자가 가압류의 집행을 위한 전제로서 채무자 명의의 소유권보존등기를 대위 신청할 필요는 없습니다.

② 위 ①항의 가압류등기 촉탁서에는 소유권보존등기와 관련한 등록세 영수필통지서 및 영수필확인서를 첨부할 필요가 없으며, 등기를 경료한 등기관이 지방세법 제151조의2에 따른 미납통지를 하게 됩니다.

■ **가압류된 토지가 수용될 경우 가압류효력이 소멸되는지요?**

Q. 甲은 乙소유 토지에 금전채권에 기하여 가압류를 하였습니다. 그런데 그 토지가 도로부지로 수용되게 되었습니다. 이처럼 가압류된 토지가 수용되는 경우 가압류의 효력은 어떻게 되는지요?

A. 공익사업을 위한 토지 등의 취득 및 보상에 관한 법률 제45조 제1항은 "사업시행자는 수용의 개시일에 토지나 물건의 소유권을 취득하며, 그 토지나 물건에 관한 다른 권리는 이와 동시에 소멸한다."라고 규정하고 있고, 「민법」제187조는 등기를 요하지 아니하는 부동산물권취득에 관하여 "상속, 공용징수, 판결, 경매 기타 법률의 규정에 의한 부동산에 관한 물권의 취득은 등기를 요하지 아니한다. 그

러나 등기를 하지 아니하면 이를 처분하지 못한다."라고 규정하고 있습니다.

그러므로 수용으로 인한 토지소유권의 취득은 등기하지 아니하여도 수용한 날에 사업시행자에게 귀속됩니다.

그리고 수용되는 토지에 대하여 가압류가 집행되어 있는 경우 토지의 수용으로 그 가압류의 효력이 소멸되는지에 관하여 판례는 "공익사업을 위한 토지 등의 취득 및 보상에 관한 법률 제45조 제1항에 의하면, 토지 수용의 경우 사업시행자는 수용의 개시일에 토지의 소유권을 취득하고 그 토지에 관한 다른 권리는 소멸하는 것인바, 수용되는 토지에 대하여 가압류가 집행되어 있더라도 토지 수용으로 사업시행자가 그 소유권을 원시취득하게 됨에 따라 그 토지 가압류의 효력은 절대적으로 소멸하는 것이고, 이 경우 법률에 특별한 규정이 없는 이상 토지에 대한 가압류가 그 수용보상금채권에 당연히 전이되어 효력이 미치게 된다거나 수용보상금채권에 대하여도 토지 가압류의 처분금지적 효력이 미친다고 볼 수는 없으며, 또 가압류는 담보물권과는 달리 목적물의 교환가치를 지배하는 권리가 아니고, 담보물권의 경우에 인정되는 물상대위의 법리가 여기에 적용된다고 볼 수도 없다. 그러므로 토지에 대하여 가압류가 집행된 후에 제3자가 그 토지의 소유권을 취득함으로써 가압류의 처분금지 효력을 받고 있던 중 그 토지가 공익사업법에 따라 수용됨으로 인하여 기존 가압류의 효력이 소멸되는 한편 제3취득자인 토지소유자는 위 가압류의 부담에서 벗어나 토지수용보상금을 온전히 지급받게 되었다고 하더라도, 이는 위 법에 따른 토지 수용의 효과일 뿐이지 이를 두고 법률상 원인 없는 부당이득이라고 할 것은 아니다.”라고 하였습니다(대법원 2009. 9. 10. 선고 2006다61536, 61543 판결).

따라서 위 사안에서도 甲의 위 수용대상토지에 대한 가압류는 수용으로 인하여 가압류집행의 효력이 상실되고, 甲은 다시 수용보상금에 대하여 가압류절차를 취하여야 할 것으로 보입니다.

참고로 공익사업을 위한 토지 등의 취득 및 보상에 관한 법률제40조 제2항 제4호는 ‘압류 또는 가압류에 의하여 보상금의 지불이 금지된 때’에는 사업시행자는 수용 또는 사용의 시기까지 수용 또는 사용하고자 하는 토지소재지의 공탁소에 보상금을 공탁할 수 있다고 규정하고 있는데, 이 경우의 ‘압류 또는 가압류에 의하여 보상금의 지불이 금지되었을 때’는 수용보상금에 대한 채권압류 또는 채권가압류에 의하여 보상금의 지불이 금지되었을 때를 의미하는 것이고, 수용대상토지에 부동산가압류가 된 경우를 의미하는 것은 아니라고 보아야 할 것입니다. 판례도 “수용대상토지가 일반채권자에 의하여 압류 또는 가압류되어 있거나, 수용대상토지에 근저당권설정등기가 마쳐져 있더라도 그 토지의 수용에 따른 보상금청구권 자체가 압류 또는 가압류되어 있지 아니한 이상 보상금의 지급이 금지되는 것은 아니므로, 이러한 사유만으로 같은 법 제40조 제2항 제2호 소정의 ‘사업시행자의 과실 없이 보상금을 받을 자를 알 수 없는 때 ’의 공탁사유에 해당한다고 볼 수 없다.”라고 하였습니다(대법원 2000. 5. 26. 선고 98다22062 판결).

[서식 예] 부동산가압류 취소신청서(채무변제를 원인으로)

부동산가압류취소신청

신청인(채무자)　　◇◇◇

　　　　　　　○○시 ○○구 ○○길 ○○(우편번호 ○○○-○○○)

　　　　　　　　전화·휴대폰번호:

　　　　　　　　팩스번호, 전자우편(e-mail)주소:

피신청인(채권자)　○○○

　　　　　　　○○시 ○○구 ○○길 ○○(우편번호 ○○○-○○○)

　　　　　　　　전화·휴대폰번호:

　　　　　　　　팩스번호, 전자우편(e-mail)주소:

신 청 취 지

1. 피신청인의 신청인에 대한 귀원 20○○카단○○○○호 부동산가압
　 류신청사건에 관하여 귀원이 20○○. ○○. ○○. 신청인 소유의
　 별지목록 기재 부동산에 대하여 한 가압류결정은 이를 취소한다.
2. 소송비용은 피신청인의 부담으로 한다.
3. 위 제1항은 가집행할 수 있다.
라는 재판을 구합니다.

신 청 이 유

1. 피신청인(채권자)은 신청인(채무자)에 대한 대여금청구채권의 집행보

전을 위하여 귀원으로부터 20○○카○○○○호 부동산가압류결정을 받아 신청인 소유의 별지목록 기재 부동산을 가압류하였습니다.

2. 그러나 신청인은 피신청인으로부터 차용한 금 ○○○원 및 이에 대한 이자를 20○○. ○○. ○○.에 모두 변제하였습니다.

3. 따라서 피보전채권이 모두 소멸되었으므로, 신청인 소유의 부동산에 대한 위 가압류결정은 마땅히 취소되어야 하나, 아직까지도 위 가압류결정이 취소되지 않고 있어 신청인의 재산권행사에 막대한 지장을 주고 있으므로 부득이 신청취 지와 같은 재판을 구하고자 이 사건 신청에 이르게 되었습니다.

첨 부 서 류

1. 변제영수증	1통
1. 부동산가압류결정문	1통
1. 부동산등기사항증명서	1통
1. 송달료납부서	1통

20○○. ○. ○.

위 신청인(채무자) ◇◇◇ (서명 또는 날인)

○○지방법원 ○○지원 귀중

[별 지]

부동산의 표시

1. ○○시 ○○구 ○○동 ○○ 대 ○○○㎡

2. ○○시 ○○구 ○○동 ○○ 임야 ○○○㎡. 끝.

제2절 자동차 · 건설기계 · 소형선박에 대한 가압류 신청

① 자동차를 가압류하려는 자는 부동산가압류신청의 예에 따라 가압류신청을 할 수 있습니다.
② 건설기계·소형선박을 가압류하려는 자는 자동차 가압류의 예에 따라 가압류신청을 할 수 있습니다.

1. 자동차에 대한 가압류

등록된 자동차에 대한 가압류는 부동산의 예(강제관리의 방법은 제외)에 따릅니다(민사집행법 제187조 및 민사집행규칙제210조제1항).

2. 건설기계·소형선박에 대한 가압류

등록된 건설기계·소형선박(자동차 등 특정동산 저당법의 적용을 받는 소형선박을 말함)에 대한 가압류는 자동차 가압류의 규정을 준용합니다(민사집행규칙 제211조).

3. 자동차·건설기계·소형선박가압류신청서 작성

3-1. 신청서 작성

자동차·건설기계·소형선박가압류신청서를 작성하려는 자는 신청서에
① 당사자(대리인이 있는 경우 대리인 포함), ② 청구채권의 표시 및 목적물의 표시 ③ 신청의 취지, ④ 신청의 이유, ⑤ 관할법원, ⑥ 소

명방법 및 ⑦ 작성한 날짜를 기재하고, 당사자 또는 대리인의 기명
날인 또는 서명을 해야 합니다(민사집행법 제23조제1항, 제279조,
민사집행규칙 제203조제2항, 민사소송법 제249조 및 제274조).

[서식 예] 자동차가압류명령신청서

자동차가압류명령신청

채 권 자 ○○○

     ○○시 ○○구 ○○길 ○○(우편번호 ○○○-○○○)

     전화·휴대폰번호:

     팩스번호, 전자우편(e-mail)주소:

채 무 자 ◇◇◇

     ○○시 ○○구 ○○길 ○○(우편번호 ○○○-○○○)

     전화·휴대폰번호:

     팩스번호, 전자우편(e-mail)주소:

청구채권의 표시

금 15,000,000원정

(20○○. ○. 초순경부터 20○○. ○. ○.까지 판매한 유압실린더 매매
대금)

가압류할 자동차의 표시

별지 제1목록 기재와 같습니다.

신 청 취 지

　채권자가 채무자에 대하여 가지고 있는 위 청구채권의 집행을 보전하기 위하여 채무자 소유의 별지 제1목록 기재의 자동차를 가압류한다.
라는 재판을 구합니다.

신 청 이 유

1. 채권자는 ○○시 ○○구 ○○길 ○○에서 '◉◉기공'이라는 상호로 유공압기기 등을 제조하는 사람이고, 채무자는 ○○시 ○○구 ○○길 ○○-○○에서 '◎◎상사'라는 상호로 유공압제품을 도매하는 사람입니다.

2. 채무자는 채권자에게 20○○. ○. 초순경부터 20○○. ○. ○.까지 유압실린더 등의 물품을 납품하여 줄 것을 요청하여 채권자는 채무자의 요청대로 여러 차례에 걸쳐 위 기간동안 채무자 운영의 위 '◎◎상사'에 유압실린더 등의 물품을 납품하고 채무자로부터 물품인수에 대한 확인을 받음으로써 그 물품대금이 20○○. ○. ○○.자로 금 15,000,000원에 달하였으나, 채무자는 채권자로부터 납품받은 위 유압실린더 등의 물품대금의 지급을 계속 미루기만 할 뿐 그 지급을 하지 않고 있어 채권자는 그 동안 여러 차례에 걸쳐 채무자에게 위 물품대금의 지급을 독촉한바 있습니다.

3. 그 뒤 채무자는 20○○. ○○. ○. 채무자가 채권자에게 지급하여야 할 물품대금이 금 15,000,000원에 이르고 있음을 확인함과 동시에 무슨 일이 있어도 위 물품대금을 20○○. ○○. ○○.까지 지급하겠다는 취지의 지불각서를 채권자에게 교부하였음에도 불구하고 그 지급을 계속 미루고 있어, 채권자는 채무자를 상대로 본안소송을 준비중이나, 채무자에는 별지 제1목록 기재 자동차만 있을 뿐 별다른 재산이 없는 상태로 위 자동차마저도 처분할 우려가 있어 그 집행을 보전하기 위하여 이 사건 신청에 이른 것입니다.

4. 이 사건 담보제공은 공탁보증보험증권(○○보험주식회사 증권번호

제○○○-○○○-○○○호)을 제출하는 방법에 의할 수 있도록 허가하여 주시기 바랍니다.

소 명 방 법

1. 소갑 제1호증   물품공급계약서
1. 소갑 제2호증   인수증
1. 소갑 제3호증   지불각서

첨 부 서 류

1. 위 소명방법   각 1통
1. 자동차등록원부   1통
1. 가압류신청진술서   1통
1. 송달료납부서   1통

20○○. ○. ○.

위 채권자 ○○○ (서명 또는 날인)

○○지방법원 ○○지원 귀중

[별 지 1]

자동차의 표시

1. 자동차등록번호: 서울○○다○○○○호
1. 형식승인번호: ○-○○○○-005-006
1. 차   명: ○○○
1. 차   종: 승용자동차
1. 차 대 번 호: ○○○○○○○
1. 원 동 기 형 식: ○○○○○

```
1. 등 록 연 월 일 : 20○○. ○. ○.
1. 최 종 소 유 자 : ◇◇◇
1. 사 용 본 거 지 : ○○시 ○○구 ○○길 ○○. 끝.
```

3-2. 가압류할 자동차·건설기계·소형선박의 표시

① 가압류할 자동차·건설기계·소형선박의 표시는 "별지 목록 기재와 같음"이라고 표시하고, 별지로 첨부합니다.

② 자동차등록원부, 건설기계등록원부, 그 밖에 수상레저기구의 등록원부, 선박원부, 어선원부의 내용을 바탕으로 하여 기재합니다(민사집행규칙 제210조제1항, 제108조 및 제211조).

③ 자동차의 경우 등록번호, 형식승인번호, 차명, 차종, 차대번호, 원동기의 형식 및 연식, 사용본거지(차고지), 등록연월일을 기재해야 합니다.

④ 건설기계의 경우 등록번호, 건설기계명, 형식, 규격, 차대일련번호, 제작국, 연식, 사용본거지, 등록연월일을 기재하고, 소형선박의 경우 건설기계에 준하여 표시합니다.

⑤ 자동차등록원부, 건설기계등록원부, 그 밖에 수상레저기구의 등록원부, 선박원부, 어선원부의 내용은 해당 자동차·건설기계·그 밖의 수상레저기구·선박·어선 등록관청에서 누구든지 해당 원부를 열람할 수 있습니다.

```
<예시 2: 건설기계를 가압류 하는 경우>
가압류할 건설기계의 표시
별지 제1목록과 같습니다.
[별지 1]
건설기계의 표시
1. 중 기 명 : 덤프트럭
1. 중기등록번호 : 전남 ○○가○○○○
1. 형 식 : AM ○○○○
```

```
1. 중기차대번호 : ○○○○
1. 원동기형식 : DSC ○○○
1. 등록년월일 : 20○○. ○. ○.
1. 사용본거지 : ○○시 ○○구 ○○동 ○○
1. 소 유 자 : ◇◇◇. 끝.
```

3-3. 신청취지

소장의 청구취지에 상응하는 것으로 가압류에 의해 구하려는 보전처분의 내용을 말하며, 권리의 보전을 위해 필요한 내용을 적습니다(민사집행규칙 제203조제2항).

```
<예시>
                        신 청 취 지
채권자가 채무자에 대하여 가지고 있는 위 청구채권의 집행을 보전하기 위하여 채무자 소유의 별지 제1목록 기재의 자동차를 가압류한다.
라는 재판을 구합니다.
```

3-4. 신청이유

① 신청취지를 구하는 근거로 피보전권리의 존재와 보전의 필요성을 구체적으로 적어야 합니다(민사집행규칙 제203조제2항).

② 그 밖에 선담보제공을 하는 경우 이를 허가해 달라는 취지를 적습니다.

4. 그 밖의 절차

자동차·건설기계·소형선박에 대한 가압류 신청에 따른 비용 납부, 선담보제공 허가 신청, 가압류 신청 접수 및 가압류 신청서 제출 후 사건번호 부여 등에 관하여는 1. 부동산 가압류 신청을 참조해 주시기 바랍니다.

제3절 유체동산에 대한 가압류 신청

유체동산가압류를 신청하려는 자는 청구채권의 내용, 신청취지, 신청
이유 등을 적은 유체동산가압류신청서 및 가압류신청진술서를 관할
법원에 제출해야 합니다.

[서식 예] 유체동산가압류신청서(임금)

유체동산가압류신청

채 권 자　○○○

　　　　○○시 ○○구 ○○길 ○○(우편번호 ○○○-○○○)

　　　　전화·휴대폰번호:

　　　　팩스번호, 전자우편(e-mail)주소:

채 무 자　주식회사 ◇◇◇

　　　　○○시 ○○구 ○○길 ○○(우편번호 ○○○-○○○)

　　　　대표이사 ◈◈◈

　　　　전화·휴대폰번호:

　　　　팩스번호, 전자우편(e-mail)주소:

청구금액 : 금 ○○○○원정

피보전권리 : 20○○. ○. ○.부터 20○○. ○. ○.까지의 임금채권

신 청 취 지

　채권자는 채무자에 대한 위 청구채권의 집행을 보전하기 위하여

채무자 소유의 유체동산을 가압류한다.
라는 재판을 구합니다.

신 청 이 유

1. 채무자는 ○○업을 목적으로 하는 주식회사로서 채권자를 고용한 회사입니다.
2. 채권자는 20○○. ○. ○.부터 20○○. ○. ○.까지 채무자에게 고용되어 일을 해 왔는데 아직 채무자로부터 받지 못한 임금이 금 ○○○○원입니다.
3. 채무자는 위 돈을 주겠다는 약속을 하면서도 아직 지급하지 아니하므로 채권자로서는 위 돈의 지급을 구하는 본안소송을 준비중에 있으나, 채권자가 조사한 바에 의하면 채무자는 채권자 이외에도 많은 채무를 부담하고 있고, 채무자는 재산상태와 신용악화로 현재 유체동산 또한 어느 때 어떠한 형식으로 처분하여 채권자에 대한 채무를 면탈할는지 알 수 없는 실정이므로 채권자는 후일 채무자를 상대로 하는 승소판결의 집행보전을 위하여 위 금액에 대하여 채무자 소유의 유체동산에 대하여 이 사건 가압류신청에 이르게 되었습니다.
4. 한편, 채권자는 장기간 급여를 받지 못하고 취업을 제대로 하지 못해 생계에 적지 않는 어려움이 있으므로 이 사건 담보제공은 무공탁으로 할 수 있도록 허가하여 주시거나, 민사집행법 제19조 제3항, 민사소송법 제122조에 의하여 보증보험주식회사와 지급보증위탁계약을 맺은 문서를 제출하는 방법으로 담보제공을 할 수 있도록 허가하여 주시기 바랍니다.

소 명 방 법

```
1. 소갑 제1호증                  체불금품확인원
1. 소갑 제2호증                  임금지불각서


첨 부 서 류


1. 위 소명방법                          각 1통
1. 법인등기사항증명서                     1통
1. 가압류신청진술서                       1통
1. 송달료납부서                          1통


                        20○○. ○. ○.
                위 채권자 ○○○ (서명 또는 날인)



○○지방법원  귀중
```

1. 가압류목적물(유체동산)

① 가압류 할 유체동산을 특정하지 않고 채무자의 유체동산 전체를 대상으로 가압류 신청할 수 있습니다.

② 채무자와 그 배우자의 공유로서 채무자가 점유하거나 그 배우자와 공동으로 점유하고 있는 유체동산은 가압류할 수 있습니다(민사집행법 제190조).

③ 유체동산이란 무체동산이라는 개념과 구별하기 위해 사용되었던 구(舊)민법의 표현입니다. 집에 있는 TV, 냉장고, 피아노, 세탁기 등 그 밖의 가전제품, 가구, 그림, 골동품, 배서가 금지된 유가증권, 1개월 이내에 수확할 수 있는 과실 등을 포함하는 개념입니다.

2. 유체동산가압류신청서 작성

2-1. 신청서 작성

유체동산가압류신청서를 작성하려는 자는 신청서에 ① 당사자(대리인이 있는 경우 대리인 포함), ② 청구채권의 표시 및 목적물의 표시 ③ 신청의 취지, ④ 신청의 이유, ⑤ 관할법원, ⑥ 소명방법 및 ⑦ 작성한 날짜를 기재하고, 당사자 또는 대리인의 기명날인 또는 서명을 해야 합니다((민사집행법 제23조제1항, 제279조, 민사집행규칙 제203조제2항, 민사소송법 제249조 및 제274조).

2-2. 신청취지

소장의 청구취지에 상응하는 것으로 가압류에 의해 구하려는 보전처분의 내용을 말하며, 권리의 보전을 위해 필요한 내용을 적습니다(민사집행규칙 제203조제2항).

<예시>

신 청 취 지

채권자가 채무자에 대하여 가지는 위 청구채권의 집행을 보전하기 위하여 채무자 소유의 유체동산을 가압류한다.
라는 재판을 구합니다.

2-3. 신청이유

① 신청취지를 구하는 근거로 피보전권리의 존재와 보전의 필요성을 구체적으로 적어야 합니다(민사집행규칙 제203조제2항).
② 그 밖에 담보제공을 하는 경우 지급보증위탁계약체결문서 제출

에 의한 방법으로 허가해 달라는 취지를 적습니다.

3. 그 밖의 절차

유체동산가압류 신청에 따른 비용 납부, 가압류 신청 접수 및 가압류 신청서 제출 후 사건번호 부여 등에 관하여는 제1절 부동산 가압류 신청을 참조해 주시기 바랍니다.

[서식 예] 유체동산가압류신청서(물품대금)

유체동산가압류신청

채 권 자 ○○○

    ○○시 ○○구 ○○길 ○○(우편번호 ○○○-○○○)

    전화·휴대폰번호:

    팩스번호, 전자우편(e-mail)주소:

채 무 자 ◇◇◇

    ○○시 ○○구 ○○길 ○○

    송달장소 ○○시 ○○구 ○○길 ○○-○○(우편번호 ○○○-○○○)

    전화·휴대폰번호:

    팩스번호, 전자우편(e-mail)주소:

청구채권의 표시

금 30,000,000원정

(20○○. ○. ○.부터 20○○. ○. ○.까지 납품한 가죽지갑 대금)

신 청 취 지

　채권자가 채무자에 대하여 가지는 위 청구채권의 집행을 보전하기 위하여 채무자 소유의 유체동산을 가압류한다.
라는 재판을 구함.

신 청 이 유

1. 채권자는 위 주소지에서 가죽가공시설을 갖추어 놓고 가죽지갑을 만들어 채무자에게 납품을 한 사람이고, 채무자는 위 송달장소에서 '○○'이라는 상호의 가죽제품 판매점포를 운영하는 사람입니다.
2. 채권자는 수년동안 채무자의 점포에 채권자가 생산한 가죽지갑을 납품해왔는데, 받지 못한 물품대금이 계속 누적되어 20○○. ○. ○.까지 총액 금 30,000,000원에 이르렀던바, 채무자는 20○○. ○. ○○.까지 갚겠다고 하였으나, 약속을 지키지 않고 오늘에 이르고 있습니다.
3. 사정이 위와 같으므로 채권자는 미수금 30,000,000원 및 이에 대한 지연손해금을 받기 위하여 채무자를 상대로 물품대금청구소송을 준비중에 있으나, 채무자는 유체동산 외에는 달리 재산이 없는데다가 이를 처분할 경우 채권자가 나중에 본안소송에서 승소한다 하더라도 집행이 불가능해질 우려가 있어 이 사건 가압류신청에 이르게 되었습니다.
4. 이 사건 담보제공에 관하여는 민사집행법 제19조 제3항, 민사소송법 제122조에 의하여 보증보험주식회사와 지급보증위탁계약을 맺은 문서를 제출하는 방법으로 담보제공을 할 수 있도록 허가하여 주시기 바랍니다.

소 명 방 법

1. 소갑 제1호증   지불각서
1. 소갑 제2호증   거래장

첨 부 서 류

1. 위 소명방법   각 1통
1. 가압류신청진술서   1통
1. 송달료납부서   1통

20○○. ○. ○.

위 채권자 ○○○ (서명 또는 날인)

○○지방법원 귀중

[서식 예] 유체동산가압류신청서(약속어음금 청구채권을 원인으로)

유체동산가압류신청

채 권 자 ○○○

　　　　○○시 ○○구 ○○길 ○○(우편번호 ○○○-○○○)

　　　전화·휴대폰번호:

　　　팩스번호, 전자우편(e-mail)주소:

채 무 자 ◇◇◇

　　　　○○시 ○○구 ○○길 ○○(우편번호 ○○○-○○○)

　　　전화·휴대폰번호:

　　　팩스번호, 전자우편(e-mail)주소:

청구금액의 표시

금 ○○○○원정(20○○. ○. ○.자 약속어음금)

신 청 취 지

　채권자는 채무자에 대한 위 청구채권의 집행을 보전하기 위하여 위 채무자 소유의 유체동산을 가압류한다.
라는 재판을 구합니다.

신 청 이 유

1. 채무자는 20○○. ○. ○. 채권자에게 액면 금 ○○○원, 지급기일 20○○. ○. ○. 발행지 및 지급지는 모두 ○○시, 지급장소는 ○○은행 ○○지점으로 된 약속어음 ○매를 발행·교부하고, 채권자가 정당한 소지인으로서 만기에 지급제시 하였으나 순차로 모두 지급거절 하였습니다.

2. 채권자는 위 어음금을 지급 받기 위하여 여러 차례 채무자를 방문하였으나 계속 연기할 뿐 아니라 채무자의 재산상태와 신용악화로 채무자가 재산처분을 진행하고 있는바, 채권자가 신속히 채무자의 유체동산이라도 가압류하지 않으면 후일 본안소송의 승소판결을 얻어도 집행이 불가능하게 될 것이 명백하므로 부득이 이 사건 신청에 이른 것입니다.

3. 담보제공에 관하여는 민사집행법 제19조 제3항, 민사소송법 제122조에 의하여 보증보험주식회사와 지급보증위탁계약을 맺은 문서를 제출하는 방법으로 담보제공을 할 수 있도록 허가하여 주시기 바랍니다.

첨 부 서 류

1. 소갑 제1호증(약속어음)   ○통

1. 가압류신청진술서   1통

1. 송달료납부서   1통

                        20○○. ○. ○.

                    위 채권자 ○○○ (서명 또는 날인)

○○지방법원   귀중

제4절 금전채권에 대한 가압류 신청

① 가압류할 채권은 제3채무자가 그 대상을 인식할 수 있을 정도로 특정되어야 하므로 피압류채권의 채권자(가압류채무자), 채무자(제3채무자), 채권의 종류, 발생원인, 금액, 변제기 등을 표시하여 다른 채권과 구별되도록 해야 합니다.

② 채권가압류의 경우 압류채권자는 제3채무자에게 가압류집행을 할 때, 가압류한 채권에 대해 채권자가 만족을 할 수 있는지 여부를 제3채무자에게 진술하도록 법원에 신청할 수 있습니다.

채권가압류신청

채 권 자 ○○○

　　　　○○시 ○○구 ○○길 ○○(우편번호 ○○○-○○○)

　　　　전화·휴대폰번호:

　　　　팩스번호, 전자우편(e-mail)주소:

채 무 자 ◇◇◇

　　　　○○시 ○○구 ○○길 ○○(우편번호 ○○○-○○○)

　　　　전화·휴대폰번호:

　　　　팩스번호, 전자우편(e-mail)주소:

　　　　(소속부서 : ■■주식회사 ○○공장 생산부장

　　　　 주민등록번호 : ○○○○○○-○○○○○○○)

제3채무자 ■■주식회사

　　　　○○시 ○○구 ○○길 ○○(우편번호 ○○○-○○○)

　　　　대표이사 ■■■

　　　　전화·휴대폰번호:

　　　　팩스번호, 전자우편(e-mail)주소:

청구채권의 표시

금 10,000,000원정(20○○. ○. ○.자 대여금)

가압류할 채권의 표시

별지 제1목록 기재와 같습니다.

신 청 취 지

1. 채무자가 제3채무자에 대하여 가지는 별지 제1목록 기재의 채권을 가압류한다.
2. 제3채무자는 채무자에게 위 채권에 관한 지급을 하여서는 아니 된다.
라는 재판을 구합니다.

신 청 원 인

1. 채무자는 20○○. ○. ○. 채권자로부터 금 10,000,000원을 차용함에 있어서 차용금에 대한 상환은 20○○. ○○. ○.로, 이자는 월 2%로 매월 말일에 지급하겠다는 취지의 차용증서를 작성.교부하고 같은 날 차용금 10,000,000원을 교부받은 바 있습니다.
2. 그런데 채무자는 위 차용금증서에 의한 약정에 따라 20○○. ○○. ○. 위 차용금에 대한 원금을 상환하여야 할 의무가 있음에도 불구하고 위 차용일로부터 현재에 이르기까지 약정에 따른 이자만 지급하고는 원금의 상환에 불응하고 있어 채권자는 그 동안 여러 차례에 걸쳐 채무자가 지체하고 있는 차용금의 지급을 촉구하였으나 지금까지 이에 응하지 않고 있습니다.
3. 따라서 채권자는 채무자를 상대로 하여 대여금의 지급을 구하는 본안소송을 준비중에 있으나, 채권자가 알아본 결과 채무자는 별지 제1목록 기재 채권외에는 별다른 재산이 없는데, 이를 처분할 경우 훗날 채권자가 본안소송에서 승소판결을 받는다고 하여도 강제집행의 목적을 달성할 수 없을 우려가 있어 그

동안 청구채권의 집행보전의 방법으로 시급히 이 사건 가압류
신청에 이른 것입니다.

4. 이 사건 담보제공에 관하여는 민사집행법 제19조 제3항, 민사
소송법 제122조에 의하여 보증보험주식회사와 지급보증위탁계
약을 맺은 문서를 제출하는 방법으로 담보제공을 할 수 있도
록 허가하여 주시기 바랍니다.

소명방법 및 첨부서류

1. 소갑 제1호증 차용금증서	1통
1. 법인등기사항증명서	1통
1. 가압류신청진술서	1통
1. 송달료납부서	1통

2000. 0. 0.

위 채권자 ○○○ (서명 또는 날인)

○○지방법원   귀중

[별 지 1]

가압류할 채권의 표시

금 10,000,000원정

채무자가 제3채무자로부터 매월 지급받을 급여(본봉, 각종 수당 및 상여금 등에
서 제세공과금을 공제한 금액)에서 1/2씩 위 청구금액에 이를 때까지의 금액[다
만, 국민기초생활보장법에 의한 최저생계비를 감안하여 민사집행법 시행령이 정
한 금액에 해당하는 경우에는 이를 제외한 나머지 금액, 표준적인 가구의 생계
비를 감안하여 민사집행법 시행령이 정한 금액에 해당하는 경우에는 이를 제외
한 나머지 금액] 및 위 청구금액에 달하지 아니한 사이에 퇴직한 때에는 퇴직금
중 제세공과금을 뺀 잔액의 1/2씩 위 청구금액에 이를 때까지의 금액. 끝.

[서식 예] 채무자 주소보정 신고서

채무자주소보정신고

사   건   20○○카단○○○호 채권가압류
채 권 자   ○○○
채 무 자   ◇◇◇

　위 사건에 관하여 채권자는 다음과 같이 채무자의 주소를 보정하여 신고합니다.

다   음

1. 주소보정사유
　채권자는 채권가압류신청 당시 채무자의 주소를 ○○ ○○군 ○○면 ○○길 ○○로 기재하였으나, 현재 채무자는 다른 곳으로 이사를 간 사실이 있기에 채무자의 주소를 보정하는 것입니다.
2. 보정할 채무자 ◇◇◇의 주소
　　○○시 ○○구 ○○로 ○○
3. 첨부서류
　주민등록표등본　　1통

20○○.　○.　○.

위 채권자 ○○○ (서명 또는 날인)

○○지방법원 ○○지원　귀중

1. 가압류목적물(피압류채권의 특정)

① 가압류할 채권은 제3채무자가 그 대상을 인식할 수 있을 정도로 특정되어야 하므로 피압류채권의 채권자(가압류채무자), 채무자(제3채무자), 채권의 종류, 발생원인, 금액, 변제기 등을 표시하여 다른 채권과 구별되도록 해야 합니다(법원행정처, 법원실무제요 민사집행 Ⅳ).

② 장래 발생할 채권이나 조건부 채권도 현재 그 권리의 특정이 가능하고 가까운 장래에 발생할 것이 상당 정도 기대되는 경우에는 이를 가압류 할 수 있습니다(대법원 2001. 9. 18.자 2000마5252 결정).

2. 가압류가 인정되지 아니하는 (금전)채권

2-1. 양도금지채권

① 채무자의 채권이 양도할 수 없는 것이라면 가압류할 수 없습니다(법원행정처, 법원실무제요 민사집행Ⅲ).

② 당사자가 양도할 수 없는 것으로 특약한 채권은 압류 채권자의 선의, 악의를 불문하고 압류할 수 있습니다(대법원 1976. 10. 29. 선고 76다1623 판결).

③ 양도금지채권이란 국가나 지방자치단체와 같은 공권력의 주체만이 행사할 수 있는 공법상의 채권(예컨대 조세·부담금·경비 등의 징수권), 부양료청구권(민법 제979조), 유류분반환청구권(민법 제1115조) 등과 같은 일신전속적인 권리, 상호계산(相互計算)에 편입된 채권(상법 제72조), 국가나 지방자치단체로부터 특정의 사업·연구 등을

위하여 교부되고 그 목적 외의 사용이 금지되는 교부금의 교부청구권(사회복지사업법 제42조, 보조금 관리에 관한 법률 제22조 등)을 말합니다.

■ 채권가압류경정결정이 확정된 경우 그 경정결정의 효력발생시기는 언제인가요?

Q. 甲은 乙회사에 대한 물품대금채권 1,500만원에 기하여 乙회사의 丙회사에 대한 공사대금채권 1,500만원을 가압류하였고, 그 후 乙회사의 다른 채권자인 丁도 위 공사대금채권에 대하여 1,500만원의 채권압류 및 전부명령을 신청하여 丙회사에게 송달되었습니다. 그러나 甲의 채권가압류결정은 채무자의 표시 중 상호 아래 채무자의 주소와 대표이사의 성명은 정확하게 기재되었으나 상호가 잘못 표시되었고, 이에 甲은 그 경정신청을 하여 채권가압류경정결정이 다시 송달되었습니다. 이 경우 甲이 신청한 채권가압류경정결정은 언제 그 효력이 발생되는지요?

A. 민사집행법 제227조 제2항, 제3항은 압류명령은 제3채무자와 채무자에게 송달하여야 하고, 제3채무자에게 송달되면 압류의 효력이 생긴다고 규정하고 있고, 같은 법 제291조 본문은 가압류의 집행에 대하여는 강제집행에 관한 규정을 준용한다고 규정하고 있습니다.

그런데 채권가압류결정의 경정결정이 확정된 경우, 그 경정된 내용의 채권가압류결정의 원칙적 효력 발생시기에 관하여 판례는 "채권가압류결정의 경정결정이 확정되는 경우 당초의 채권가압류결정은 그 경정결정과 일체가 되어 처음부터 경정된 내용의 채권가압류결정이 있었던 것과 같은 효력이 있으므로, 원칙적으로 당초의 채권가압류결정정본이 제3채무자에게 송달된 때에 소급하여 경정된 내용의 채권가압류결정의 효력이 발생한다."라고 하였습니다(대법원 1999. 12. 10. 선고 99다42346 판결).

그러나 채권가압류결정의 경정결정이 제3채무자의 입장에서 볼 때 객관적으로 당초 결정의 동일성에 실질적 변경을 가하는 것이라고 인정되는 경우, 그 경정된 내용의 채권가압류결정의 효력 발생시기에 관하여 판례는 "채권가압류결정은 제3채무자를 심문하지 아니한 채 이루어지고, 제3채무자에게 송달함으로써 그 효력이 발생하는바, 직접의 당사자가 아닌 제3채무자는 피보전권리 존재와 내용을 모르고 있다가 채권가압류결정 정본의 송달을 받고 비로소 이를 알게 되는 것이 일반적이기 때문에 당초의 채권가압류결정에 위산, 오기 기타 이에 유사한 오류가 있는 것이 객관적으로는 명백하다 하더라도 제3채무자의 입장에서는 당초의 가압류결정 그 자체만으로 거기에 위산, 오기 기타 이에 유사한 오류가 있다는 것을 알 수 없는 경우가 있을 수 있는데, 그와 같은 경우에까지 일률적으로 채권가압류결정의 경정결정이 확정되면 당초의 채권가압류결정이 송달되었을 때에 소급하여 경정된 내용의 채권가압류결정이 있었던 것과 같은 효력이 있다고 하게 되면 순전히 타의에 의하여 다른 사람들 사이의 분쟁에 편입된 제3채무자 보호의 견지에서 타당하다고 할 수 없으므로, 제3채무자의 입

장에서 볼 때에 객관적으로 경정결정이 당초의 채권가압류
결정의 동일성에 실질적으로 변경을 가하는 것이라고 인정
되는 경우에는 경정결정이 제3채무자에게 송달된 때에 비
로소 경정된 내용의 채권가압류결정의 효력이 발생한다고
보아야 한다."라고 하면서 "당초의 채권가압류결정 중 채무
자의 상호 '○○기계산업 주식회사'를 경정결정에 의하여
'△△산업기계 주식회사'로 경정한 경우, 당초의 채권가압
류결정에 기재된 채무자의 상호 아래 채무자의 주소와 대
표이사의 성명이 정확하게 기재되었다 하더라도 제3채무자
의 거래상황 등에 비추어 '△△산업기계 주식회사'를 채무
자로 하는 채권가압류결정의 효력은 경정결정이 제3채무자
에게 송달된 때 발생한다."라고 하였습니다(대법원 1999.
12. 10. 선고 99다42346 판결, 2005.1.13.선고 2003다
29937 판결).

따라서 위 사안에서 甲의 경정된 채권가압류결정의 효력은
경정된 결정문이 丙에게 다시 송달된 때에 발생한다고 보
아야 할 것이고, 그 이전에 효력발생된 丁의 채권압류 및
전부명령이 있으므로 甲의 채권가압류는 부존재한 채권을
가압류한 것이어서 무효가 될 것으로 보입니다.

2-2. 민사집행법에 따른 압류금지채권

다음의 채권은 압류하지 못합니다(민사집행법 제246조제1항).

① 법령에 규정된 부양료 및 유족부조료(遺族扶助料)

② 채무자가 구호사업이나 제3자의 도움으로 계속 받는 수입

③ 병사의 급료

④ 급료·연금·봉급·상여금·퇴직연금, 그 밖에 이와 비슷한 성질을 가
진 급여채권의 2분의 1에 해당하는 금액
⑤ 퇴직금 그 밖에 이와 비슷한 성질을 가진 급여채권의 2분의 1에
해당하는 금액
⑥ 주택임대차보호법 제8조 및 주택임대차보호법 시행령 제10조에
따라 우선변제를 받을 수 있는 금액
⑦ 생명, 상해, 질병, 사고 등을 원인으로 채무자가 지급받는 보장
성보험의 보험금(해약환급 및 만기환급금을 포함함). 다만, 압류금지
의 범위는 생계유지, 치료 및 장애 회복에 소요될 것으로 예상되는
비용 등을 고려하여 민사집행법 시행령 제6조에서 정합니다.
⑧ 개인별 잔액이 150만원 이하인 예금(적금·부금·예탁금과 우편대
체를 포함함). 다만, 채무자 등의 생활에 필요한 1개월간의 생계비
에 해당하여 압류하지 못한 금전이 있으면 150만 원에서 그 금액
을 뺀 금액으로 합니다.

[서식 예] 채권가압류신청서
(구상금채권, 교육공무원의 급료 등에 대하여)

채권가압류신청

채 권 자 ○○○

　　　　○○시 ○○구 ○○길 ○○(우편번호 ○○○-○○○)

　　　　전화·휴대폰번호:

　　　　팩스번호, 전자우편(e-mail)주소:

채 무 자 ◇◇◇

○○시 ○○구 ○○길 ○○(우편번호 ○○○-○○○)

전화·휴대폰번호:

팩스번호, 전자우편(e-mail)주소:

(소속부서 : ■■도 ■■시교육청 ■■초등학교 교사

주민등록번호 : ○○○○○○ - ○○○○○○○)

제3채무자 ■■도

위 교육 및 학예에 관한 법률상 대표자 교육감 ■■■

소관 ■■도 ■■시교육청

청구채권의 표시

금 16,393,497원

(채권자가 채무자를 위하여 한 20○○. ○. ○.자 대위변제(금 11,352,642원) 및 20○○. ○. ○○.자 대위변제(금 5,040,855원)에 기초하여 채권자가 채무자에게 가지는 구상금채권)

가압류할 채권의 표시

별지 제1목록 기재와 같습니다.

신 청 취 지

1. 채무자의 제3채무자에 대한 별지 제1목록 기재의 채권을 가압류한다.

2. 제3채무자는 채무자에게 위의 채권에 관한 지급을 하여서는 아니 된다.

라는 결정을 구합니다.

신 청 원 인

1. 채권자는 채무자의 연대보증인으로서 20○○. ○. ○. 채무자의 ○

　　○수산업협동조합에 대한 대출원리금 11,352,642원을 같은 조합에, 20○○. ○. ○○. 위 채무자의 ○○은행 ○○지점에 대한 대출원리금 5,040,855원을 위 은행 ○○지점에 각 대위변제 하였습니다.

2. 따라서 채권자는 채무자에 대하여 위 각 대위변제에 기초한 구상금채권을 가지게 되었으나, 채무자는 채권자에게 위 채권에 대한 돈을 지급하지 않고 다른 사람에게 많은 채무를 부담하고 있는 데다가, 제3채무자에 대하여 가지는 채권 이외의 재산은 거의 없는 상황이므로 채권자가 채무자를 상대로 본안소송에 있어서 승소판결을 얻는다 하더라도 집행불능의 상태가 예상되는바, 승소한 뒤의 강제집행을 보전하기 위하여 미리 이 신청을 하기에 이르렀습니다.

3. 이 사건 담보제공에 관하여는 민사집행법 제19조 제3항, 민사소송법 제122조에 의하여 보증보험주식회사와 지급보증위탁계약을 맺은 문서를 제출하는 방법으로 담보제공을 할 수 있도록 허가하여 주시기 바랍니다.

소 명 방 법

1. 소갑 제1호증　　　　　　　　　대위변제증서
1. 소갑 제2호증　　　　　　　　　대위변제확인서

첨 부 서 류

1. 위 소명방법　　　　　　　　　　　각 1통
1. 가압류신청진술서　　　　　　　　　1통
1. 송달료납부서　　　　　　　　　　　1통

20○○. ○. ○.

위 채권자 ○○○ (서명 또는 날인)

○○지방법원 ○○지원　귀중

[별 지 1]

가압류할 채권의 표시

금 16,393,497원

채무자가 제3채무자로부터 매월 지급받을 급여(본봉, 각종 수당 및 상여금 등에서 제세공과금을 공제한 금액)에서 1/2씩 위 청구금액에 이를 때까지의 금액[다만, 국민기초생활보장법에 의한 최저생계비를 감안하여 민사집행법 시행령이 정한 금액에 해당하는 경우에는 이를 제외한 나머지 금액, 표준적인 가구의 생계비를 감안하여 민사집행법 시행령이 정한 금액에 해당하는 경우에는 이를 제외한 나머지 금액] 단, 위 청구금액에 이르지 아니한 사이에 퇴직할 때에는 그 퇴직위로금, 명예퇴직금(또는 명예퇴직수당 등) 중 제세공과금을 공제한 잔액의 2분의 1 한도 내에서 위 청구금액에 이를 때까지의 금액. 끝.

■ 예금채권에 대한 가압류하려면 어떻게 해야 하나요?

Q. 제가 甲에게 돈을 빌려주었는데 갚지 않아 소송을 제기하고 강제집행을 하려고 합니다. 甲은 다른 재산은 없고 은행에 예금이 많이 있는 것 같은데 어느 은행에 얼마나 예금이 있는지 알 수가 없습니다. 은행을 제3채무자로 하여 甲의 예금채권에 가압류 하려면 어떻게 해야 하나요?

A. 예금채권을 가압류하기 위해서는 먼저 채무자(甲)의 이름, 주민등록번호(또는 사업자등록번호나 고유번호), 은행의 이름과 예금의 종류 및 계좌번호, 예금액, 거래지점 등을 명

확히 하여야 합니다. 그런데 여기서 어느 은행에 얼마나 예금이 있는지 모른다는 것이 문제됩니다.

실무는 1개의 신청으로 1인의 채무자(예금채권자)가 수인의 제3채무자(금융기관)에 대하여 가지는 예금채권의 가압류를 신청하는 경우 허용하지 않을 수 없다는 점을 감안하여 이를 인정하고 있습니다. 따라서 시중에 존재하는 여러 은행 중 어느 은행을 지정하여 그를 제3채무자로 하는 가압류신청이 가능합니다. 어느 은행을 선정하여 하든지 관계는 없으나, 이러한 형태의 신청은 사실상 여러 건의 가압류신청에 해당하므로 가압류 신청시 부담하는 공탁금을 법원에서 상향조정하기도 하고, 과잉 가압류가 되는지 여부를 심리하여 제3채무자인 은행이 너무 많은 경우에는 이를 허용하지 않을 수도 있습니다.

또한 제3채무자별로 청구금액을 특정하여야 하는데, 채무자가 가지고 있는 예금이 각 은행마다 얼마인지 모른다면 일단 청구금액을 안분하여 청구하는 것이 가능합니다.

더불어 은행의 본점과 지점은 법률적으로 동일한 인격체이기 때문에 지점에 입금된 예금자의 예금채권에 대한 가압류 명령이 본점에 송달되더라도 그 송달은 유효하다고 봅니다(법원실무제요 민사집행[IV] 2014 286면). 따라서 채무자인 甲이 어느 특정지점을 이용하는지 명확히 몰라도 해당 은행의 본점을 주소지로 하여 송달하는 것이 가능하나, 지점에서 가압류 사실을 연락받기 전에 채무자에게 예금을 지급하면 이중지급의 위험을 부담할 수 있으므로, 가능한 취급지점을 기재하는 것이 바람직합니다.

2-3. 특별법에 따른 압류금지채권

특별법에 따라 다음의 채권은 압류하지 못합니다.

① 공무원연금법에 따른 급여를 받을 권리

② 군인연금법에 따른 급여를 받을 권리

③ 고용보험법에 따른 실업급여를 받을 권리

④ 국가유공자 등 예우 및 지원에 관한 법률에 따라 지급받을 보상금

⑤ 사립학교교직원 연금법에 따른 급여를 받을 권리

⑥ 국민연금법에 따른 각종 급여를 받을 권리

⑦ 근로기준법에 따라 지급받게 될 보상청구권

⑧ 산업재해보상보험법에 따른 보험급여를 받을 권리

⑨ 자동차손해배상 보장법에 따라 피해자의 보험회사에 대한 보험청구권, 피해자의 보상청구권 또는 가불금청구권

⑩ 국민기초생활 보장법에 따른 수급품, 수급품을 받을 권리 및 급여수급계좌의 예금에 관한 채권

⑪ 어선원 및 어선 재해보상보험법에 따른 보험급여를 받을 권리 및 보험급여계좌의 예금 중 일정 액수 이하의 금액에 관한 채권

⑫ 국민건강보험법에 따른 보험급여를 받을 권리

⑬ 선원법에 따른 재해보상 등을 받을 권리

⑭ 형사보상 및 명예회복에 관한 법률에 따른 보상청구권

⑮ 국가배상법에 따라 생명·신체의 침해로 인한 국가배상을 받을 권리

⑯ 한부모가족지원법에 따라 복지급여를 받을 권리

[서식 예] 채권가압류신청서(구상금채권, 공탁금출급청구권에 대하여)

채권가압류신청

채 권 자 ○○○

　　　　○○시 ○○구 ○○길 ○○(우편번호 ○○○-○○○)

　　　　전화·휴대폰번호:

　　　　팩스번호, 전자우편(e-mail)주소:

채 무 자 ◇◇◇

　　　　○○시 ○○구 ○○길 ○○(우편번호 ○○○-○○○)

　　　　전화·휴대폰번호:

　　　　팩스번호, 전자우편(e-mail)주소:

제3채무자 대한민국

　　　　위 법률상 대표자 법무부장관 ■■■

　　　　(소관 ■■지방법원 ■■지원 공탁공무원)

청구채권의 표시

금 ○○○원

채권자가 채무자를 위하여 20○○. ○. ○.자 대위변제하여 채권자가

채무자에게 가지는 구상금채권

가압류할 채권의 표시

별지 제1목록 기재와 같습니다.

신 청 취 지

1. 채무자의 제3채무자에 대한 별지 제1목록 기재의 채권을 가압류한다.
2. 제3채무자는 채무자에게 위의 채권에 관한 지급을 하여서는 아니
   된다.
라는 결정을 구합니다.

신 청 원 인

1. 채권자는 채무자의 연대보증인으로서 20○○. ○. ○. 주채무자인
   채무자의 (주) ◉◉은행에 대출원리금 ○○○원을 대위변제 한 사
   실이 있습니다.
2. 따라서 채권자는 채무자에 대하여 대위변제에 기초한 구상금채권을
   가지게 되었으나 채무자는 채권자에게 위 채권에 관한 지급을 하지
   않고 있을 뿐만 아니라, 다른 사람에게도 많은 채무를 부담하고 있
   는 데다가 제3채무자에 대하여 가지는 채권 이외의 재산은 거의 없는
   상황이므로, 채권자가 채무자를 상대로 본안소송에 있어서 승소판결
   을 얻는다 하더라도 집행불능의 상태가 예상되는 바, 승소 후의 강제
   집행을 보전하기 위하여 미리 이 신청을 하기에 이르렀습니다.
3. 이 사건 담보제공은 공탁보증보험증권(◼◼보증보험주식회사 증권
   번호 제○○호)을 제출하는 방법으로 할 수 있도록 허가하여 주시
   기 바랍니다.

소 명 방 법

  1. 소갑 제1호증   대위변제증서
  1. 소갑 제2호증   대위변제확인서

첨 부 서 류

  1. 위 소명방법   각 1통

1. 가압류신청진술서	1통
1. 송달료납부서	1통

20○○. ○. ○.

위 채권자 ○○○ (서명 또는 날인)

○○지방법원 ○○지원   귀중

[별 지 1]

가압류할 채권의 표시

금○○○원

    채무자가 제3채무자에 대하여 가지는 20○○. ○. ○. 공탁자 ◆◆◆가 ▣▣지방법원 ▣▣지원 20○○년 금 제○○○○호로 공탁한 금 ○○○원의 출급청구권. 끝.

■ 위탁자의 채권자가 신탁재산에 가압류를 할 수 있는지요?

Q. 甲은 乙에 대하여 금전채권을 가지고 있었는데 이후 채무자 乙은 자신의 소유 부동산을 신탁회사 丙에게 신탁을 하였습니다. 이 경우 甲은 乙에 대한 위 금전채권에 기하여 신탁회사 丙에게 신탁된 乙소유 부동산을 가압류할 수 있는지요?

A. 乙소유 부동산이 일반적인 소유권이전에 의하여 제3자에게 넘어간 경우라면 乙에 대한 단순 금전채권자에 불과한 甲이 이미 제3자의 소유가 된 위 부동산에 대하여 가압류할 수 없음은 당연하나, 신탁에 의하여 소유권이 이전된 경우

에는 신탁자와 수탁자 간 신탁관계에 따른 사용수익 및 관리관계가 존속하므로 위와 동일하게 보아야 할지 의문이 있을 수 있습니다.

일반적으로 신탁이란 신탁당사자간 믿음을 바탕으로 자기 재산을 상대방에게 맡기어 그 사람으로 하여금 신탁재산을 관리·처분하게 하는 재산의 관리·처분제도로서, 위탁자(신탁자)로부터 수탁자가 신탁재산을 양수한 때에 원칙적으로 수탁자는 그 재산에 대하여 대내외적으로 완전한 소유권을 취득하게 됩니다.

특히, 신탁법이 적용되는 신탁의 경우 「신탁법」 제21조 제1항 본문은 "신탁재산에 대하여는 강제집행 또는 경매를 할 수 없다."라고 규정하여 신탁재산에 대한 강제집행 가능성을 원칙적으로 봉쇄하는 한편, 같은 항 단서에서 "단, 신탁전의 원인으로 발생한 권리 또는 신탁사무의 처리상 발생한 권리에 기한 경우에는 예외로 한다."라고 규정하여 그 예외를 인정하고 있습니다.

신탁제도의 성질과 위 법 제21조의 규정에 비추어 볼 때 수탁자에 대한 채권자가 수탁자의 고유재산에 대해서만 강제집행 또는 경매를 할 수 있고 수탁자 명의의 신탁재산에 대해서는 강제집행 또는 경매를 할 수 없다는 점에 대하여는 이론이 없으나, 신탁자에 대한 채권자가 신탁재산에 대하여 강제집행 또는 경매를 할 수 있는지 여부는 명백하지 아니하고 실제 학설상 다툼이 존재하고 있습니다.

이에 대해 판례는 "신탁재산은 수탁자의 고유재산으로부터 구별되어 관리될 뿐만 아니라 위탁자의 재산권으로부터도

분리되어 신탁법 제21조 제1항 단서의 예외의 경우에만 강제집행이 허용될 뿐이다."는 입장을 견지하고 있고, 나아가 "신탁법 제21조 제1항 단서의 신탁전의 원인으로 발생한 권리라고 함은 신탁 전에 이미 신탁부동산에 저당권이 설정된 경우 등 신탁재산 그 자체를 목적으로 하는 채권이 발생된 경우를 말하는 것이고 신탁전에 위탁자에 관하여 생긴 모든 채권이 이에 포함되는 것은 아니다."라고 하는 바(대법원 1987. 5. 12. 선고 86다545 판결, 1996. 10. 15. 선고 96다17424 판결), 이에 따르면 신탁자에 대한 일반적인 단순 금전채권자는 「신탁법」 제21조 제1항 단서의 예외에 해당하지 않아 신탁재산에 대하여 강제집행 또는 경매를 할 수 없다고 할 것입니다.

다만, 신탁법 제8조는 "채무자가 채권자를 해함을 알고 신탁을 설정한 경우에는 채권자는 수탁자가 선의일지라도 민법 제406조 제1항의 취소 및 원상회복을 청구할 수 있다."라고 규정하고 있고, 판례는 위 규정을 민법 제406조의 채권자취소권과 동일취지로 해석하는 것으로 보이므로(대법원 2001. 12. 27. 선고 2001다32236 판결), 신탁자가 신탁설정행위에 의해 재산이 감소되어 채권의 공동담보에 부족이 생기거가 이미 부족상태에 있는 공동담보가 한층 더 부족하게 됨으로써 채권자의 채권을 완전하게 만족시킬 수 없다는 사실을 인식하면서 신탁설정행위에 나아갔다면 이를 사해신탁행위로 보아 그 취소 및 원상회복을 청구하는 소송을 통해 신탁자의 재산을 다시 복귀시킬 수 있을 것입니다.

따라서 이러한 사정이 있다면 위 사안의 경우 甲은 신탁법 제8조의 사해신탁임을 주장하여 신탁에 의한 소유권이전 자체를 취소하고 원상회복을 청구하는 소를 통해 乙의 재산을 다시 복귀시킬 수 있다고 보입니다.

추가적으로 신탁계약상 위탁자가 '수익자'로 지정되어 있다면(일명 '자익신탁'), 위탁자의 채권자는 위탁자가 수익자로서 수탁자로부터 받게 되는 수익권을 압류의 대상으로 삼을 수 있습니다. 또한 신탁관계가 소멸 또는 종료되는 경우 위탁자는 위탁한 재산을 반환받을 권리가 발생하며, 그 대표적인 것이 신탁부동산에 관한 소유권이전등기청구권인데, 이와 같은 '신탁해지' 또는 '신탁종료'를 원인으로 한 신탁재산에 관한 소유권이전등기청구권에 대하여 압류 등 강제집행을 하는 것은 가능합니다.

3. 채권가압류신청서 작성

3-1. 신청서 작성

채권가압류신청서를 작성하려는 자는 신청서에 ① 당사자(대리인이 있는 경우 대리인 포함), ② 청구채권의 표시 및 목적물의 표시 ③ 신청의 취지, ④ 신청의 이유, ⑤ 관할법원, ⑥ 소명방법 및 ⑦ 작성한 날짜를 기재하고, 당사자 또는 대리인의 기명날인 또는 서명을 해야 합니다((민사집행법 제23조제1항, 제279조, 민사집행규칙 제203조제2항, 민사소송법 제249조 및 제274조).

3-2. 당사자

① 가압류를 신청하는 사람인 채권자·채무자를 적고, 각각의 주소를 적습니다(민사소송법 제274조제1항 및 동규칙 제2조).

② 채무자가 보유하는 채권의 상대방인 제3채무자를 적습니다. 제3채무자란 채무자가 제3자에 대하여 채권을 가지고 있고 이 채권이 가압류 대상이 되는 경우 그 제3자 즉 대상이 되는 채권의 채무자를 제3채무자라 합니다.

```
(예시)
채 권 자 ○ ○ ○
 서울 종로구 수송동111-11 ○○아파트○○동○○호(우: 000-000)
 채권자의 소송대리인 변호사 ○ ○ ○
 서울 강북구 송중동 333-33 ○○빌딩 111호
채 무 자 ○ ○ ○
 서울 종로구 명륜동 222-22 ○○빌라 203호 (우: 000-000)
제3채무자 1. ○○주식회사
 ○○시 ○○구 ○○동 ○○(우: ○○○-○○○)
 대 표 이 사 ○○○
 (전화: 02-000-0000, 팩스: 02-000-0000)
 2. 주식회사 ○○은행
 ○○시 ○○구 ○○동 ○○(우: ○○○-○○○)
 대 표 이 사 ○○○
 (전화: 02-000-0000, 팩스: 02-000-0000)
```

3-3. 채무자 특정 사항 기재

공무원 또는 대기업 직원의 임금, 퇴직금채권에 대한 가압류명령을 신청하는 경우 채무자의 이름과 주소 외에 소속부서, 직위, 주민등록번호 등 채무자를 특정할 수 있는 사항을 기재해야 합니다(임금 또는 퇴직금에 대한 가압류 등 재판서에 있어서의 채무자 표시에 관한 지침).

<예시 1>
채 무 자 홍 길 동
 서울 중구 서소문동 37
 (참고: 소속부서 육군 OO부대 하사, 군번 OOOO)
 또는(참고: 소속부서 육군 OO부대 군무원 O급, 순번 OOOO)
 또는(참고: 소속부서 육군 OO부대 [직위], 주민등록번호 000000-
0000000)

<예시 2>
채 무 자 홍 길 동
 부산 서구 부민동 2가 5의1
 (참고: 소속부서 부산지사 총무국 경리과)

<예시 3>
채 무 자 홍 길 동
 광주 동구 지산2동 342의 1
 (참고: 주민등록번호 123456-1234567)

3-4. 가압류할 채권의 표시

가압류할 채권의 표시는 "별지 목록 기재와 같음"이라고 표시하고,
별지로 첨부합니다(민사집행법 제279조제1항제2호).

<예시 1: 대여금채권을 가지고 임차보증금반환채권의 경우>
                가압류할 채권의 표시
별지 목록 기재와 같음
[별지 1]
 가압류할 채권의 표시
  청구채권 금 95,000,000원
제3채무자 1. ■■주식회사에 대하여
채무자와 제3채무자가 임차목적물(OO시 OO구 OO동 OO에 있는 건
물)에 대한 임대차계약종료나 해지 시 채무자의 임대차보증금반환청구
권 가운데 위 청구채권에 이르는 금액

제3채무자 2. 주식회사 ○○은행에 대하여,

채무자(○○○, 주민등록번호 : 000000-0000000)가 제3채무자 주식회사 ○○은행에 대하여 가지는 보통예금, 정기예금, 정기적금, 당좌예금, 별단예금 가운데 이 기재의 순서로, 같은 종류의 예금에 있어서는 예금액이 많은 것부터 차례로 청구채권액에 이를 때까지의 금액. 다만, 이미 압류 또는 가압류가 되어 있는 경우에는 그것이 되어 있지 아니한 것부터 차례로 청구채권에 이를 때까지의 금액

제3채무자 3. 주식회사 ◎◎은행에 대하여,

채무자(○○○, 주민등록번호 : 000000-0000000)가 제3채무자 주식회사 ◎◎은행에 대하여 가지는 보통예금, 정기예금, 정기적금, 당좌예금, 별단예금 가운데 이 기재의 순서로, 같은 종류의 예금에 있어서는 예금액이 많은 것부터 차례로 청구채권액에 이를 때까지의 금액. 다만, 이미 압류 또는 가압류가 되어 있는 경우에는 그것이 되어 있지 아니한 것부터 차례로 청구채권에 이를 때까지의 금액. 끝.

<예시 2: 임금채권으로 대여금의 경우>

가압류할 채권의 표시

별지 목록 기재와 같음
[별지 1]
가압류할 채권의 표시
금 10,000,000원
채무자가 제3채무자에 대하여 가지는 대여금반환청구채권 가운데 위 청구금액에 이를 때까지의 금액. 끝.

(유의사항)

위 "가압류할 채권의 표시"상의 금액은 가압류신청서의 '청구채권의 표시' 기재금액과 같아야 합니다.

3-5. 신청취지

소장의 청구취지에 상응하는 것으로 가압류에 의해 구하려는 보전처분의 내용을 말하며, 권리의 보전을 위해 필요한 내용을 적습니다(민

사집행규칙 제203조제2항).

<예시>

신 청 취 지

1. 채무자가 제3채무자들에 대하여 가지는 별지 제1목록 기재의 각
   채권을 가압류한다.
2. 제3채무자들은 채무자에게 위의 각 채권에 관한 지급을 하여서는
   아니 된다.
라는 재판을 구합니다.

3-6. 신청이유

① 신청취지를 구하는 근거로 피보전권리의 존재와 보전의 필요성을 구체적으로 적어야 합니다(민사집행규칙 제203조제2항).

② 그 밖에 선담보제공을 하는 경우 이를 허가해 달라는 취지를 적습니다.

[서식 예] 채권가압류신청서(대여금채권으로 임차보증금에 대하여)

채권가압류신청

채 권 자 ○○○

　　　　○○시 ○○구 ○○길 ○○(우편번호 ○○○-○○○)

　　　　전화·휴대폰번호:

　　　　팩스번호, 전자우편(e-mail)주소:

채 무 자 ◇◇◇

　　　　○○시 ○○구 ○○길 ○○(우편번호 ○○○-○○○)

　　　　전화·휴대폰번호:

            팩스번호, 전자우편(e-mail)주소:
제3채무자 ■■■
            ○○시 ○○구 ○○길 ○○(우편번호 ○○○-○○○)
            전화·휴대폰번호:
            팩스번호, 전자우편(e-mail)주소:

청구채권의 표시

금 ○○○원(채권자가 채무자에 대하여 가지는 대여금채권)

가압류할 채권의 표시

별지 제1목록 기재와 같습니다.

신 청 취 지

1. 채무자가 제3채무자에 대하여 가지는 별지 제1목록 기재의 채권을
   가압류한다.
2. 제3채무자는 채무자에게 위 채권에 관한 지급을 하여서는 아니 된다.
라는 재판을 구합니다.

신 청 이 유

1. 피보전권리

   채권자는 채무자의 요청으로 아래와 같이 약정하고 채무자에게 금
   ○○○원을 대여하였으나, 채무자는 채권자의 여러 차례에 걸친 변
   제청구에도 불구하고 변제기일이 지나도록 대여금 ○○○원을 변제
   하지 않고 있습니다.

- 아 　 래 -

    (1) 대여일 : 20○○. ○. ○.

    (2) 대여금 : 금 ○○○원

    (3) 변제기 : 20○○. ○○. ○○.

    (4) 이 　율 : 연 ○○%

2. 보전의 필요성

    이에 채권자는 채무자를 상대로 대여금청구의 본안소송을 준비중이나 본안 　소송은 오랜 시일을 요할 뿐만 아니라 채무자는 별지 제1목록 기재의 채권을 다른 사람에게 처분하려고 하고 있어, 만일 채권자가 이 사건 가압류를 하지 않는다면 나중에 본안소송에서 승소판결을 받더라도 집행불능의 상황이 예상되어 부득이 이 사건 신청에 이르게 되었습니다.

3. 담보제공은 공탁보증보험증권(■■보증보험주식회사 증권번호 제○○호)을 제출하는 방법으로 할 수 있도록 허가하여 주시기 바랍니다.

소 명 방 법

    1. 소갑 제1호증　　　　　　　　　　　차용증

    1. 소갑 제2호증　　　　　　　　　　　지불각서

첨 부 서 류

    1. 위 소명방법　　　　　　　　　　　　각 1통

    1. 가압류신청진술서　　　　　　　　　　1통

    1. 송달료납부서　　　　　　　　　　　　1통

20○○. ○. ○.

위 채권자 ○○○ (서명 또는 날인)

○○지방법원 ○○지원 귀중

[별 지 1]

가압류할 채권의 표시

금 ○○○원

채무자가 제3채무자와의 사이에 ○○시 ○○구 ○○길 ○○에 있는 건물에 대하여 체결한 임대차계약에 의하여 임대차계약만료, 해지 등 임대차계약종료시에 제3채무자로부터 수령할 임대차보증금반환청구채권[다만, 「주택임대차보호법」 제8조, 같은 법 시행령의 규정에 따라 우선변제를 받을 수 있는 금액에 해당하는 경우에는 이를 제외한 나머지 금액] 중 위 금액에 이르기까지의 금액. 끝.

4. 채권가압류 신청에 따른 비용 납부

4-1. 인지 첩부

채권가압류를 신청하려는 자는 10,000원(보증보험증권에 의한 담보제공인 경우에도 10,000원)의 인지를 붙여야 합니다(민사소송 등 인지법 제9조제2항 본문, 민사접수서류에 붙일 인지액 및 그 편철방법 등에 관한 예규 제3조 및 별표).

4-2. 송달료 납부

채권가압류를 신청하려는 자는 3회분의 송달료(3,700원 × 당사자수 × 3회분)를 미리 내야 합니다(민사소송법 제116조제1항, 민사소송규칙 제19조제1항제1호, 송달료규칙 제2조, 송달료규칙의 시행에 따른 업무처리요령 제7조제1항, 별표 1 및 국내 통상우편요금 및 우편 이용에 관한 수수료 별표).

4-3. 등록면허세 및 지방교육세

채권가압류는 원칙적으로 등록면허세·지방교육세 및 증지대 납부가 없습니다. 다만, 전세권부 채권가압류와 저당권부채권가압류는 등기부상 공시(부기등기)를 위해 부동산 1건당 등록면허세·지방교육세 납부 및 증지를 첨부해야 합니다.

5. 선담보제공 허가 신청

① 채권가압류(급여채권·영업자예금채권에 대한 가압류는 제외)를 신청하는 때에는 미리 은행 등과 지급보증위탁계약을 맺은 문서를 제출하고 이에 대해 법원의 허가를 받는 방법으로 선담보제공을 할 수 있습니다(민사집행규칙 제204조).

② 급여채권·영업자예금채권은 선담보제공은 허용되지 않지만 공탁보증보험에 의한 담보제공(담보제공명령 후 담보제공)은 가능하며 청구금액의 1/5 이상은 현금공탁을 해야 합니다(법원행정처, 법원실무제요 민사집행Ⅳ).

6. 채권가압류 신청 접수

6-1. 제출 서류

채권가압류를 신청하려는 자는 다음의 서류를 관할법원 민사신청 담당부서(종합민원실)에 제출해야 합니다(민사소송법 제273조, 제275조, 민사집행규칙 제203조 및 보전처분 신청사건의 사무처리요령 제3조).

① 채권가압류신청서 1부

② 가압류신청진술서 1부

③ 그 밖에 소명방법으로 권리증서(예: 차용증, 약속어음 등) 사본 1부

④ 법인등기부등본(당사자가 법인인 경우에 한함)

6-2. 관할법원

채권가압류 사건은 원칙적으로 제3채무자의 보통재판적을 관할하는 법원이나 본안의 관할법원이 관할합니다(민사집행법 제278조 및 제21조).

[서식 예] 채권가압류신청서

(대여금채권을 가지고 임차보증금반환채권 등에)

채권가압류신청

채 권 자 ○○○

　　　　　　○○시 ○○구 ○○길 ○○(우편번호 ○○○-○○○)

　　　　　　전화·휴대폰번호:

　　　　　　팩스번호, 전자우편(e-mail)주소:

채 무 자 ◇◇◇

　　　　　　○○시 ○○구 ○○길 ○○(우편번호 ○○○-○○○)

　　　　　　전화·휴대폰번호:

　　　　　　팩스번호, 전자우편(e-mail)주소:

제3채무자 1. ■■주식회사

　　　　　　○○시 ○○구 ○○길 ○○(우편번호 ○○○-○○○)

　　　　　　대표이사 ■■■

　　　　　　전화·휴대폰번호:

　　　　　　팩스번호, 전자우편(e-mail)주소:

2. 주식회사 ◉◉은행

　○○시 ○○구 ○○길 ○○(우편번호 ○○○-○○○)

　대표이사 ◉◉◉

　전화·휴대폰번호:

　팩스번호, 전자우편(e-mail)주소:

3. 주식회사 ◎◎은행

　○○시 ○○구 ○○길 ○○(우편번호 ○○○-○○○)

　대표이사 ◎◎◎

　전화·휴대폰번호:

　팩스번호, 전자우편(e-mail)주소:

청구채권의 표시

금 30,000,000원

(20○○. ○. ○.자 대여금 20,000,000원 및 20○○. ○. ○.자 대여금 10,000,000원의 합계)

가압류할 채권의 표시

별지 제1목록 기재와 같습니다.

신 청 취 지

1. 채무자가 제3채무자들에 대하여 가지는 별지 제1목록 기재의 각 채권을 가압류한다.
2. 제3채무자들은 채무자에게 위의 각 채권에 관한 지급을 하여서는 아니 된다.
　라는 재판을 구합니다.

<h2 style="text-align:center">신 청 원 인</h2>

1. 채권의 발생원인

　채권자는 채무자에게 20○○. ○. ○. 금 20,000,000원을 이자는 정하지 아니하고 변제기는 채권자가 요구하는 때로부터 2, 3일 뒤로 정하여 대여하였고, 같은 해 ○. ○○. 금 10,000,000원을 이자는 정하지 아니하고 변제기는 20○○. ○○. ○.로 정하여 대여하였습니다(소갑 제1, 2, 3호증 참조).

2. 채무자의 제3채무자 1. ▣▣주식회사에 대한 임차보증금 반환청구권

　한편, 채무자는 20○○. ○.경 제3채무자로부터 ○○시 ○○구 ○○길 ○○에 있는 건물을 임대차보증금 금 5,000만원, 월세 금 10만원에 임차하기로 약정하고 그 무렵 위 임대차보증금을 지급하였습니다. 따라서 채무자는 위 임대차계약이 종료하는 경우에 위 임대차보증금에 대한 반환청구권이 있습니다.

3. 채무자의 나머지 제3채무자에 대한 예금채권

　또한, 채무자는 나머지 제3채무자에 대하여 보통예금 등 각종의 예금채권을　가지고 있으며 이에 대한 예금반환청구권이 있습니다.

4. 채권자는 채무자를 상대로 대여금청구소송을 준비중에 있습니다. 그러나 본안소송에는 오랜 시일이 소요될 뿐만 아니라 그 사이에 채무자가 별지 제1목록 기재 각 채권을 수령하거나 처분해버릴 염려가 있습니다. 따라서 채권자가 가압류하지 아니하면 본안판결에서 집행이 현저히 곤란할 염려가 있으므로 이 사건 신청에 이른 것입니다.

5. 담보제공은 공탁보증보험증권(▣▣보증보험주식회사 증권번호 제○○호)을 제출하는 방법으로 할 수 있도록 허가하여 주시기 바랍니다.

소 명 방 법

1. 소갑 제1호증   차용증서
1. 소갑 제2호증   현금보관증
1. 소갑 제3호증   각서

첨 부 서 류

1. 위 소명방법   각 1통
1. 법인등기사항증명서   3통
1. 가압류신청진술서   1통
1. 송달료납부서   1통

20○○. ○. ○.

위 채권자 ○○○ (서명 또는 날인)

○○지방법원 귀중

[별 지 1]

가압류할 채권의 표시

청구채권 금 30,000,000원(1+2+3)

1. 제3채무자 1. ◨◨주식회사에 대하여
   금 ○○○ 원
채무자와 제3채무자가 임차목적물(○○시 ○○구 ○○길 ○○에 있는 건물)에 대한 임대차계약종료나 해지시 채무자의 임대차보증금반환청구권[다만, 「주택임대차보호법」 제8조, 같은 법 시행령의 규정에 따라 우선변제를 받을 수 있는 금액에 해당하는 경우에는 이를 제외한 나머지 금액] 가운데 위 청구채권에 이르는 금액

2. 주식회사◆◆은행에 대하여

  금 ○○○ 원

  채무자(주민등록번호 : 000000 - 0000000)가 제3채무자 주식회
  사◆◆은행 (소관 : 00지점)에 대하여 가지는 다음의 예금채권
  중 현재 입금되어 있거나 장래 입금될 예금채권으로서 다음에
  서 기재한 순서에 따라 위 청구금액에 이를 때까지의 금액

3. ◆◆농업협동조합에 대하여

  금 ○○○ 원

  채무자(주민등록번호 : 000000 - 0000000)가 제3채무자 ◆◆농
  업협동조합 (소관 : 00지점)에 대하여 가지는 다음의 예금채권
  중 현재 입금되어 있거나 장래 입금될 예금채권으로서 다음에
  서 기재한 순서에 따라 위 청구금액에 이를 때까지의 금액

- 다 음 -

1. 압류·가압류되지 않은 예금과 압류·가압류된 예금이 있는 때
   에는 다음 순서에 따라서 압류한다.
        ① 선행 압류 · 가압류가 되지 않은 예금
        ② 선행 압류 · 가압류가 된 예금
2. 여러 종류의 예금이 있는 때에는 다음 순서에 의하여 압류한다.
   ① 보통예금 ② 당좌예금 ③ 정기예금 ④ 정기적금 ⑤ 별단예금
   ⑥ 저축예금 ⑦ MMF   ⑧ MMDA   ⑨ 적립식펀드예금 ⑩ 신탁예금
   ⑪ 채권형 예금 ⑫청약예금
3. 같은 종류의 예금이 여러 계좌에 있는 때에는 계좌번호가 빠른
   예금부터 압류한다.
4. 다만, 채무자의 1개월간 생계유지에 필요한 예금으로 민사집행법 시
   행령이 정한 금액에 해당하는 경우에는 이를 제외한 나머지 금액.
   끝.

■ 채권자대위소송에서 대위채권자에게 직접 금전의 지급을 명
하는 판결이 확정되더라도, 채무자의 다른 채권자가 압류나 가

압류를 할 수 있는지요?

Q. 甲은 다수의 채무를 부담하고 있음에도, 乙에 대해 대여금 채권에 대해 아무런 권리도 행사하지 않고 있습니다. 이에 甲의 채권자 A가 甲을 대위하여 乙에 대한 대여금 청구의 소를 제기하여, 乙이 A에게 직접 대여금을 지급하라고 판결이 확정되었습니다. 이 경우 甲의 다른 채권자 B가 甲의 乙에 대한 채권을 압류나 가압류 할 수가 있나요?

A. 채권자대위소송에서 채권자가 채무자를 대위하여 제3채무자에게 금전의 지급을 명하는 판결이 확정된 경우, 다른 채권자들이 채무자의 제3채무자에 대한 채권에 대해 압류나 가압류를 할 수 있는지 문제가 될 수 있습니다.

이에 대해 판례는 "채권자대위소송에서 제3채무자로 하여금 직접 대위채권자에게 금전의 지급을 명하는 판결이 확정되더라도, 대위의 목적인 권리,즉 채무자의 제3채무자에 대한 피대위채권이 판결의 집행채권으로서 존재하고 대위채권자는 채무자를 대위하여 피대위채권에 대한 변제를 수령하게 될 뿐 자신의 채권에 대한 변제로서 수령하게 되는 것이 아니므로, 피대위채권이 변제 등으로 소멸하기 전이라면 채무자의 다른 채권자는 이를 압류·가압류할 수 있다."고 판단하였습니다. (대법원 2016. 8. 29. 선고 2015다236547 판결)

즉 대위채권자가 제3채무자로부터 채권을 변제받아 소멸되기 전이라면, 다른 채권자들은 채무자의 책임재산을 보전하기 위해 위 채권에 대해 가압류 할 수 있습니다.

7. 가압류신청서 제출 후

① 신청서를 법원에 제출하면 사건번호를 부여받게 되고, 채권자는 법원에 비치된 민원인용 컴퓨터 단말기를 통하여 사건번호를 입력하면, 담보제공명령, 가압류 인용결정 여부 등을 알 수 있습니다.
② 가압류 결정 후 14일 경과 후에는 법원에 가지 않고 대법원 홈페이지에서도 확인할 수 있습니다.

8. 제3채무자에 대한 진술최고

8-1. 제3채무자에 대한 진술최고신청

① 채권가압류의 경우 압류채권자는 제3채무자에게 가압류집행을 할 때, 가압류한 채권에 대해 채권자가 만족을 할 수 있는지 여부를 제3채무자에게 진술하도록 법원에 신청할 수 있습니다(민사집행법 제291조 및 제237조).
② 제3채무자에 대한 진술최고를 신청하려는 채권자는 다음의 내용을 포함한 제3채무자에 대한 진술최고신청서를 작성하여 법원에 제출해야 합니다(민사집행법 제237조).
  1. 채권을 인정하는지의 여부 및 인정한다면 그 한도
  2. 채권에 대하여 지급할 의사가 있는지의 여부 및 의사가 있다면 그 한도
  3. 채권에 대하여 다른 사람으로부터 청구가 있는지의 여부 및 청구가 있다면 그 종류
  4. 다른 채권자에게 채권을 압류당한 사실이 있는지의 여부 및 그

사실이 있다면 그 청구의 종류

③ 제3채무자에 대한 진술최고 신청서를 제출할 때에는 최고서의 송달료 및 제3채무자의 진술서 제출용 우편료(3,700원 × 제3채무자의 수)를 예납해야 합니다(송달료규칙 제14조 및 국내 통상우편요금 및 우편이용에 관한 수수료).

④ 신청 시 유의사항

제3채무자에 대한 진술최고신청은 가압류신청서와 함께 또는 늦어도 가압류결정문이 제3채무자에게 발송되기 전까지 법원에 제출해야 합니다. 사건번호를 모를 경우 사건번호란은 공란으로 하여 제출해도 됩니다.

[서식 예] 제3채무자에 대한 진술최고신청서

제3채무자에 대한 진술최고신청

채권자　　○○○(주민등록번호)

　　　　　○○시 ○○구 ○○길 ○○(우편번호 ○○○-○○○)

　　　　　전화·휴대폰번호:

　　　　　팩스번호, 전자우편(e-mail)주소:

채무자　　◇◇◇(주민등록번호)

　　　　　○○시 ○○구 ○○길 ○○(우편번호 ○○○-○○○)

　　　　　전화·휴대폰번호:

　　　　　팩스번호, 전자우편(e-mail)주소:

제3채무자　1. ■■주식회사

　　　　　　○○시 ○○구 ○○길 ○○(우편번호 ○○○-○○○)

대표이사 ■■■

전화·휴대폰번호:

팩스번호, 전자우편(e-mail)주소:

2. 주식회사 ◆◆은행

○○시 ○○구 ○○길 ○○(우편번호 ○○○-○○○)

대표이사 ◆◆◆

전화·휴대폰번호:

팩스번호, 전자우편(e-mail)주소:

3. 주식회사 ◎◎은행

○○시 ○○구 ○○길 ○○(우편번호 ○○○-○○○)

대표이사 ◎◎◎

전화·휴대폰번호:

팩스번호, 전자우편(e-mail)주소:

　위 당사자 사이의 귀원 20○○카합○○○호 채권가압류사건에 관하여, 채권자는 민사집행법 제291조, 제237조에 의하여 제3채무자들로 하여금 채권을 인정하는지의 여부 및 인정한다면 그 한도, 채권에 대하여 지급할 의사가 있는지의 여부 및 의사가 있다면 그 한도, 채권에 대하여 다른 사람으로부터 청구가 있는지의 여부 및 청구가 있다면 그 종류, 다른 채권자에게 채권을 압류 당한 사실이 있는지의 여부 및 그 사실이 있다면 그 청구의 종류 등에 관하여 진술할 것을 귀원에서 최고하여 주실 것을 신청합니다.

20○○. ○. ○.

위 채권자 ○○○ (서명 또는 날인)

○○지방법원　귀중

[서식 예] 가압류결정 경정허가신청서

가압류결정경정허가신청

사   건   20○○즈단○○○호 채권가압류

채 권 자   ○○○

　　　　　○○시 ○○구 ○○길 ○○(우편번호 ○○○-○○○)

　　　　전화·휴대폰번호:

　　　　팩스번호, 전자우편(e-mail)주소:

채 무 자   ◇◇◇

　　　　　○○시 ○○구 ○○길 ○○(우편번호 ○○○-○○○)

　　　　전화·휴대폰번호:

　　　　팩스번호, 전자우편(e-mail)주소:

제3채무자 1. ■■운송사업조합연합회

　　　　　○○시 ○○구 ○○길 ○○(우편번호 ○○○-○○○)

　　　　대표자 회장 ■■■

　　　　전화·휴대폰번호:

　　　　팩스번호, 전자우편(e-mail)주소:

　　　 2. 주식회사 ◉◉은행

　　　　　○○시 ○○구 ○○길 ○○(우편번호 ○○○-○○○)

　　　　대표이사 ◉◉◉

　　　　전화·휴대폰번호:

　　　　팩스번호, 전자우편(e-mail)주소:

신 청 취 지

위 사건에 대하여 ○○지방법원에서 20○○. ○. ○. 결정한 가압류 결정의 별지 목록 기재 가운데 제3채무자 주식회사 ◉◉은행에 개설한 채무자 ◇◇◇(주민등록번호 : ○○○○○○-○○○○○○○)의 예금 계좌 "○○○-○○-○○○○○○"를 "○○○-○○-○○○○◉◉"으로 경정한다.

라는 결정을 구합니다.

신 청 이 유

채권자는 위 가압류신청을 하면서 별지 목록 기재 채권의 표시 중 제3 채무자 주식회사 ◉◉은행에 대하여 채무자가 개설한 예금계좌번호를 잘못 기재한 것이므로 이를 경정하여 주시기 바라기에 이 신청을 합니다.

소명방법 및 첨부서류

1. 채권가압류결정문　　　　　　　　　1통
1. 별지목록　　　　　　　　　　　　　1통
1. 송달료납부서　　　　　　　　　　　1통

20○○. ○. ○.

위 채권자 ○○○ (서명 또는 날인)

○○지방법원　귀중

[별　지]

가압류할 채권의 표시

1. 제3채무자 ■■운송사업조합연합회에 대하여,
   청구채권 금 10,000,000원
   채무자 ◇◇◇(주민등록번호 : ○○○○○○-○○○○○○○)가 제3
   채무자 ■■운송사업조합연합회로부터 수령하는 복지금, 수익금 등
   배당금 가운데 2분의 1씩 위 금액에 이르기까지의 금액.
2. 제3채무자 주식회사 ◉◉은행에 대하여,
   청구채권 금 10,000,000원
   채무자(주민등록번호 : ○○○○○○-○○○○○○○)가 제3채무자
   (취급점 : ◉◉지점)에 대하여 가지는 입금되어 있거나 장래 입금될
   다음 예금채권[다만, 채무자의 1개월간 생계유지에 필요한 예금으로
   민사집행법 시행령이 정한 금액에 해당하는 경우에는 이를 제외한 나
   머지 금액]중 다음에서 기재한 순서에 따라 위 청구금액에 이를 때까
   지의 금액.

                    - 다   음 -

1. 압류·가압류되지 않은 예금과 압류·가압류된 예금이 있는 때에는 다
   음 순서에 따라서 가압류한다.
   가. 선행 압류·가압류가 되지 않은 예금
   나. 선행 압류·가압류가 된 예금
2. 여러 종류의 예금이 있는 때에는 다음 순서에 의하여 가압류한다.
   1) 보통예금   2) 당좌예금   3) 정기예금   4) 정기적금   5) 별단
   예금   6) 저축예금   7) MMF   8) MMDA   9) 적립식펀드예금
   10)신탁예금   11)채권형예금   12)청약예금
3. 같은 종류의 예금이 여러 계좌에 있는 때에는 계좌번호가 빠른 예금
   부터 가압류한다. 끝.

■ 채권의 가압류가 있는 경우 제3채무자가 이행지체책임을 면하는
지요?

Q. 저는 회사의 경리담당직원입니다. 퇴직한 동료직원의 임금
   및 퇴직금이 그들의 채권자에게 가압류만 되었기에 지급금
   의 2분의1을 채권자나 퇴직직원 누구에게도 지급할 수 없

어 보류하고 있던 중 퇴직금 지급기일을 넘겼습니다. 이
경우 이자를 지급해야 하는지요?

A. 채권의 가압류는 제3채무자가 채무자에게 지급하는 것을
금지할 뿐 채무 그 자체를 면하게 하는 것이 아니고, 그
채권의 이행기가 도래한 때 제3채무자는 그 지체책임을 면
할 수 없습니다(대법원 1994. 12. 13. 선고 93다951 판결).
그렇다고 제3채무자가 채무자에게 변제를 한 때에는 나중
에 채권자에게 이중으로 변제하여야 할 위험을 부담하게
되므로, 제3채무자는 어떻게 해야 이중변제의 위험에서 벗
어나고 이행지체의 책임도 면할 수 있는지 문제됩니다.
「민사집행법」제248조 제1항은 "제3채무자는 압류에 관련
된 금전채권의 전액을 공탁할 수 있다."라고 규정하여 채
권자가 경합하지 아니하더라도 공탁을 할 수 있도록 하고,
이는 같은 법 제291조이 가압류의 경우에도 준용하고 있
어, 제3채무자는 압류 경합 여부와 상관없이 가압류에 관
련된 금전채권을 공탁할 수 있습니다.
그렇다면 귀하 회사는 「민사집행법」제291조 및 제248조
제1항에 의하여 공탁을 하여야 이행지체책임을 면할 수 있
고, 이 경우 공탁서의 피공탁자란에는 가압류채무자를, 공
탁근거 법령조항은 같은 법 제291조 및 제248조 제1항을
기재하고, 가압류결정문 사본, 공탁통지서, 필요한 우표 등
을 첨부하여 공탁을 한 후 즉시 공탁서를 첨부하여 그 내
용을 서면으로 가압류발령법원에 신고하여야 합니다.
이 경우 가압류채권자는 가압류를 본압류로 전이하는 압류
명령을 받아 집행법원의 지급위탁에 의하여 공탁금 출급을

청구할 수 있고, 피공탁자(가압류채무자)는 가압류명령이 취소, 신청 취하 등으로 인하여 실효된 경우, 공탁통지서와 가압류가 실효되었음을 증명하는 서면을 첨부하여 공탁공무원에게 공탁금 출급을 청구할 수 있고(2003. 12. 17. 행정예규 제528호, 제3채무자의 권리공탁에 관한 업무처리절차), 가압류 효력이 미치지 않는 부분에 대하여는 변제공탁의 예에 따라 피공탁자(가압류채무자)가 공탁을 수락하고 출급을 청구할 수 있으며, 공탁자도 회수 청구할 수 있습니다.

■ **채권가압류 후 채무자가 제3채무자를 상대로 한 이행의 소 제기가 가능한지요?**

Q. 갑은 을이 병에 대해 가지고 있는 채권을 가압류하였습니다. 이 경우에 을이 병에게 이행을 구하는 소를 제기할 수 있는지요?

A. 대법원은 위와 같은 사안에서, "일반적으로 채권에 대한 가압류가 있더라도 이는 채무자가 제3채무자로부터 현실로 급부를 추심하는 것만을 금지하는 것일 뿐 채무자는 제3채무자를 상대로 그 이행을 구하는 소송을 제기할 수 있고 법원은 가압류가 되어 있음을 이유로 이를 배척할 수 없다"고 판시 하였습니다.(대법원 2002. 4. 26. 선고 2001다59033 판결 참고.) 왜냐하면 가압류채무자인 을도 채무명의를 취득할 필요가 있고 또는 시효를 중단할 필요도 있는 경우가 있을 것이므로 허용할 필요성이 있고 제3채무자인

병은 이행을 명하는 판결이 있더라도 집행단계에서 이를 저지하면 되기 때문입니다. 따라서, 을은 이행소송을 제기할 수 있고 다만 승소판결을 받더라도 위 가압류가 해제되지 않는 이상 강제집행을 할 수 없습니다.

8-2. 제3채무자에 대한 진술최고의 효력

① 제3채무자에 대한 진술최고에 따른 제3채무자의 진술은 단순한 사실에 불과하고 채무의 승인으로는 볼 수 없어 그 자체만으로는 아무런 구속력이 없습니다.

② 제3채무자가 고의 또는 과실로 허위의 진술을 함으로써 압류채권자가 손해를 입은 때에는 그 손해배상을 청구할 수 있습니다.

■ 채무자의 급여에 제3자의 압류 사실 등이 있는지 알 수 없을까요?

Q. 채권자 A는 채무자 B의 급여를 가압류하려 합니다. 채무자 B의 급여에 제3자의 압류 사실 등이 있는지 알 수 없을까요?

A. 채권자 A는 채무자 B의 급여를 가압류함에 있어서 제3채무자(주식회사 C)에게 채권을 인정하는지, 인정한다면 그 한도, 그 채권에 대하여 다른 사람으로부터 청구가 있는지 및 청구가 있다면 그 청구의 종류 등을 진술하게 하는 "제3채무자에 대한 진술최고"(민사집행법 제237조)를 통해 가압류한 채권에 대한 궁금증을 해소할 수 있습니다.

■ 명예퇴직수당을 받을 경우에 이를 가압류할 수 있을까요?

Q. 채무자가 다니던 회사를 그만두면서 명예퇴직수당을 받는
다고 하는데, 이를 가압류할 수 있을까요?

A. 가압류할 수 있습니다.

퇴직위로금이나 명예퇴직수당도 민사집행법 제246조제1항
제5호에 따른 퇴직금과 그 밖에 이와 비슷한 성질을 가진
급여채권에 해당합니다. 따라서 명예퇴직수당의 2분의 1의
범위에서 가압류 할 수 있습니다.

급료, 연금, 봉급, 상여금, 퇴직연금, 그 밖에 이와 비슷한
성질을 가진 급여채권의 경우에는 2분의 1에 해당하는 금
액에 대해서만 가압류가 가능합니다. 다만, 국민기초생활보
장법에 따른 최저생계비를 감안하여 일정액이 제한됩니다.
가압류가 가능한 급여채권의 범위는 다음과 같습니다.

월 급여	가압류 가능한 급여채권의 범위
150만원 이하	전액 압류 금지
150만원 초과 300만원 이하	150만원을 제외한 나머지
300만원 초과 600만원 이하	월급여의 1/2 초과금액
600만원 초과	300만원 + [(급여 × 1/2 - 300만원) × 1/2]을 제외한 나머지

(관련판례 1)

퇴직위로금이나 명예퇴직수당은 그 직에서 퇴임하는 자에
대하여 그 재직중 직무집행의 대가로서 지급되는 후불적
임금으로서의 보수의 성질을 아울러 갖고 있다고 할 것이
므로 퇴직금과 유사하다고 볼 것이고, 따라서 이들은 「민
사소송법」 제579조제4호의 압류금지채권인 퇴직금 그 밖

의 유사한 급여채권에 해당한다(대법원 2006. 6. 8.자 2000
마1439 결정).

(관련판례 2)

지방공무원법 제66조의2제1항, 지방공무원 명예퇴직수당
등 지급 규정 제3조, 제4조, 제5조, 제7조 등의 규정에 비
추어 보면, 20년 이상 근속한 공무원이 그 정년퇴직일 전
1년 이상의 기간 중 자진 퇴직하는 때에는 예산상 부득이
하여 그 지급대상범위와 인원이 제한되는 경우 및 위 지급
규정 제3조 제3항에 정해진 결격사유가 없는 한 명예퇴직
수당 지급신청을 하여 그 지급을 받을 수 있으므로, 20년
이상 근속한 지방공무원의 경우에는 명예퇴직수당의 기초
가 되는 법률관계가 존재하고 그 발생근거와 제3채무자를
특정할 수 있어 그 권리의 특정도 가능하며 가까운 장래에
발생할 것이 상당 정도 기대된다고 할 것이어서, 그 공무
원이 명예퇴직수당 지급대상자로 확정되기 전에도 그 명예
퇴직수당 채권에 대한 압류가 가능하다고 할 것이고, 그
공무원이 명예퇴직 및 명예퇴직수당 지급신청을 할지가 불
확실하다거나 예산상 부득이한 경우 그 지급대상범위가 제
한될 수 있다는 것 때문에 그것이 가까운 장래에 발생할
것이 상당 정도 확실하지 않다고 볼 것은 아니다(대법원
2001. 9. 18. 자 2000마5252 결정).

**[서식 예] 가압류를 본압류로 이전하는 채권압류 및 추심명령신청
(가압류금액이 같을 경우)**

(가압류를 본압류로 이전하는)
채권압류 및 추심명령신청

채 권 자 ○○○(주민등록번호)
　　　　　　○○시 ○○구 ○○길 ○○(우편번호)
　　　　　　전화·휴대폰번호:
　　　　　　팩스번호, 전자우편(e-mail)주소:
채 무 자 주식회사◇◇
　　　　　　○○시 ○○구 ○○길 ○○(우편번호)
　　　　　　대표이사 ◇◇◇
　　　　　　전화·휴대폰번호:
　　　　　　팩스번호, 전자우편(e-mail)주소:
제3채무자　　대한민국
　　　　　　위 법률상 대표자 법무부장관 ■■■
　　　　　　(소관 : ○○지방법원 공탁공무원)

청구채권의 표시 : 금 ○○○○○원
 1. 금 ○○○○○원
　○○지방법원 20○○가소○○○ 임금청구사건의 집행력 있는 조정
　조서정본에 기초한 금액
 2. 금 ○○○○원
　위 금원에 대한 20○○. ○. ○.부터 20○○. ○. ○.까지 연 ○
　○%의 비율에 의한 지연손해금
 3. 금 ○○○원(집행비용)

내역 : 금 ○○○원(신청서 첩부인지대)
　　　　금 ○○○원(송달료)
　　　　금 ○○○원(집행문부여신청인지대)
 4. 합계 금 ○○○○○원(1＋2+3)
본압류로 이전하는 압류 및 추심 할 채권의 표시
 별지목록 기재와 같습니다.

신　청　취　지

1. 채권자와 채무자 사이의 ○○지방법원 20○○카단○○○ 채권가압
   류결정에 의한 별지목록 기재 채권에 대한 가압류는 이를 본압류로
   이전한다.
2. 제3채무자는 위 채권을 채무자에게 지급하여서는 아니 된다.
3. 채무자는 위 채권을 영수하거나 기타 처분을 하여서는 아니 된다.
4. 위 압류된 채권은 채권자가 추심할 수 있다.
라는 재판을 구합니다.

신　청　원　인

1. 채권자는 채무자에 대하여 임금청구채권이 있어서 이의 집행보전을
   하기 위하여 ○○지방법원 20○○카단○○○호로서 채권가압류집
   행을 한 뒤 같은 법원　20○○가소○○○호로서 소제기하여 채권
   자 승소판결이 내려진바 있습니다.
2. 그러나 채무자는 위 채권가압류에 대하여 금 ○○○○원을 ○○지
   방법원 20○○년 금 제○○○호로 해방공탁하고 집행취소결정을
   받았으므로 그 해방공탁금을 추심하여 변제에 충당하고자 이 사건
   신청에 이른 것입니다.

첨　부　서　류

1. 가압류결정정본　　　　　　　　　　　1통
1. 가압류결정송달증명원　　　　　　　　1통
1. 집행력있는 판결정본　　　　　　　　　1통
1. 판결정본송달증명원　　　　　　　　　1통
1. 송달료납부서　　　　　　　　　　　　1통

20〇〇.　〇.　〇.

위 채권자　〇〇〇 (서명 또는 날인)

〇〇지방법원　귀중

[별 지]

본압류로 이전하는 압류 및 추심 할 채권의 표시

금 〇〇〇〇원

채권자의 〇〇지방법원 20〇〇카단〇〇〇 채권가압류집행에 대하여 채무자가 제3채무자에게 20〇〇년 금 제〇〇〇호로써 해방공탁한 공탁금 회수청구채권 가운데 위 금액에 이르기까지의 금액. 끝.

(관련판례)

채권자가 금전채권의 가압류를 본압류로 전이하는 압류 및 추심명령을 받아 본집행절차로 이행한 후 본압류의 신청만을 취하함으로써 본집행절차가 종료한 경우, 특단의 사정이 없는 한 그 가압류집행에 의한 보전 목적이 달성된 것이라거나 그 목적달성이 불가능하게 된 것이라고는 볼 수 없으므로 그 가압류집행의 효력이 본집행과 함께 당연히 소멸되는 것은 아니라고 할 것이니, 채권자는 제3채무자에 대하여 그 가압류집행의 효력을 주장할 수 있음(대법원 2000. 6. 9.
선고 97다34594 판결).

제5절 그 밖의 재산권에 대한 가압류 신청

채권자는 채무자의 제3자에 대한 유체동산 인도청구권, 부동산인도
청구권, 골프회원권, 스포츠회원권, 콘도회원권, 유체동산에 대한 공
유지분권, 특허권, 실용신안권, 상표권, 디자인권, 저작권 등의 지식
재산권(저작인격권은 제외), 합명·합자·유한회사의 사원권, 조합권
의 지분권, 주식발행 전의 주식이나 신주인수권, 예탁유가증권, 전세
권 등에 대한 가압류를 신청할 수 있습니다.

[서식 예] 도메인 가압류신청서

<table>
<tr><td>

도 메 인 가 압 류 신 청

채 권 자　○○○ (000000-0000000)
　　　　　○○시 ○○구 ○○길 ○○(우편번호 ○○○-○○○)
　　　　　전화·휴대폰번호:
　　　　　팩스번호, 전자우편(e-mail)주소:
채 무 자　주식회사 ◇◇◇ (000000-0000000)
　　　　　○○시 ○○구 ○○길 ○○(우편번호 ○○○-○○○)
　　　　　대표이사 ◇◇◇
　　　　　전화·휴대폰번호:
　　　　　팩스번호, 전자우편(e-mail)주소:

</td></tr>
</table>

제3채무자 주식회사 ㅁㅁㅁ (000000-0000000)

       ㅇㅇ시 ㅇㅇ구 ㅇㅇ길 ㅇㅇ(우편번호 ㅇㅇㅇ-ㅇㅇㅇ)

       대표이사 ㅁㅁㅁ

       전화·휴대폰번호:

       팩스번호, 전자우편(e-mail)주소:

청구채권의 표시

금 ㅇㅇㅇ원(채권자가 채무자에 대하여 가지는 임금청구채권)

가압류하여야할 도메인의 표시

별지 제1목록 기재와 같습니다.

신 청 취 지

1. 채권자의 채무자에 대한 위 청구채권의 집행을 보전하기 위하여 채무자의 제3채무자에 대한 별지 제1목록 기재 도메인이름의 등록자로서의 일체의 권리를 가압류한다.
2. 채무자는 별지 제1목록 기재 도메인이름 등록자로서의 일체의 권리에 관하여 매매·양도 기타 일체의 처분을 하여서는 아니 된다.
3. 제3채무자는 채무자에게 별지 제1목록기재 도메인이름의 등록자로서의 일체의 권리에 대하여 양도를 승낙하거나, 채무자의 신청으로 별지 제1목록 기재 도메인이름 등록의 말소 또는 등록자변경을 해주어서는 아니된다.
4. 담보제공은 채권자가 ㅇㅇ보증보험주식회사와 체결한 지급보증위탁계약문서의 제출에 의한다.

라는 결정을 구합니다.

신 청 이 유

1. 채권자는 서울시 ○○구 ○○길 ○○번지 소재 "주식회사 ◇◇◇"
   라는 상호로 소프트웨어, 하드웨어 제조 및 개발업을 하는 채무자
   에게 고용되어 20○○. ○월부터 20○○. ○월까지 노무를 제공하
   다가 퇴사한 근로자입니다.
2. 그런데 채권자는 임금 10,000,000원과 위 근무기간 동안의 퇴직금
   5,000,000원 합계 금 15,000,000원을 지금까지 채무자로부터 지급
   받지 못하고 있습니다.
3. 그러므로 채권자는 채무자에 대하여 위 임금채권 금 15,000,000원을
   청구하고자 본안소송을 준비중에 있으나, 본안소송은 상당한 시일이
   소요되고, 그 동안 채무자는 .com/.net/.org의 국제 도메인 등록서비
   스를 하는 제3채무자에게 등록한 그 소유의 별지 제1목록 기재 도메
   인을 다른 사람에게 처분해버릴 가능성이 높습니다. 따라서 본안소송
   에서 승소판결을 받더라도 집행을 할 수 없게 될 우려가 있으므로 그
   집행을 보전하기 위하여 이 사건 신청을 하기에 이르렀습니다.
4. 한편, 채권자의 청구채권은 임금채권임을 감안하여 무공탁가압류명령을
   내려주시거나 경제적 여유가 없으므로 공탁보증보험증권(■■보증보
   험주식회사 증권번호 제○○호)을 제출하는 방법으로 할 수 있도
   록 허가하여 주시기 바랍니다.

소 명 방 법

　1. 소갑 제1호증　　　　　　　　　체불금품확인원
　1. 소갑 제2호증　　　　　　　　　사업소개서(제3채무자)

첨 부 서 류

1. 위 소명방법   1통

1. 부동산등기사항전부증명서   1통

1. 법인등기사항전부증명서   2통

1. 가압류신청진술서   1통

1. 송달료납부서   1통

20○○. ○. ○.

위 채권자 ○○○ (서명 또는 날인)

○○지방법원 ○○지원 귀중

[별 지 1]

가압류할 도메인의 표시

도메인 이름 : www.○○○○○.com.

등록인 :

등록인의 주소 :

사용종료일 :

도메인 등록대행자 :   끝.

[서식 예] 프로그램 가압류신청서

프로그램가압류신청

채 권 자   □ □ □ (주민등록번호 :   )

서울 □□구 □□길 □□□-□

채 무 자   주식회사 ○○○○○○

서울 ○○구 ○○길 ○○-○

대표이사 전 ○ ○

청구채권의 표시

금 ○○○○○○원(채권자가 채무자에 대하여 가지고 있는 임금 및 퇴직금
청구채권)

가압류할 프로그램의 표시

별지 제1목록 기재와 같습니다.

신 청 취 지

1. 채권자의 채무자에 대한 위 청구채권의 집행을 보전하기 위하여 채
   무자가 가지는 별지 제1목록 기재 각 프로그램을 가압류한다.
2. 채무자는 위 각 프로그램에 관하여 매매, 양도 그 밖의 일체의 처
   분을 하여서는 아니 된다.

라는 결정을 구합니다.

신 청 이 유

1. 당사자의 관계 및 피보전권리에 대하여

　　채무자는 소프트웨어 개발 및 공급 등을 목적으로 하는 회사이고, 채
   권자는 채무자와 근로계약을 체결한 후 2004. ○. ○.부터 2007. ○.
   ○.까지 소프트웨어개발팀장으로 노무를 제공하다 퇴직하였는데, 채무
   자로부터 임금 ○○○○○○원, 퇴직금 ○○○○○원 합계 금 ○○
   ○○○○원을 현재까지도 지급받지 못하고 있습니다(소갑 제1호증).

2. 보전의 필요성에 대하여

　　그러므로 채권자는 임금청구의 소를 제기하려고 준비 중이나 본안
   소송은 오랜 시일이 소요되고, 채무자는 별지목록 기재의 각 프로그

- 273 -

램 외에는 집행 가능한 재산이 없으므로 지금 이를 곧 가압류하지 않으면 승소 후 강제집행의 목적을 달성하지 못할 우려가 있어 부득이 이 사건 신청에 이르게 된 것입니다.

3. 담보제공에 대하여

한편, 채권자는 경제적 여유가 없으므로 담보제공에 관하여는 민사집행법 제19조 제3항, 민사소송법 제122조에 의하여 보증보험주식회사와 지급보증위탁계약을 맺은 문서를 제출하는 방법으로 담보제공을 할 수 있도록 허가하여 주시기 바랍니다.

4. 등록촉탁처

한국저작권위원회 등록팀

주소 : 서울 강남구 개포로 619(개포동)

전화 : (02) 2660-0166

소 명 방 법

1. 소갑 제1호증　　　　　　　　　　　체불금품확인원

첨 부 서 류

1. 위 소명방법　　　　　　　　　　　　1통
1. 프로그램등록부　　　　　　　　　　3통
1. 법인등기사항전부증명서　　　　　　1통
1. 부동산등기사항전부증명서　　　　　1통
1. 가압류신청진술서　　　　　　　　　1통
1. 송달료납부서　　　　　　　　　　　1통

2013.　○.　○.

위 채권자　○　○　○　(서명 또는 날인)

○○지방법원 귀중

[별 지 1]

가압류할 프로그램의 표시

1. 프로그램등록번호 : 2000 -00-000-000000
   프로그램의 명칭(제호) : ◈ ◈ ◈
   프로그램창작연월일 : 2000. 0.   0.
   프로그램등록연월일 : 2000. 0.   0.
   프로그램 저작자 : (주) ○ ○ ○ ○ ○ ○
2. 프로그램등록번호 : 2000 -00-000-000000
   프로그램의 명칭(제호) : ◉ ◉ ◉
   프로그램창작연월일 : 2000. 0.   0.
   프로그램등록연월일 : 2000. 0.   0.
   프로그램 저작자 : (주) ○ ○ ○ ○ ○ ○
3. 프로그램등록번호 : 2000 -00-000-000000
   프로그램의 명칭(제호) : ■ ■ ■
   프로그램창작연월일 : 2000. 0.   0.
   프로그램등록연월일 : 2000. 0.   0.
   프로그램 저작자 : (주) ○ ○ ○ ○ ○ ○
- 이 상 -

1. 가압류목적물

① 가압류를 신청할 수 있는 그 밖의 재산권에는 채무자의 제3자에 대한 유체동산 인도청구권, 부동산인도청구권, 골프회원권, 스포츠회원권, 콘도회원권, 유체동산에 대한 공유지분권, 특허권, 실용신안권, 상표권, 디자인권, 저작권 등의 지식재산권(저작인격권은 제외), 합명·합자·유한회사의 사원권, 조합원의 지분권, 주식발행 전의 주식이나 신주인수권, 예탁유가증권, 전세권 등이 있습니다.

출자증권가압류신청

사   건 20○○즈단○○○호 채권가압류

채 권 자 1. ○①○

　　　　　　○○시 ○○구 ○○길 ○○(우편번호 ○○○-○○○)

　　　　　　　전화·휴대폰번호:

　　　　　　　팩스번호, 전자우편(e-mail)주소:

　　　　　2. ○②○

　　　　　　○○시 ○○구 ○○길 ○○(우편번호 ○○○-○○○)

　　　　　　　전화·휴대폰번호:

　　　　　　　팩스번호, 전자우편(e-mail)주소:

채 무 자 ◇◇기업주식회사

　　　　　　○○시 ○○구 ○○길 ○○(우편번호 ○○○-○○○)

　　　　　　대표이사 ◇◇◇

　　　　　　전화·휴대폰번호:

　　　　　　팩스번호, 전자우편(e-mail)주소:

제3채무자   ▣▣설비건설공제조합

　　　　　　○○시 ○○구 ○○길 ○○(우편번호 ○○○-○○○)

　　　　　　이사장 ▣▣▣

　　　　　　전화·휴대폰번호:

　　　　　　팩스번호, 전자우편(e-mail)주소:

청구채권의 표시

금 **14,000,000**원{채권자들이 채무자에 대하여 가지는 임금 등 청구채권(채권자 ○①○의 금 7,000,000원, 채권자 ○②○의 금 7,000,000원의 합계)

가압류하여야 할 출자증권의 표시

별지목록 기재와 같습니다.

신 청 취 지

1. 채권자들이 채무자에 대하여 가지는 위 청구채권의 집행을 보전하기 위하여 채무자가 제3채무자에 대하여 가지는 별지목록 기재의 출자증권에 기초한 조합원지분을 가압류한다.
2. 제3채무자는 채무자에게 위 지분에 관하여 이익금의 배당, 출자금의 반환, 잔여재산의 분배를 하여서는 아니 된다.
3. 채권자의 위임을 받은 집행관은 채무자로부터 별자목록 기재 출자증권을 수취하여 보관하여야 한다.

라는 판결을 구합니다.

신 청 이 유

1. 채무자는 건설설비업을 하는 법인이고 채권자 ○①○는 20○○. ○. ○.부터 20○○. ○. ○○.까지 대리로, 채권자 ○②○는 20○○. ○. ○.부터 20○○. ○○. ○.까지 현장관리인으로 각각 채무자에게 고용되어 근무하였습니다.
2. 채권자 ○①○는 근무기간 동안 채무자로부터 20○○. 8월분 임금 1,000,000원, 9월분 임금 1,000,000원, 10월분 임금 1,000,000원과 20○○. ○. ○.부터 20○○. ○. ○. 사이의 퇴직금 1,000,000원을 받지 못하였고, 20○○. ○. ○.부터 20○○. ○. ○.까지(365일)의 상여금 3,000,000원(기본급 금 1,000,000원과 연간 상여금300%를 받기로 하였으므로 이를 계산하면, 금 1,000,000원×300%×365/365)의 합계 **금 7,000,000원**을 지급 받지 못하고 있습니다.
3. 채권자 ○①○는 근무기간 동안 채무자로부터 퇴직금 1,000,000원과 20○○. ○. ○.부터 20○○. ○. ○.까지(730일)의 상여금

6,000,000원(기본급 금 1,000,000원과 연간 상여금 300%를 받기로 하였으므로 이를 계산하면, 금 1,000,000원×300%×730/365)의 합계 **금 7,000,000원**을 지급 받지 못하고 있습니다.

4. 채권자들은 위 임금을 받기 위하여 채무자를 ㅁㅁ노동지방사무소에 신고하자 채무자는 상여금을 먼저 우선 지급하여 주겠다고 하여 이를 제외하자 상여금은 물론 그 이후의 임금까지 미지급하고 있는 상태입니다.

5. 채무자는 일부의 근로자들에게는 위 상여금을 지급하였으나 최근에는 공사대금 수금이 되지 않는다는 등 이런 저런 핑계를 대면서 임금을 지급하지 않고 있어 채권자들은 임금청구의 소송을 제기하고자 하나 이는 많은 시일이 걸리고 채무자가 언제 이행할지 기대할 수 없고 별지목록 기재 출자증권을 가압류하지 않으면 강제집행의 목적을 달성할 수 없을 것이므로 우선 집행보전을 위하여 이 사건 신청에 이른 것입니다.

6. 한편, 채권자들은 장기간 급여를 받지 못하고 취업을 제대로 하지 못해 생계에 적지 않는 어려움이 있으므로 이 사건 담보제공은 무공탁으로 할 수 있도록 허가하여 주시거나, 민사집행법 제19조 제3항, 민사소송법 제122조에 의하여 보증보험주식회사와 지급보증위탁계약을 맺은 문서를 제출하는 방법으로 담보제공을 할 수 있도록 허가하여 주시기 바랍니다.

소 명 방 법

1. 소갑 제1호증   체불금품확인원
1. 소갑 제2호증   사실확인서

첨 부 서 류

```
      1. 위 소명방법                  각 1통
      1. 법인등기사항증명서              2통
      1. 송달료납부서                   1통


                          20○○.  ○.  ○.
                  위 채권자 1. ○①○ (서명 또는 날인)
                         2. ○②○ (서명 또는 날인)

○○지방법원  귀중
```

```
[별  지]

              가압류할 출자증권의 표시


채무자가 제3채무자에 대하여 가지고 있는 출자금의 증권
1. 출자 1좌금 : ○○○원
2. 출 자 좌 수 : ○○○좌. 끝.
```

2. 유체동산의 인도 또는 권리이전청구권에 대한 가압류

2-1. 인도청구권 가압류

채권자는 채무자에게 그의 책임재산이 될 유체동산의 인도청구권이 있거나 제3자가 권리이전채무를 지고 있는 때 인도청구권 자체를 가압류 할 수 있습니다.

2-2. 피보전권리

피보전권리는 매입한 상품의 인도청구권 또는 무기명주식의 신주발행 시 그 인도청구권 등을 그 예로 들 수 있습니다.

3. 부동산 등의 인도 또는 권리이전청구권에 대한 가압류

채무자에게 제3자에 대한 부동산인도청구권이 있거나 소유권이전등
기청구권 등 부동산에 관한 권리이전청구권이 있는 경우 채권자는
채무자의 위 청구권을 가압류 할 수 있습니다(민사집행법 제242조
및 제244조).

4. 전세권 등에 대한 가압류

4-1. 피보전권리가 인정되는 재산권

다음과 같은 재산권도 피보전권리가 인정되어 가압류의 대상이 되
며, 가압류 신청할 수 있습니다.

① 골프회원권, 스포츠회원권, 콘도회원권

② 유체동산에 대한 공유지분권

③ 특허권, 실용신안권, 상표권, 디자인권, 저작권 등의 지식재산권
(저작인격권은 제외)

④ 합명·합자·유한회사의 사원권, 조합권의 지분권

⑤ 주식발행 전의 주식이나 신주인수권

⑥ 예탁유가증권

⑦ 전세권 등

전세권이 있는 채권가압류신청

채 권 자 ○○○

    ○○시 ○○구 ○○길 ○○(우편번호 ○○○-○○○)

    전화·휴대폰번호:

    팩스번호, 전자우편(e-mail)주소:

채 무 자 ◇◇◇

    ○○시 ○○구 ○○길 ○○(우편번호 ○○○-○○○)

    전화·휴대폰번호:

    팩스번호, 전자우편(e-mail)주소:

제3채무자 ◉◉◉

    ○○시 ○○구 ○○길 ○○(우편번호 ○○○-○○○)

    전화·휴대폰번호:

    팩스번호, 전자우편(e-mail)주소:

청구채권의 표시 : 금 25,000,000원(낙찰계계금채권 또는 계금상당의 손해배상 합의금채권)

가압류할 전세권이 있는 채권의 표시 : 별지 제1목록 기재와 같습니다.

신 청 취 지

1. 채무자의 제3채무자에 대한 별지 제1목록 기재의 전세권이 있는 채권을 가압류한다.

2. 제3채무자는 채무자에게 위의 채권에 관한 지급을 하여서는 아니
   된다.
   라는 결정을 구합니다.

신 청 이 유

1. 피보전권리

  가. 채권자는 시각장애인으로서 19ㅇㅇ. ㅇ. ㅇ. 채무자가 조직하여 운
     영하는 낙찰계 2구좌에 가입하여 1구좌당 각 금 500,000원씩 불
     입하여 그 가운데 1구좌는 낙찰금을 받았으나, 나머지 1구좌는
     20ㅇ. ㅇ. ㅇ.까지 총 61회 합계 금 30,500,000원을 불입하여 3
     회만 더 불입하면 낙찰금 50,000,000원을 수령하게 되어 있었음
     에도 불구하고 계금을 받은 계원들의 계불입금 미납으로 인하여
     파계가 되는 바람에 낙찰금도 받지 못하고 불입한 계금도 반환
     받지 못하였습니다.

  나. 그런데 위와 같이 낙찰계가 깨진 이유는 위 낙찰계를 관리하던 채
     무자가 계금 낙찰자에 대하여는 담보를 설정한 뒤 낙찰금을 지급
     한다는 계운영규칙에 위배하여 담보설정 없이 낙찰금을 지급하였
     기 때문입니다. 이에 채권자가 채무자를 업무상배임죄로 고소하여
     수사진행과정에서 채권자와 채무자는 채무자가 채권자에게 채권
     자가 기 불입한 계불입금 원금 30,500,000원에 이에 대한 이자
     금 9,500,000원을 합한 금 40,000,000원을 지급하기로 합의하고
     고소취하를 한 사실이 있고, 그 결과 채무자가 기소유예처분을
     받았습니다. 위와 같은 사실에 대한 증거로 각서(소갑 제1호증)가
     있는바, 위 각서에는 원금 30,500,000원만 기재되어 있으나 위
     각서에 기재된 금액 외에 이자로 금 9,500,000원을 지급하기로
     구두상 합의한 사실이 있습니다.

  다. 따라서 채무자는 채권자에게 위와 같이 손해배상에 관한 합의에 따

른 약정금 으로써 또는 계주로서의 계금 40,000,000원을 지급할 의
무가 있음에도 그 가운데 금 15,000,000원만 지급하고 나머지 금
25,000,000원을 지급하지 않고 있으므로 채권자는 그 지급을 구하
기 위하여 소송준비중에 있습니다.

2. 보전의 필요성

별지 제1목록 기재 전세금채권은 채무자의 유일한 재산인바, 채무자
가 이를 다른 사람에게 양도하거나 전세권설정자로부터 수령하는 경
우 채권자는 본안소송에서 승소하더라도 소송의 실익을 거둘 수 없
으므로 그 집행보전을 위하여 이 사건 가압류신청을 하고자 합니다.

3. 담보제공

이 사건 담보제공은 공탁보증보험증권(■■보증보험주식회사 증권
번호 제○○호)을 제출하는 방법으로 할 수 있도록 허가하여 주시
기 바랍니다.

소 명 방 법

1. 소갑 제1호증	고소장
1. 소갑 제2호증	공소부제기이유고지서
1. 소갑 제3호증	각서
1. 소갑 제4호증	부동산등기사항증명서

첨 부 서 류

1. 위 소명방법	각 1통
1. 가압류신청진술서	1통
1. 송달료납부서	1통

2000. 0. 0.

위 채권자 ○○○ (서명 또는 날인)

○○지방법원 귀중

[별 지 1]

가압류할 전세권이 있는 채권의 표시

금 25,000,000원(낙찰계계금채권 또는 계금상당의 손해배상 합의금채권) 및 위 금액에 대하여 20○○. ○. ○.부터 다 갚는 날까지 연 20%의 비율에 의한 지연손해금

단, 채무자가 제3채무자에 대하여 가지는 아래 표시 부동산에 관한 ○○지방법원 19○○. ○. ○. 접수 제○○○호 전세권설정등기에 기초한 전세금반환채권 금 300,000,000원 가운데 위 청구채권에 이르기까지의 금액.

- 아   래 -

1. ○○시 ○○구 ○○동 ○○ 대 229.8㎡
2. 위 지상
   철근콘크리트조 슬래브지붕 근린생활시설(공중목욕탕) 및 주택
   1층 114.08㎡
   2층 114.08㎡
   3층 95.64㎡
   지하층 75.64㎡. 끝.

4-2. 가압류 절차 일반

① 전세권 등에 대한 가압류는 금전채권의 압류에 관한 규정(민사집행법 제223조부터 제227조까지)을 준용합니다.

② 가압류신청서에는 가압류할 권리를 명백하게 적으면 되고, 그 존재를 증명할 필요까지는 없습니다. 다만, 임차권과 같이 임대인(제3

채무자)의 승낙이 있어야 가압류가 가능할 것은 그 승낙의 존재를 증명하는 자료를 제출해야 합니다(법원행정처, 법원실무제요 민사집행Ⅳ).

③ 이상은 그 밖의 재산권에 대한 가압류 신청에서 특이한 피보전권리 및 그 대상만을 언급하였습니다.

(관련판례 1)

자동차운수사업법에 따르면, 인가를 받아 자동차운수사업의 양도가 적법하게 이루어지면 그 면허는 당연히 양수인에게 이전되는 것일 뿐, 자동차운수사업을 떠난 면허 자체는 자동차운수사업을 합법적으로 영위할 수 있는 자격에 불과하므로, 자동차운수사업자의 자동차운수사업면허는 법원이 강제집행의 방법으로 이를 압류하여 환가하기에 적합하지 않은 것이다(대법원 1996.9.12.선고 96마1088 판결).

(관련판례 2)

건설업법 제6조, 제7조, 제9조, 제16조의2, 제13조, 제15조에 따르면, 건설부장관의 인가를 받아 건설업의 양도가 적법하게 이루어지면 건설업면허는 당연히 양수인에게 이전되는 것일 뿐, 건설업을 떠난 건설업면허 자체는 건설업을 합법적으로 영위할 수 있는 자격에 불과한 것으로서 양도가 허용되지 아니하는 것이라 할 것이므로, 결국 건설업자의 건설업면허는 법원이 강제집행의 방법으로 이를 압류하여 환가하기에는 적합하지 아니한 것이라 할 것이다(대법원 1994. 12. 15. 선고 94마1802 판결).

[서식 예] 채권가압류신청서(손해배상채권으로 회원권에 대하여)

채 권 가 압 류 신 청

채 권 자   ○○○ (주민등록번호)

　　　　　○○시 ○○구 ○○길 ○○(우편번호)

　　　　　전화·휴대폰번호:

　　　　　팩스번호, 전자우편(e-mail)주소:

채 무 자   ○○○ (주민등록번호)

　　　　　○○시 ○○구 ○○길 ○○(우편번호)

　　　　　전화·휴대폰번호:

　　　　　팩스번호, 전자우편(e-mail)주소:

제3채무자   ◇◇주식회사

　　　　　○○시 ○○구 ○○로 ○○(우편번호)

　　　　　대표이사　◆◆◆

　　　　　전화·휴대폰번호:

　　　　　팩스번호, 전자우편(e-mail)주소:

청구채권의 표시 : 5,000,000원

피보전권리의 요지 : 채권자가 채무자에 대하여 가지는 손해배상 청구 채
권

가압류할 채권의 표시 : 별지 목록 기재와 같음

신 청 취 지

1. 채무자의 제3채무자에 대한 별지 기재의 회원권을 가압류한다.

2. 제3채무자는 위 회원권에 대하여 예탁금을 반환하거나 채무자의 청구

에 의하여 명의변경 그 밖의 일체의 변경절차를 하여서는 아니된다.

3. 채무자는 위 회원권에 대하여 예탁금의 반환을 청구하거나 매매, 양도, 질권의 설정 그 밖의 일체의 처분행위를 하여서는 아니된다.

신 청 원 인

1. 채권자는 대리운전 기사이고, 채무자는 자신의 승용차를 운전하기 위하여 채권자를 대리운전 기사로 불렀던 손님입니다. 채무자는 20○○. ○. ○. 전남 ○○길에 있는 자신의 주거지 인근 도로에서 자신의 승용차를 대리 운전하던 채권자의 오른쪽 가슴을 손으로 만져 채권자를 강제로 추행하였습니다.

2. 채권자는 대리운전 근무 중 야간에 손님으로부터 추행을 당하여 매우 큰 정신적 충격을 입었고, 그로 인하여 우울증 증세 및 두려움을 호소하여 생업이던 대리운전마저 그만두는 등 극심한 고통을 받았습니다. 따라서 이 사건 불법행위의 경위 및 결과, 채무자의 전적인 고의·과실 등을 고려하면 채권자의 정신적 손해는 5,000,000원으로 정함이 상당하다고 할 것입니다.

3. 채권자는 채무자를 상대로 위 채권의 지급을 구하는 본안소송을 준비하고 있습니다. 그런데 소송이 진행 도중에라도 채무자가 재산을 은닉·처분할 우려가 있는바, 만일 채무자가 재산을 은닉, 처분할 경우 후일 채권자가 채무자를 상대로 한 본안소송에서 승소한다 하더라도 강제집행이 곤란 내지 불가능하게 될 염려가 있으므로 그 집행보전을 위하여 이 사건 가압류신청에 이르렀습니다.

4. 위 가압류에 대한 담보의 제공에 대하여는 채권자가 범죄피해자이고 형편이 어려운 점을 감안하시어 별도의 공탁 등을 하지 않고도 가압류를 할 수 있도록 허가하여 주시거나, 채권자가 채무자를 위하여 담보를 제공함에 있어 민사집행법 제19조 제3항에 의하여 준용되는 민사소송

　법 제122조에 의한 지급보증위탁계약체결문서를 제출하는 방법으로 담보제공할 수 있도록 결정하여 주시기 바랍니다.

소　명　방　법

1. 소갑 제1호증　　　　　　　　　　　　　형사판결문
1. 소갑 제2호증　　　　　　　　　　　　　진단서

첨　부　서　류

1. 위 소명방법　　　　　　　　　　　　　각 1통
1. 법인등기사항증명서　　　　　　　　　　2통
1. 부동산등기사항증명서　　　　　　　　　1통
1. 송달료납부서　　　　　　　　　　　　　1통

20○○. ○. ○.

위 채권자　○○○　(서명 또는 날인)

○○지방법원　귀중

[별 지]

목　　록

금 5,000,000원
채무자가 제3채무자에 대하여 가지는 제3채무자가 경영하고 있는 콘도미니엄 및 시설이용에 아래와 같이 회원입회계약을 체결하여 채무자가 제3채무자에게 회원권 취득을 위한 입회비를 예치한 후, 아래와 같이 가지고 있는 콘도회원권 및 시설이용권.
(단, 위 계약기간만료 및 해지 시 채무자가 제3채무자로부터 받을 위 예

치금에 대한 반환청구채권)

아   래

1 원소속:○○리조트/○○○ (30박)
2. 이용구분:○○○형
3. 가입자명:주식회사 ○○○ (○○○-○○-○○○○)

(관련판례)

피고 회사에 의하여 운영되는 컨트리클럽의 골프개인회원권은 입회희망자가 피고 회사 이사회의 입회승인을 얻어 입회금을 납입함으로써 취득하게 되며 재산적 가치를 갖는 계약상의 지위로서 자유로이 양도할 수 있으나 그 회칙상 회원자격심사위원회의 심의와 이사회의 승인을 얻은 후 소정의 수수료를 납부하도록 되어 있다면, 그 회원권의 양수인이 위 이사회의 승인을 얻지 못한 단계에서는 그 회원권 양도양수계약은 계약당사자 사이에서만 효력이 있을뿐 피고 회사나 제3자에 대한 관계에서는 양수인이 아직 회원으로서의 지위를 취득하지 못하여 여전히 양도인이 회원권자라고 할 수 밖에 없고, 그 양도인의 채권자는 양도인이 보유하는 회원권이나 또는 회원으로서의 지위에서 피고 회사에 대하여 가지는 입회금반환청구권을 가압류할 수 있을 것이며 그 가압류후에는 그 회원권의 양수인이 피고 회사 이사회의 승인을 얻어 회원의 지위를 취득하였더라도 위 가압류채권자에 대해서는 그 회원권 취득의 효력을 주장할 수 없다(대법원 1989. 11. 10. 선고 88다카19606 판결).

[서식 예] 광업권 가압류신청서(대여금채권을 원인으로)

광업권가압류신청

채 권 자 ○○○

　　　　○○시 ○○구 ○○길 ○○(우편번호 ○○○-○○○)

　　　　전화·휴대폰번호:

　　　　팩스번호, 전자우편(e-mail)주소:

채 무 자 ◇◇◇

　　　　○○시 ○○구 ○○길 ○○(우편번호 ○○○-○○○)

　　　　광업원부상 주소 ○○시 ○○구 ○○길 ○○-○○○

　　　　전화·휴대폰번호:

　　　　팩스번호, 전자우편(e-mail)주소:

청구채권의 표시

금 ○○○원(채권자가 20○○. ○. ○. 채무자에게 대여한 대여금)

가압류할 광업권의 표시

별지 제1목록 기재와 같습니다.

신 청 취 지

1. 채권자의 채무자에 대한 위 청구채권의 집행을 보전하기 위하여 채무자가 가지는 별지 제1목록 기재 광업권을 가압류한다.
2. 채무자는 위 광업권에 관하여 매매, 양도 그 밖의 일체의 처분을 하여서는 아니 된다.

라는 결정을 구합니다.

신 청 이 유

1. 채권자는 20○○. ○. ○. 채무자에게 금 ○○○원을 대여하였고,
   이에 대한 이자는 연 ○○%, 변제기는 20○○. ○○. ○.로 정하였
   습니다. 그런데 채무자는 현재까지 위 돈을 변제하지 않고 있습니
   다.

2. 그러므로 채권자는 채무자에 대하여 위 금전소비대차약정에 따른
   대여금채권 금 ○○○원과 20○○. ○. ○○.부터 다 갚을 때까
   지 약정이자 및 약정이자에 상당하는 지연손해금을 청구하고자 본
   안소송을 준비중에 있으나, 본안소송은 상당한 시일이 소요되고,
   그 동안 채무자는 그 소유의 별지 제1목록 기재 광업권을 다른 사
   람에게 처분해버릴 가능성이 높습니다. 따라서 본안소송에서 승소
   판결을 받더라도 집행을 할 수 없게 될 우려가 있으므로 그 집행
   을 보전하기 위하여 이 사건 신청을 하기에 이르렀습니다.

3. 한편, 채권자는 경제적 여유가 없으므로 담보제공에 관하여는 민사집
   행법 제19조 제3항, 민사소송법 제122조에 의하여 보증보험주식회
   사와 지급보증위탁계약을 맺은 문서를 제출하는 방법으로 담보제
   공을 할 수 있도록 허가하여 주시기 바랍니다.

소 명 방 법

1. 소갑 제1호증   차용증서

첨 부 서 류

1. 위 소명방법   1통

1. 광업원부등본   1통

1. 가압류신청진술서   1통

1. 송달료납부서   1통

                        20○○. ○. ○.

                    위 채권자 ○○○ (서명 또는 날인)

○○지방법원 ○○지원 귀중

[별 지 1]

가압류할 광업권의 표시

광업권등록번호 : 제○○○호

소   재   지 : ○○시 ○○구 ○○길 ○○

광 업 지 적 : ○○지적 ○○호

광   종   명 : 금광

면   적 : ○○○㎡

광업권의 존속기간 : 20○○. ○. ○.부터 20○○. ○○. ○○.까지 만

                ○○년

가압류할 광업권 : 채무자 ○○○지분. 끝.

제4장 가압류 신청 심리 및 재판

제1절 가압류 신청 심리

① 가압류 신청서에는 소장에 관한 규정이 준용되므로 심리에 앞서 재판장은 신청서의 형식적 적법 여부를 심사하고 신청서에 흠이 있는 경우 상당한 기간을 정하여 보정을 명하며 채권자가 보정하지 않거나 보정이 불가능한 경우에는 재판장은 명령으로 신청서를 각하합니다.
② 가압류는 변론을 열지 않고 서면심리에 의해서만 재판할 수도 있고 변론을 거쳐 재판할 수도 있습니다.

1. 신청사건의 형식적 심사

① 가압류 신청서에는 소장에 관한 규정이 준용되므로 심리에 앞서 재판장은 신청서의 형식적 적법 여부를 심사합니다(민사집행법 제23조제1항 및 민사소송법 제254조).
② 재판장은 신청서에 흠이 있는 경우 상당한 기간을 정하여 보정을 명하고, 채권자가 보정하지 않거나 보정이 불가능한 경우 명령으로 신청서를 각하합니다(민사소송법 제254조제1항).
③ 소명자료를 적지 않았거나 신청서에 인용한 소명자료의 증본 또는 사본을 붙이지 않은 경우라도 이를 제출하도록 명할 수는 있으나 불이행을 이유로 신청서를 각하할 수는 없습니다(민사소송법 제254조제4항).

④ 가압류의 경우 가압류신청진술서를 첨부하지 않았거나 고의로 진술사항을 누락하거나 허위로 진술한 내용이 발견된 경우에는 특별한 사정이 없는 한 보정명령 없이 신청이 기각될 수 있습니다(보전처분 신청사건의 사무처리요령 제3조 및 전산양식 A4705).

⑤ 보정명령 송달 등으로 인한 시간절약을 위하여 재판장은 법원사무관 등을 통해 구두로 보정을 명하고, 즉시 보정하지 않으면 보전명령서를 송달하고 있습니다.

2. 신청사건의 실질적 심사

2-1. 변론의 요부

① 가압류는 변론을 열지 않고 서면심리에 의해서만 재판할 수도 있고 변론을 거쳐 재판할 수도 있습니다(민사집행법 제280조제1항).

② 가압류에서 원칙상 변론기일 또는 심리기일을 여는 경우. 가압류의 이의신청에 대한 재판(민사집행법 제286조)

2. 가압류이유가 소멸되거나 그 밖에 사정이 바뀐 것을 이유로 한 취소신청에 대한 재판(민사집행법 제288조제1항제1호)

3. 법원이 정한 담보를 제공한 것을 이유로 한 취소신청에 대한 재판(민사집행법 제288조제1항제2호)

4. 가압류가 집행된 뒤에 3년간 본안의 소를 제기하지 않은 것을 이유로 한 취소신청에 대한 재판(민사집행법 제288조제1항제3호)

③ 가압류의 경우 실무상 서면심리만으로 심리를 하고, 이것으로 불충분한 경우에 심문절차를 열고 있으나 변론을 거치는 경우는 거의 없습니다.

2-2. 서면심리

서면심리의 경우에도 순전히 서면 만에 의하여 심리하기도 하고 심문절차를 거치기도 합니다(민사집행법 제23조제1항 및 민사소송법 제134조제2항).

2-3. 입증과 그 대용

① 가압류 절차에서의 신청 이유 등은 증명 대신 소명(疏明)으로 합니다(민사집행법 제279조제2항). 소명이란 증명보다 낮은 정도의 개연성으로 법관으로 하여금 확실할 것이라는 추측을 얻게 한 상태 또는 그와 같은 상태에 이르도록 증거를 제출하는 당사자의 노력을 말합니다.

② 소명의 방법에는 제한이 없습니다. 그러나 소명은 즉시 조사할 수 있는 증거에 의해야 합니다(민사소송법 제299조제1항).

③ 소명이 없거나 부족할 때에 법원은 당사자 또는 법정대리인으로 하여금 보증금을 공탁하게 하거나 그 주장이 진실하다는 것을 선서하게 하여 소명을 대신할 수 있습니다(민사소송법 제299조제2항).

④ 소명 대신 행한 선서 후 진술이 거짓임이 밝혀진 때에는 법원의 결정에 따라 200만원 이하의 과태료를 부과받습니다(민사소송법 제301조).

⑤ 과태료를 부과받은 경우 과태료 부과결정에 대하여 즉시항고를 할 수 있습니다(민사소송법 제302조).

■ 가압류를 신청하면 법정에 출두하여 신청이유 등에 대해서 진술해야 하나요?

Q, 가압류를 신청하면 법정에 출두하여 신청 이유 등에 대해

서 진술해야 하나요?

A. 가압류는 변론을 열지 않고 서면심리에 의해서만 재판할 수도 있고 변론을 거쳐 재판할 수도 있습니다. 또한, 서면심리의 경우에도 순전히 서면으로만 심리하기도 하고 심문절차를 거치기도 합니다.

실무상 가압류는 서면심리만으로 심리를 하고, 이것으로 불충분한 경우에 심문절차를 열고 있으나 변론을 거치는 경우는 거의 없습니다.

따라서 실무상 심문절차에 따라 법원에서 판사의 질문에 답변할 수 있으나, 판결의 기초가 될 사실과 증거를 직접 구술을 통해 변론해야 하는 경우는 거의 없습니다.

◇ 신청 형식에 대한 심사

① 가압류 신청서에는 소장에 관한 규정이 준용되므로 심리에 앞서 재판장은 신청서의 형식이 적법한 지를 심사합니다.

② 재판장은 신청서에 흠이 있는 경우 상당한 기간을 정하여 보정을 명하는데, 이에 대해 보정하지 않거나 보정이 불가능한 경우에는 신청을 각하합니다.

③ 소명자료를 적지 않았거나 신청서에 인용한 소명자료의 등본 또는 사본을 붙이지 않은 경우라도 이를 제출하도록 명할 수는 있으나 불이행을 이유로 신청서를 각하할 수는 없습니다.

◇ 신청 내용에 대한 심사

① 가압류는 변론을 열지 않고 서면심리로만 재판할 수도 있고, 변론을 거쳐 재판할 수도 있습니다.

② 서면심리로만 재판할 때에는 순전히 서면으로만 심리하기도 하고 변론이 아닌 단순 심문절차를 거치기도 합니다.
◇ 가압류 사건에서 원칙상 변론기일 또는 심리기일을 여는 경우
① 가압류의 이의신청에 대한 재판
② 가압류 이유가 소멸되거나 그 밖에 사정이 바뀐 것을 이유로 한 가압류 취소신청에 대한 재판
③ 법원이 정한 담보를 제공한 것을 이유로 한 가압류 취소신청에 대한 재판
④ 가압류가 집행된 뒤에 채권자가 3년간 본안의 소를 제기하지 않은 것을 이유로 한 가압류 취소신청에 대한 재판

제2절 가압류 재판

1. 담보제공명령

① 법원은 가압류로 생길 수 있는 채무자의 손해에 대하여 채권자에게 담보제공을 명령할 수 있습니다.
② 법원은 통상 가압류 명령에 앞서 보통 3일에서 5일 사이의 일정한 기간을 정하여 담보제공명령을 발합니다(법원행정처, 법원실무제요 민사집행Ⅳ).
③ 법원의 담보제공명령을 발한 후 담보제공명령을 받은 채권자가 그 결정에 정하여진 기일(보통 7일) 내에 담보를 제공하지 않으면 법원은 신청을 각하하게 되며, 담보제공이 되면 가압류 명령을 발하

게 됩니다(민사집행법 제280조제3항 및 민사소송법 제219조).

1-1. 담보제공의 필요성

가압류는 피보전권리의 존부에 관한 확정적인 판단 없이 소명으로 사실을 인정하고 채무자의 재산을 동결하는 것이기 때문에 채무자는 때에 따라서 아무런 의무 없이 손해를 입게 되는 수가 있습니다. 따라서 비교적 간이한 절차에 따라 채권자에게 채권보전수단을 마련해 주는 대신 나중에 그 가압류가 잘못된 것으로 밝혀질 경우 채무자가 그 손해를 쉽게 회복할 수 있도록 담보를 마련해 두는 것이 형평에 적합합니다.

1-2. 담보제공의 방법

① 담보의 제공은 금전 또는 유가증권을 공탁(供託)한 후 공탁서 사본을 법원에 제출하거나 금융기관 또는 보험회사와 지급보증위탁계약을 체결한 후 그 보증서(지급보증위탁계약체결문서, 이하 "공탁보증보험증권"이라 함) 원본을 법원에 제출하는 방법으로 합니다(민사소송법 제122조, 민사집행규칙 제204조, 민사소송규칙 제22조제2항 및 지급보증위탁계약체결문서의 제출에 의한 담보제공과 관련한 사무처리요령 제4조제1항).

② 채권자가 부동산·자동차·건설기계·소형선박 또는 금전채권에 대한 가압류신청(급여채권·영업자예금채권의 경우는 제외)을 하는 경우에는 법원의 담보제공명령이 없더라도 미리 담보제공을 신청(이하 "선담보제공"이라 함)할 수 있습니다(민사집행규칙 제204조).

권리행사최고에 의한 담보취소신청

신청인 ○○○(주민등록번호)

　　　○○시 ○○구 ○○길 ○○(우편번호 ○○○-○○○)

　　　전화·휴대폰번호:

　　　팩스번호, 전자우편(e-mail)주소:

피신청인 ◇◇◇(주민등록번호)

　　　○○시 ○○구 ○○길 ○○(우편번호 ○○○-○○○)

　　　전화·휴대폰번호:

　　　팩스번호, 전자우편(e-mail)주소:

신 청 취 지

위 당사자간 (　　　사건번호기재　　　)호 사건에 대하여 신청인(피신청인)이 손해담보로서 귀원 공탁공무원에게　년　월　일에 공탁한 금　　　원(금제　　　호)에 관하여, 피신청인에게 일정한 기간내 권리를 행사하도록 최고하여 주시고, 만약 피신청인이 그 기간 동안 권리를 행사하지 않을 경우에는 담보취소결정을 하여 주시기 바랍니다.

신 청 이 유

1. 신청인은 피신청인에 대하여 대여금청구채권이 있어 그 채권의 집행
　 보전을 위하여 피신청인 소유 부동산에 대하여 귀원 20○○카단○

○○호로서 부동가압류신청을 할 때 위 신청취지기재와 같이 보증공탁을 한 후 가압류집행을 한 바 있으나 신청인이 피신청인을 상대로 제기한 같은 사건의 본안소송인 귀원 20○○가합○○○호 대여금청구사건이 20○○. ○. ○. 신청인의 패소판결이 선고되고 신청인의 항소포기로 이 판결이 확정되었습니다.

2. 따라서 이 사건 부동산가압류신청사건의 보증공탁은 그 사유가 소멸되었다 할 것이므로 신청인은 담보사유소멸로 인한 담보취소결정을 구하고자 하는데, 그동안 피신청인이 위 부동산가압류로 인한 손해배상발생이 있다면 위 신청취지의 공탁금에 대하여 권리행사할 것을 최고한 후 그 권리행사가 없을 때에는 이 사건 담보의 취소결정을 구하기 위하여 이 사건 신청에 이른 것입니다.

첨 부 서 류

1. 공탁서	1통
1. 판결정본	1통
1. 확정증명원	1통
1. 송달료납부서	1통

20○○. ○. ○.

위 신청인 ○○○ (날인)

○○지방법원　귀중

[서식 예] 즉시항고권 포기서(담보취소결정)

즉시항고권포기서

신청인 ○○○(주민등록번호)

　　　　○○시 ○○구 ○○길 ○○(우편번호 ○○○-○○○)

　　　　전화·휴대폰번호:

　　　　팩스번호, 전자우편(e-mail)주소:

피신청인 ◇◇◇(주민등록번호)

　　　　○○시 ○○구 ○○길 ○○(우편번호 ○○○-○○○)

　　　　전화·휴대폰번호:

　　　　팩스번호, 전자우편(e-mail)주소:

　위 당사자 사이의 귀원 20○○카담○○호 담보취소신청사건에 관하여,
귀원의 담보취소결정에 대하여 피신청인은 즉시항고권을 포기합니다.

첨　　부 : 인감증명서　　1통

20○○.　○.　○.

위 피신청인　◇◇◇　(날인)

○○지방법원　귀중

■ 담보로 공탁된 현금을 담보제공자 발행의 당좌수표로 변환이
허용되는지요?

Q. 甲은 乙이 제기한 금전청구소송에서 패소하여 항소제기 하
　여 항소심진행 중인데, 乙은 가집행이 선고된 제1심 판결

에 기하여 甲의 부동산에 강제경매신청을 하였습니다. 이
에 甲은 강제경매를 정지시키기 위하여 집행정지신청을 하
여 현금을 공탁하고 강제집행정지명령을 받아 경매절차를
정지시켰습니다. 그런데 이 경우 甲발행의 당좌수표로 담
보물을 변경할 수는 없는지요?

A. 소송비용의 담보물의 변환에 관하여 민사소송법 제126조는
"법원은 담보제공자의 신청에 따라 결정으로 공탁한 담보
물을 바꾸도록 명할 수 있다. 다만, 당사자가 계약에 의하
여 공탁한 담보물을 다른 담보로 바꾸겠다고 신청한 때에
는 그에 따른다."라고 규정하고 있고, 민사집행법 제19조
제3항은 민사소송법 제126조의 규정을 특별한 규정이 있
는 경우를 제외하고는 민사집행법에 규정된 담보제공에도
준용하도록 규정하고 있습니다.

그런데 법원이 공탁담보물의 변환을 명함에 있어 새로운
담보물의 종류 및 수량에 대한 재량의 한계에 관하여 판례
는 "법원은 담보제공자의 신청에 의하여 상당하다고 인정
할 때에는 공탁한 담보물의 변환을 명할 수가 있는 것이
고, 신 담보물을 어떠한 종류와 수량의 유가증권으로 할
것인가는 법원의 재량에 의하여 정하여지는 것이라 할 것
이나, 법원은 이로 인하여 담보권리자의 이익이나 권리가
침해되지 않도록 원래의 공탁물에 상당한 합리적인 범위
내에서 결정하여야 할 것인바, 공탁할 유가증권은 담보로
하여야 할 성질상 환가가 용이하지 아니하거나 시세의 변
동이 심하여 안정성이 없는 것은 부적당하다고 할 것이
다."라고 하였으며, 담보로 공탁된 현금을 담보제공자 발행

의 당좌수표로 변환하는 것이 허용되는지에 관하여 판례는 "본래의 현금공탁에 대신하여 공탁담보물의 변환을 구하는 담보제공자 발행의 당좌수표는 금융기관 발행의 수표와는 달리 그 지급 여부가 개인의 신용에 의존하는 것으로서 환가가 확실하다고 볼 수 없으므로 공탁할 유가증권이 되기에 적절하지 못하다."라고 하였습니다(대법원 2000. 5. 31.자 2000그22 결정).

따라서 위 사안에 있어서도 甲은 甲발행의 당좌수표로 담보물을 변경할 수는 없을 것으로 보입니다.

1-3. 담보액의 산정

① 담보로 제공할 금액은 법원의 재량에 의해 결정되며, 그 산정기준은 청구채권액을 기준으로 가압류의 종류에 따라 다릅니다(법원행정처, 법원실무제요 민사집행Ⅳ).

② 담보액 산정의 기준은 법원마다 다르나, 평균적인 것을 예시하면 다음과 같습니다(법원행정처, 법원실무제요 민사집행Ⅳ).

보전처분의 종류	산정기준	목적물		
		부동산(자동차·건설기계)	유체동산	채권 그 밖의 재산권
가압류	청구채권액	1/10	4/5(청구금액의 2/5 이상은 현금공탁)	2/5(급여·영업자 예금채권은 1/5 이상 현금공탁)

2. 지급보증위탁계약체결문서(공탁보증보험증권)의 제출에 의한 담보제공

2-1. 공탁보증보험증권 제출 허가신청

① 공탁보증보험증권을 제출하는 방법으로 담보를 제공하기 위해서는 법원으로부터 허가를 받아야 합니다(지급보증위탁계약체결문서의 제출에 의한 담보제공과 관련한 사무처리요령 제3조제1항).

② 가압류 신청서를 작성할 때 공탁보증보험증권 제출 허가 신청을 함께 하는 경우 : 가압류 신청서의 신청이유에서 다음과 같은 취지의 문구를 적고 판사의 허가결정이 있는 등본을 지참하여 지급보증위탁계약을 체결합니다.

<기재례>

신 청 이 유

<중 략>

4. 이 사건 명령신청에 대한 담보제공에 관하여는 민사집행법 제19조제3항, 민사소송법 제122조에 의하여 보증보험주식회사와 지급보증위탁계약을 맺은 문서를 제출하는 방법으로 담보제공을 할 수 있도록 허가하여 주시기 바랍니다.

③ 담보제공명령 후 따로 공탁보증보험증권 제출 허가 신청을 하는 경우 : 지급보증위탁계약체결문서의 제출에 의한 담보제공의 허가신청서 2통을 법원에 제출하고, 판사의 허가결정이 있는 등본을 지참하여 지급보증위탁계약을 체결합니다.

<기재례>

지급보증위탁계약체결문서의 제출에 의한 담보제공의 허가신청

채 권 자

채 무 자

위 당사자 사이의 귀원 20 카단 부동산가압류신청사건에 관하여 채권
자는 금OOO원의 담보제공을 명령받았는바, 민사집행법 제19조 제3
항, 민사소송법 제122조에 의하여 지급보증위탁계약을 맺은 문서를 제
출하는 방법으로 담보를 제공할 것을 허가하여 주시기 바랍니다.

20 . . .
채권자 ((인) 또는 서명)

OO지방법원 귀중

위 신청을 허가함.

20 . . .
판 사 (인)

2-2. 지급보증위탁계약체결(공탁보증보험가입)

① 보험가입

법원으로부터 받은 보증서 제출 허가서를 지참하여 (주)서울보증보
험을 방문하여 "공탁보증보험"에 가입합니다.

② 보험계약자격(서울보증보험, 공탁보증보험 상품요약서)

미성년자, 피성년후견인, 피한정후견인 등 단독으로 법률행위가 불가
능한 자는 보험계약을 체결할 수 없습니다. 다만, 친권자 또는 법정
대리인의 동의가 있는 경우에는 단독으로 보험계약을 체결할 수 있
습니다. 신용불량거래처로 등록되어 있는 개인 또는 법인은 공탁보
증보험 가입이 제한될 수 있습니다.

③ 보증보험료 납부(서울보증보험, 공탁보증보험 상품요약서)

공탁보증보험에 가입하려는 자는 공탁금액에 보험요율을 곱한 납입
보험료를 납부해야 합니다.

납입보험료 = 공탁금액(보증금액) × 보험요율

2-3. 담보제공신고

① 보증계약을 체결한 채권자는 담보제공 신고서를 작성하여 보험 증권 원본과 함께 해당 재판부에 제출합니다.

② 담보제공신고에 있어 정해진 서식이 있는 것은 아니지만 다른 법원에 보낼 때 편의성 등을 위해 다음과 같은 표지를 작성하여 제출하면 좋습니다.

담보제공 신고서

사 건 20○○카단○○○○ 부동산가압류
채 권 자 ○○○
채 무 자 ○○○

위 사건에 관하여 채권자는 별첨과 같이 담보제공을 하였기에 신고합니다.

첨 부 서 류

1. 담보제공명령문사본   1통
2. 지급보증위탁계약체결문서   1통

20○○. ○. ○.
채권자 ○ ○ ○ (인)

○○지방법원 민사신청과 ○○단독 귀중

■ 담보취소결정 확정 전 담보권리자 권리행사 증명 시 담보취소결정은 어떻게 되는지요?

Q. 甲은 乙이 제기한 금전청구소송 1심에서 패소하고 항소를

제기하였으나, 항소심진행 중 乙은 가집행이 선고된 제1심 판결에 기하여 甲의 부동산에 강제경매신청을 하였습니다. 이에 甲은 강제집행정지신청을 하여 현금을 공탁하고 강제집행정지명령을 받아 경매절차를 정지시켰으나 항소심에서도 패소하여 위 부동산 강제경매가 다시 진행되었습니다. 乙은 위 부동산의 매각대금에서 금전채권을 전부 변제받을 수 있을 줄 알고 甲의 권리행사최고에 의한 담보취소신청의 소정의 기간 내에 권리행사를 하지 않아 담보취소결정이 되었습니다. 이에 乙은 담보취소결정에 대한 즉시항고를 하면서, 그때서야 甲을 상대로 손해배상청구의 소를 제기하고 소제기증명원을 제출했습니다. 이 경우 담보취소결정은 어떻게 되는지요?

A. 민사소송법 제125조 제3항은 "소송이 완결된 뒤 담보제공자가 신청하면, 법원은 담보권리자에게 일정한 기간 이내에 그 권리를 행사하도록 최고하고, 담보권리자가 그 행사를 하지 아니하는 때에는 담보취소에 대하여 동의한 것으로 본다."라고 규정하고 있고, 이는 민사집행법 제19조 제3항에 의하여 민사집행절차의 담보에 관하여 준용하고 있습니다.

그런데 민사소송법 제125조 제3항에 따른 담보취소결정이 발하여진 후 그 결정이 확정되기 전에 담보권리자가 권리행사를 하고 이를 증명한 경우, 그 담보취소결정을 유지할 수 있는지에 관하여 판례는 "민사소송법 제475조(현행 민사집행법 제19조)에 의하여 준용되는 민사소송법 제115조(현행 민사소송법 제125조) 제3항이 소송의 완결 후 담보제공자의 신청에 의하여 법원이 담보권리자에 대하여 일정한 기간 내에 그 권리를 행사할 것을 최고하고, 그 기간 내에 담보권리자가 권리행사를 하지 아니하는 때에는 담보취소에 관하여 담보권리자의 동의가 있는 것으로 간주하여 법원이 담보취소결정을 할 수 있다고 규정하고 있지만, 그 담보취소결정이 확정되기 전에 담보권리자가 권리행사를 하고 이것을 증명한 경우에는 담보권리자가 담보취소에 동의한 것으로 간주하여 발하여진 담보취소결정은 그대로 유지할 수 없게 되었다고 해석함이 상당하고, 이는 재항고심에 이르러 비로소 권리행사를 하면서 이를 증명하는 서면을 제출한 경우에도 마찬가지라고 할 것이다."라고 하였습니다(대법원 2000. 7. 18.자 2000마2407 결정).

따라서 위 사안에서 담보취소결정은 취소될 것으로 보이고, 乙이 甲을 상대로 한 손해배상청구 소송결과에 따라 甲이 공탁금을 회수할 수 있을지 결정될 것으로 보입니다.

2-4. 보증보험료 환급

① 채권자는 다음과 같은 사유가 발생한 경우 법원으로부터 보증보험증서를 반환받아 보증료(보험료)를 전부 또는 일부를 환급받을 수 있습니다(지급보증위탁계약체결문서의 제출에 의한 담보제공과 관련한 사무처리요령 제6조제6항).

 1. 법원이 담보제공에 대하여 불허가결정을 하고 현금공탁을 명한 경우
 2. 가압류신청이 각하·기각된 경우
 3. 법원이 담보금액을 감액한 경우

  4. 채권자가 가압류신청을 취하한 경우

  5. 가압류집행이 미집행되거나 집행불능된 경우

② 보증보험료를 반환받으려는 자는 담당 법원공무원(가압류 신청계 공무원)으로부터 보증보험증서 원본 아래에 다음과 같은 기재를 받아야 합니다(지급보증위탁계약체결문서의 제출에 의한 담보제공과 관련한 사무처리요령 제6조제6항).

OO 보험주식회사 △△지점 귀하

다음과 같은 사유로 지급보증위탁계약 원인이 전부 또는 일부 소멸되어 귀사가 발행한 보증서(공탁보증보험증권)가 담보로 전부 또는 일부 제공되지 아니하였으므로 채권자가 보증료(보험료)를 환급받을 수 있도록 하여 주시기 바랍니다.

- 다음 -

▨ 불허가 ▨ 각하·기각 ▨ 감액(금 원) ▨ 취하
▨ 미집행 ▨ 집행불능

20 . . .

법원사무관 ○ ○ ○

3. 현금공탁

3-1. 금전공탁서 제출 및 공탁

① 법원으로부터 현금공탁명령을 받은 경우 금전공탁서(재판상의 보증)를 작성하여, 담보제공명령을 받은 법원의 공탁소의 공탁관에게 담보제공명령서와 공탁서 2부를 제출합니다(공탁규칙 제20조제1항).

② 수리된 공탁서 중 1부를 받아 법원이 지정한 은행에 공탁금을 납부합니다(공탁규칙 제26조제1항).

3-2. 담보제공신고

① 공탁을 한 채권자는 수리된 공탁서 사본(원본 지참)을 해당 재판부에 제출하고 담보제공사실을 신고해야 합니다.

② 담보제공신고에 있어 정해진 서식이 있는 것은 아니지만 다른 법원에 보낼 때 편의성 등을 위해 다음과 같은 표지를 작성하여 제출하면 좋습니다.

담보제공 신고서

사 건 20○○카단○○○○ 부동산가압류
채 권 자 ○○○
채 무 자 ○○○
위 사건에 관하여 채권자는 별첨과 같이 담보제공을 하였기에 신고합니다.

첨 부 서 류

   1. 담보제공명령문사본   1통
   2. 금전공탁서(재판상의보증) 원본대조필   1통

20○○. ○. ○.

채권자 ○ ○ ○ (인)

○○지방법원 민사신청과 ○○단독 귀중

■ 법원에 가압류 신청을 하였더니, 담보제공명령을 받았는데 담보제공명령이 무엇인가요?

Q. 법원에 가압류 신청을 하였더니, 법원으로부터 담보제공명령을 받았습니다. 담보제공명령이 무엇인가요?

A. 가압류는 피보전권리의 존부에 관한 확정적인 판단 없이 소명으로 사실을 인정하고 채무자의 재산을 동결하는 것이기 때문에 채무자는 때에 따라서 아무런 의무 없이 손해를

입게 되는 수가 있습니다.

따라서 비교적 간이한 절차에 따라 채권자에게 채권보전수단을 마련해 주는 대신 나중에 그 가압류가 잘못된 것으로 밝혀질 경우 채무자가 그 손해를 쉽게 회복할 수 있도록 담보를 마련해 두는 것이 형평에 적합합니다.

이에 따라 법원은 가압류로 생길 수 있는 채무자의 손해를 쉽게 회복해주기 위해 가압류 신청자에게 담보를 제공하도록 명령할 수 있습니다.

담보의 제공은 ① 금전 또는 유가증권을 공탁한 후 공탁서 사본을 법원에 제출하거나(현금공탁) ② 금융기관 또는 보험회사와 지급보증위탁계약을 체결한 후 그 보증서(지급보증위탁계약체결문서 또는 공탁보증보험증권) 원본을 법원에 제출하는 방법으로 할 수 있습니다. 통상 법원이 담보제공명령을 할 때 담보제공 방법을 지정해 줍니다.

■ 무담보가압류신청에 대하여 담보제공명령 시 그에 대한 불복방법은 어떤 절차가 있나요?

Q. 甲은 사용자 乙에 대한 임금채권에 대하여 乙의 집행가능한 재산인 부동산을 보전하기 위하여 乙의 부동산에 대한 부동산가압류결정을 구하는 신청을 하면서, 임금채권의 집행을 보전하기 위한 것이므로 담보를 제공하지 아니하고 가압류할 수 있도록 해주기를 신청하였습니다. 그런데 법원은 현금으로 담보를 제공하라는 담보제공명령을 하였습니다. 이 경우 법원의 담보제공명령에 불복할 수 있는 방법이 있는지요?

A. 가압류명령에 관하여 민사집행법 제280조는 "①가압류신청에 대한 재판은 변론 없이 할 수 있다. ②청구채권이나 가압류의 이유를 소명하지 아니한 때에도 가압류로 생길 수 있는 채무자의 손해에 대하여 법원이 정한 담보를 제공한 때에는 법원은 가압류를 명할 수 있다. ③청구채권과 가압류의 이유를 소명한 때에도 법원은 담보를 제공하게 하고 가압류를 명할 수 있다. ④담보를 제공한 때에는 그 담보의 제공과 담보제공의 방법을 가압류명령에 적어야 한다."라고 규정하고 있습니다.

그리고 무담보의 가압류결정을 구하는 신청에 대하여 법원이 일정한 액수의 담보를 제공하는 것을 조건으로 가압류를 명할 경우 그에 대하여 불복하는 방법에 관하여 구 민사소송법(2002. 1. 26. 법률 제6626호로 개정되기 전의 것)하의 판례는 "무담보의 가압류결정을 구하는 신청에 대하여 법원이 일정한 액수의 담보를 제공하는 것을 조건으로 가압류를 명하는 경우, 이는 실질적으로 가압류신청에 대한 일부 기각의 재판과 같은 성격을 가지는 것이므로, 신청인으로서는 위 일부 기각부분(담보를 조건으로 명한 부분)에 대하여 불복할 이익을 갖는다고 할 것이고, 담보의 수액이 지나치게 과다하다고 다투는 경우도 마찬가지로 보아야 할 것인데, 이 때 담보를 제공할 것을 명한 부분을 다투거나 담보의 수액이 지나치게 많다고 하여 다툴 수 있는 방법은 법률상 다른 특별한 규정이 없는 이상 가압류신청의 일부 또는 전부가 기각이나 각하 된 경우와 마찬가지로 통상의 항고로써 다툴 수 있다."라고 하였습니다(대법원

2000. 8. 28.자 99그30 결정).

그런데 민사집행법 제281조 제2항은 "채권자는 가압류신청을 기각하거나 각하 하는 결정에 대하여 즉시항고를 할 수 있다."라고 규정하고 있습니다.

따라서 위 사안의 경우 甲이 법원의 담보제공명령에 불복하려면 '담보를 조건으로 명한 부분'(가압류명령의 기각부분)에 대하여 즉시항고를 제기하여야 할 것으로 보입니다.

제3절 가압류 명령

① 가압류 명령의 효력은 그 재판이 고지된 때에 발생합니다. 다만, 집행력은 채권자에게 고지되면 채무자에 대하여 고지가 없더라도 발생합니다.

② 가압류 명령의 효력은 피보전권리의 보전목적 범위 내에서 잠정적·가정적으로만 발생하고 피보전권리나 계쟁 법률관계의 존부를 확정하는 효력은 없습니다. 따라서 가압류 채권자는 채권자평등의 원칙에 따라 우선변제권이 없고 다른 다수의 채권자가 존재하는 경우 함께 배당을 받아야 합니다.

1. 가압류 재판의 고지─결정서 송달

① 다음에 대한 결정은 결정의 이유 등을 적은 결정서를 당사자에게 송달하는 방법으로 합니다(민사집행규칙 제203조, 제203조의3 및 제203조의4).

1. 가압류의 신청

2. 가압류의 신청을 기각 또는 각하한 결정에 대한 즉시항고

3. 가압류에 대한 이의신청

4. 가압류의 취소신청

5. 가압류에 대한 이의신청 및 취소신청에 관한 결정에 대한 즉시항고

② 담보제공명령, 가압류의 신청을 기각하거나 각하하는 재판과 가압류 신청을 기각 또는 각하한 결정에 대한 즉시항고를 기각하거나 각하하는 재판은 채무자에게 고지할 필요가 없으므로(민사집행법 제281조제3항) 결정서를 송달하지 않아도 됩니다.

③ 가압류 집행은 그 재판을 채무자에게 송달하기 전에도 할 수 있으므로(민사집행법 제292조제3항) 집행착수 후에 채무자에게 송달하는 것이 실무상 관례입니다.

④ 가압류 재판에 대한 집행은 채권자에게 재판을 고지하거나 송달한 날부터 2주를 넘긴 때에는 하지 못합니다(민사집행법 제292조제2항).

[서식 예] 가압류결정문 등본 교부신청서

가압류결정문등본교부신청

사   건   20○○카단○○○○호 부동산가압류

채 권 자   ○○○

채 무 자   ◇◇◇

　위 사건에 관하여 채권자는 그 가압류결정문등본 1부를 교부하여

주실 것을 신청합니다.

20○○. ○. ○.

위 채권자 ○○○ (서명 또는 날인)

○○지방법원 귀중

2. 가압류 명령의 효력

① 가압류 명령의 효력은 그 재판이 고지된 때에 발생합니다. 다만, 집행력은 채권자에게 고지되면 채무자에 대하여 고지가 없더라도 발생합니다(민사집행법 제292조제3항).

② 가압류 명령에 대한 경정결정이 있는 경우 당초의 가압류 명령이 고지된 때에 소급하여 경정된 내용의 가압류 명령의 효력이 발생하는 것이 원칙입니다(법원행정처, 법원실무제요 민사집행Ⅳ). 다만, 제3채무자의 입장에서 볼 때 객관적으로 경정결정이 당초의 채권가압류결정의 동일성에 실질적으로 변경을 가하는 것일 경우에는 경정결정이 제3채무자에게 송달된 때에 비로소 경정된 내용의 채권가압류결정의 효력이 발생합니다(대법원 2001. 7. 10. 선고 2000다72589 판결).

③ 가압류 명령의 효력은 피보전권리의 보전목적 범위 내에서 잠정적·가정적으로만 발생하고 피보전권리나 계쟁 법률관계의 존부를 확정하는 효력은 없습니다. 따라서 가압류 채권자는 채권자평등의 원칙에 따라 우선변제권이 없고 다른 다수의 채권자가 존재하는 경우 함께 배당을 받아야 합니다.

④ 가압류 명령을 발령한 법원은 스스로 이를 취소·철회할 수 없습니다. 다만, 기각·각하결정에 대한 즉시항고나 이용결정에 대한 이의

신청이 제기된 때에는 그 재판을 한 법원이 스스로 취소 또는 변경할 수 있습니다(민사집행법 제23조제1항, 민사소송법 제446조 및 민사집행법 제286조제5항).

⑤ 가압류 명령은 채권자에게 고지되면 즉시 집행력이 생기며(민사집행법 제292조제3항), 당사자의 승계가 없는 한 집행문을 부여받을 필요가 없습니다(법원행정처, 법원실무제요 민사집행Ⅳ).

⑥ 가압류 신청 기각·각하결정은 이에 대한 즉시항고 기간의 경과나 즉시항고 기각·각하재판에 의하여 확정되고, 가압류신청 인용결정은 이에 대한 이의신청 재판의 확정에 의하여 형식적 확정력이 발생합니다(법원행정처, 법원실무제요 민사집행Ⅳ).

■ 살고 있는 집이 가압류된 경우에 곧바로 집이 경매로 넘어가는 건가요?

Q. 살고 있는 집이 가압류됐습니다. 이제 곧바로 집이 경매로 넘어가는 건가요?

A. 그렇지는 않습니다.

가압류 결정과는 별도로 채권자가 본안 소송을 제기하여 승소해야 비로소 경매절차를 진행할 수 있습니다. 따라서 해당 주택에 대한 가압류 결정이 내려졌다 하더라도 그것만으로는 곧바로 주택에 대한 경매가 진행되는 것은 아닙니다.

가압류 명령의 효력은 피보전권리의 보전목적 범위에서 잠정적, 가정적으로만 발생합니다. 피보전권리나 계쟁 법률관계의 존부를 확정하는 효력은 없습니다.

가압류 명령의 효력은 그 재판 결과가 고지된 때에 발생합니다. 다만, 집행력은 채권자에게 고지되면 채무자에 대하여 고지가 없더라도 발생합니다.

(관련판례)

채권압류 및 전부명령의 경정결정이 확정된 경우에는 처음부터 경정된 내용의 압류 및 전부명령이 있었던 것과 같은 효력이 있으므로, 당초의 결정 정본이 제3채무자에게 송달된 때에 소급하여 경정된 내용의 압류 및 전부명령결정의 효력이 발생하는 것이 원칙이나, 경정결정이 그 허용한계 내의 적법한 것인 경우에 있어서도 제3채무자의 입장에서 볼 때에 객관적으로 경정결정이 당초의 결정의 동일성에 실질적으로 변경을 가하는 것이라고 인정되는 경우에는 경정결정이 제3채무자에게 송달된 때에 비로소 경정된 내용의 결정의 효력이 발생한다고 보는 것이 제3채무자 보호의 견지에서 타당하다 할 것이고, 경정결정이 재판의 내용을 실질적으로 변경하여 위법하나 당연무효로 볼 수 없는 경우에는 더욱 그 소급효를 제한할 필요성이 크다고 할 것이므로 채권압류 및 추심명령을 채권압류 및 전부명령으로 경정한 결정은 그 결정정본이 제3채무자에게 송달된 때에 비로소 경정된 내용의 결정의 효력이 발생한다(대법원 2001. 7. 10. 선고 2000다72589 판결).

3. 가압류 신청을 배척하는 재판

3-1. 소송요건의 흠결 또는 부적법에 따른 각하(却下)

소송요건에 흠이 있어 부적법하거나 법원이 명한 담보를 제공하지 아니한 때에는 가압류 신청이 각하됩니다(민사집행법 제23조제1항 및 민사소송법 제219조).

3-2. 신청의 이유가 부족함에 따른 기각(棄却)

피보전권리나 보전의 필요성이 없어 가압류 신청에 이유가 없으면 신청이 기각됩니다. 소명이 부족하거나 없는 경우에도 담보를 제공하게 하고 가압류를 명할 수 있으나(민사집행법 제280조제2항), 신청이유 없음이 명백하거나 담보제공만으로는 가압류를 발령하기에 부적합하다고 인정되면 기각됩니다(대법원 1965. 7. 27. 선고 65다1021 판결).

③ 법원이 신청을 기각·각하하거나 즉시항고를 기각·각하하는 재판은 채권자에게 고지하면 되고, 채무자에게 고지할 필요는 없습니다(민사집행법 제281조제3항).

(법령용어해설)

각하 : 사법상 또는 행정상의 신청이나 청구가 부적법하거나 또는 그 신청 또는 청구 절차가 법령에 위반한다고 하는 이유로 그 신청 또는 청구의 실체적인 내용에 관한 판단을 하지 아니하고 그 신청 또는 청구를 배척하는 것을 말합니다.

기각 : 사법상 또는 행정상의 신청이나 청구의 절차는 적법하나, 그 신청 또는 청구의 내용이 실체적으로 이유가 없다고 하여 그 신청 또는 청구를 배척하는 경우를 말합니다.

4. 신청이 배척된 경우 불복절차

4-1. 즉시항고(卽時抗告)

① 채권자는 신청을 기각하거나 각하하는 결정에 대하여 결정 고지된 날부터 1주 이내에 즉시항고장을 제출함으로써 즉시항고할 수 있습니다(민사집행법 제15조제2항 및 제281조제2항).

② 무담보의 가압류결정을 구하는 신청에 대하여 법원이 일정한 액수의 담보를 제공하는 것을 조건으로 가압류를 명하는 경우 이는 실질적으로 가압류 신청에 대한 일부기각의 재판과 같은 성격을 가지는 것이므로 채권자는 가압류 신청의 일부기각의 경우와 마찬가지로 즉시항고로 불복할 수 있습니다(담보의 액수가 많다고 다투는 것도 같음: 대법원 2000. 8. 28.자 99그30 결정).

③ 즉시항고장 접수

***즉시항고장 기재례**

즉시항고장

항고인(채권자) ○○○
   ○○시 ○○구 ○○동 ○○(우편번호 ○○○-○○○)
피항고인(채무자) ◇◇◇
   ○○시 ○○구 ○○동 ○○(우편번호 ○○○-○○○)
위 당사자간 ○○지방법원 ○○카단○○○호 채권가압류 사건에 관하여 귀원의 2○○○. ○. ○. 채권가압류신청 기각결정은 불복이므로 이에 항고를 제기합니다.

원결정의 표시

이 사건 신청을 기각한다.
  (항고인은 위 결정을 2○○○. ○. ○. 송달받음)

항 고 취 지

원결정을 취소하고 다시 상당한 재판을 구합니다.

항 고 이 유

1. 가압류 신청서에 적은 신청이유 부분의 사실관계 기재

2. 따라서 위와 같이 부적법 한 본 건 채권가압류 신청의 기각은 부당하므로 이 건 항고에 이르게 된 것입니다.

첨 부 서 류

1. 결정문   1통
1. 항고장부본   1통

2000. 0. 0.

위 항고인(채권자) OOO (서명 또는 날인)

OO지방법원 귀중

④ 항고심은 원심에 이어 계속하므로 제출할 호증(증거서류)은 원심에 이어서 번호를 붙입니다. 즉 원심에서 제출한 마지막 증거서류가 '소갑제10호증'이라면 항고심에서 추가 제출할 증거서류는 '소갑제11호증'부터 시작합니다(민사소송법 제409조).

⑤ 즉시항고하려는 자는 즉시항고장 접수 시 20,000원의 수입인지를 구입하여 항고장에 붙여야 합니다(민사소송 등 인지법 제9조제2항 및 제11조제1항).

⑥ 즉시항고하려는 자는 당사자 1명당 5회분의 송달료를 예납해야 합니다(송달료규칙의 시행에 따른 업무처리요령 제7조제1항·별표 1 및 국내 통상우편요금 및 우편이용에 관한 수수료 별표).

⑦ 송달료 = 당사자 1명당 1회 송달료 × 당사자 수 × 5회분 = 3,700원 × 당사자수 × 5회분

⑧ 즉시항고에 의해 집행정지의 효력은 발생하지 않지만, 항고법원은 즉시항고에 대한 결정이 있을 때까지 담보를 제공하게 하거나 담보를 제공하게 하지 않고 원심재판의 집행을 정지하거나 집행절차의 전부 또는 일부를 정지하도록 명할 수 있고, 담보를 제공하게 하고 그 집행을 계속하도록 명할 수 있습니다(민사집행법 제15조제6항).

[서식 예] 즉시항고권포기서

즉시항고권포기서

신청인 ○○○(주민등록번호)

    ○○시 ○○구 ○○길 ○○(우편번호 ○○○-○○○)

    전화·휴대폰번호:

    팩스번호, 전자우편(e-mail)주소:

피신청인 ◇◇◇(주민등록번호)

    ○○시 ○○구 ○○길 ○○(우편번호 ○○○-○○○)

    전화·휴대폰번호:

    팩스번호, 전자우편(e-mail)주소:

  위 당사자 사이의 귀원 20○○카담○○○호 담보취소신청사건에 관하여 귀원의 담보취소결정에 관하여 피신청인은 즉시항고권을 포기합니다.

첨 부 서 류

  1. 인감증명　　　　　　　　1통

20○○. ○. ○.

위 피신청인 ◇◇◇ (날인)

○○지방법원　귀중

4-2. 재항고

가압류 사건 절차에 관한 항고법원의 재판에 대하여는 재판에 영향

을 미친 헌법, 법률, 명령 또는 규칙의 위반을 이유로 드는 때에는
대법원에 재항고(再抗告)할 수 있습니다(민사소송법 제442조).

(관련판례)

무담보의 가압류결정을 구하는 신청에 대하여 법원이 일정한 액수의
담보를 제공하는 것을 조건으로 가압류를 명하는 경우 이는 실질적
으로 가압류신청에 대한 일부기각의 재판과 같은 성격을 가지는 것
이므로 신청인으로서는 위 일부기각 부분(담보를 조건으로 명한 부
분)에 대하여 불복할 이익을 갖는다고 할 것이고, 담보의 수액이 지
나치게 과다하다고 다투는 경우도 마찬가지로 보아야 할 것인데, 이
때 담보를 제공할 것을 명한 부분을 다투거나 담보의 수액이 지나
치게 많다고 하여 다툴 수 있는 방법은 법률상 다른 특별한 규정이
없는 이상 가압류신청의 일부 또는 전부가 기각이나 각하된 경우와
마찬가지로 통상의 항고로써 다툴 수 있다(대법원 2000. 8. 28.자
99그30 결정).

제5장 가압류집행

제1절 가압류집행

1. 가압류집행에 대한 본집행의 준용

① 가압류의 집행은 특별한 규정이 없으면 민사집행법의 강제집행에 관한 규정이 준용됩니다(민사집행법 제291조 및 민사집행규칙 제218조). 따라서 집행의 목적물, 집행기관, 집행의 방법, 위임집행에 대한 채무자의 구제, 제3자의 구제절차 등 강제집행에 관한 규정이 대부분 준용됩니다.

② 다만, 청구에 관한 이의의 소(민사집행법 제44조), 집행문부여에 대한 이의의 소(민사집행법 제45조)의 규정은 원칙적으로 준용되지 않습니다.

2. 집행개시의 요건

① 가압류에 대한 재판이 있은 뒤에 채권자나 채무자의 승계가 이루어진 경우 가압류의 재판을 집행하려면 집행문을 덧붙여야 합니다(민사집행법 제292조제1항).

② 가압류에 대한 재판의 집행은 채권자에게 재판을 고지한 날부터 2주 이내에 해야 합니다(민사집행법 제292조제2항).

③ 가압류집행은 채무자에게 송달하기 전에도 할 수 있습니다(민사집행법 제292조제3항).

3. 부동산가압류집행

3-1. 등기촉탁

① 부동산에 대한 가압류의 집행은 가압류 재판에 관한 사항을 등기부에 기입해야 합니다(민사집행법 제293조제1항).

② 법원은 가압류 결정을 한 후 채권자에게 결정 정본을 송달하면서 부동산 소재지 관할 등기소에 가압류 사실을 기입하라는 등기촉탁서를 함께 송달함으로써 등기소공무원에 의하여 등기부에 기입하게 됩니다(민사집행법 제293조제2항 및 제3항).

[서식 예] 부동산 소유권이전등기청구권 가압류신청서
(구상금채권을 원인으로)

부동산소유권이전등기청구권가압류신청

채 권 자 ○○○

　　　　○○시 ○○구 ○○길 ○○(우편번호 ○○○-○○○)

　　　　전화·휴대폰번호:

　　　　팩스번호, 전자우편(e-mail)주소:

채 무 자 ◇◇◇

　　　　○○시 ○○구 ○○길 ○○(우편번호 ○○○-○○○)

　　　　전화·휴대폰번호:

　　　　팩스번호, 전자우편(e-mail)주소:

제3채무자 ◉◉◉

○○시 ○○구 ○○길 ○○(우편번호 ○○○-○○○)

전화·휴대폰번호:

팩스번호, 전자우편(e-mail)주소:

청구채권의 표시

금 24,000,000원(20○○. ○. ○.자 연대보증채무를 대위변제한 구상금채권)

가압류할 채권의 표시

별지목록 기재와 같습니다.

신 청 취 지

1. 채무자의 제3채무자에 대한 별지기재 부동산에 대한 소유권이전등기청구권을 가압류한다.

2. 제3채무자는 채무자에 대하여 위 부동산에 관한 소유권이전등기절차를 이행하여서는 아니 된다.

3. 채무자는 위 소유권이전등기청구권을 양도하거나 그밖에 처분을 하여서는 아니 된다.

라는 재판을 구합니다.

신 청 이 유

1. 채권자는 채무자가 신청외 주식회사 ■■은행으로부터 20○○. ○. ○. 대출한 금 14,000,000원, 20○○. ○. ○○. 대출한 금 16,000,000원에 대하여 연대보증을 선 바 있습니다. 그러나 채무자가 위 대출금채무를 변제하지 못하여 채권자가 20○○. ○○. ○. 원금과 이자의 합계 금 24,000,000원을 대위변제 하게 되었습니다.

이에 채권자는 채무자에게 구상금채무의 이행으로서 위 금 24,000,000원을 지급할 것을 독촉하였으나 채무자는 계속 미루기만 하고 지금까지 변제하지 않고 있습니다.

2. 그러므로 채권자는 귀원에 본안소송 제기의 준비를 하고 있으나 채무자는 별지 기재 부동산소유권이전등기청구권 외에는 별다른 재산이 없습니다. 따라서 채무자의 유일한 재산인 별지기재 부동산소유권이전등기청구권을 가압류하지 않는다면 채권자가 ,나중에 승소판결을 얻는다 하더라도 강제집행이 불가능하겠기에, 집행보전을 위하여 이 사건 신청에 이른 것입니다.

3. 한편, 채권자는 경제적 여유가 없으므로 담보제공에 관하여는 민사집행법 제19조 제3항, 민사소송법 제122조에 의하여 보증보험주식회사와 지급보증위탁계약을 맺은 문서를 제출하는 방법으로 담보제공을 할 수 있도록 허가하여 주시기 바랍니다.

소 명 방 법

1. 소갑 제1호증의 1, 2   대위변제확인서 및 영수증

첨 부 서 류

1. 위 소명방법   1통
1. 부동산등기사항증명서   1통
1. 가압류신청진술서   1통
1. 송달료납부서   1통

20○○. ○. ○.

위 채권자 ○○○ (서명 또는 날인)

○○지방법원 귀중

[별 지 1]

가압류할 채권의 표시

채무자의 제3채무자에 대한 아래 부동산에 관한 소유권이전등기청구권
- 아   래 -

1동의 건물의 표시
  ○○시 ○○구 ○○동 ○○
  [도로명주소] ○○시 ○○구 ○○길 ○○
  철근콘크리트조 슬래브지붕 19층 아파트 제102동
전유부분의 건물의 표시
  철근콘크리트조
  3층 308호
  59.98㎡
대지권의 목적인 토지의 표시
  ○○시 ○○구 ○○동 ○○ 대 11243.8㎡
대지권의 표시
  소유권대지권 11243.8분의 40.151. 끝.

(관련판례 1)

소유권이전등기청구권의 가압류나 압류가 행하여지면 제3채무자로서
는 채무자에게 등기이전행위를 하여서는 아니 되고, 그와 같은 행위
로 채권자에게 대항할 수 없다 할 것이나, 가압류나 압류에 의하여
그 채권의 발생원인인 법률관계에 대한 채무자와 제3채무자의 처분
까지도 구속되는 것은 아니므로 기본적 계약관계인 매매계약 자체를
해제할 수 있다(대법원 2000. 4. 11. 선고 99다51685 판결).

(관련판례 2)

소유권이전등기청구권에 대한 가압류가 있기 전에 소유권이전등기청구권을 보전하기 위하여 소유권이전등기청구권 처분금지가처분이 있었다고 하더라도 그 가처분이 뒤에 이루어진 가압류에 우선하는 효력은 없으므로, 그 가압류는 가처분채권자와 사이의 관계에서도 유효하고, 이는 소유권이전등기청구권에 대한 압류의 경우에도 마찬가지이다(대법원 2001.10.9.선고 2000다51216 판결).

3-2. 부동산가압류 등기의 효력

① 부동산가압류 등기가 기입되면 채무자는 해당 가압류 목적 부동산을 처분할 수 없습니다.

② 부동산을 가압류 하더라도 해당 목적 부동산의 이용 및 관리권은 여전히 채무자에게 있습니다(민사집행법 제291조 및 제83조제2항).

4. 자동차·건설기계·소형선박에 대한 가압류집행

4-1. 가압류 명령 및 집행

① 자동차·건설기계·소형선박(이하 "자동차 등"이라 함)에 대한 가압류는 법원사무관이 해당 행정관청에 가압류기입등록을 촉탁함으로써 집행됩니다(민사집행법 제293조, 민사집행규칙제108조, 제210조 및 제211조)

② 가압류 법원은 채권자의 신청에 의하여 자동차 등을 집행관에게 인도할 것을 채무자에게 명할 수 있습니다(민사집행규칙 제210조제2항 및 제211조).

③ 강제경매개시결정이 송달되거나 등록되기 전에 집행관이 자동차 등을 인도받은 경우에는 그때에 가압류의 효력이 발생합니다(민사집행규칙 제210조제3항 및 제111조제3항).

④ 압류의 효력 발생 당시 채무자가 점유하던 자동차 등을 제3자가 점유하게 된 경우 채권자는 점유 사실을 안 날부터 1주 이내에 법원에게 그 제3자에 대하여 그 물건을 집행관에게 인도하도록 명할 것을 신청할 수 있습니다(민사집행규칙 제210조제2항, 민사집행법 제193조제1항 및 제2항).

⑤ 집행관은 상당하다고 인정하는 때에는 인도받은 자동차 등을 압류채권자, 채무자, 그 밖의 적당한 사람에게 보관시킬 수 있습니다. 이 경우에는 공시서를 붙여 두거나 그 밖의 방법으로 그 자동차 등을 집행관이 점유하고 있음을 분명하게 표시하고, 운행이 허가된 경우를 제외하고는 운행을 하지 못하도록 적당한 조치를 해야 합니다(민사집행규칙 제210조제2항 및 제115조).

4-2. 가압류집행의 효력

① 인도 집행된 자동차 등에 대하여 영업상의 필요 그 밖의 상당한 이유가 있는 때 이해관계를 가진 사람의 신청에 의하여 집행법원이 자동차 등의 운행을 적당한 조건을 붙여 허가할 수 있습니다(민사집행규칙 제210조제2항 및 제117조).

② 자동차 등은 가압류의 성질상 현금화할 수 없습니다. 다만, 즉시 매각하지 않으면 값이 크게 떨어질 염려가 있거나 그 보관에 지나치게 많은 비용이 드는 경우에는 집행관은 자동차 등을 매각하여 그 대금을 공탁해야 합니다(민사집행규칙 제210조제3항 및 민사집행법 제296조제5항).

5. 유체동산가압류집행

5-1. 집행관에게 집행위임

① 유체동산가압류의 집행은 압류와 같은 원칙에 따라야 하므로 집행관에게 위임하여 동산압류방식에 의하여 집행해야 합니다(민사집행법 제296조제1항).

② 유체동산에 대한 집행위임은 다음의 사항을 적은 서면에 가압류명령정본(법원 결정문 원본)을 함께 붙여서 신청해야 합니다(민사집행규칙 제212조제1항).

 1. 채권자·채무자와 그 대리인의 표시

 2. 가압류명령의 표시

 3. 가압류 목적물인 유체동산이 있는 장소

 4. 가압류채권의 일부에 관하여 집행을 구하는 때에는 그 범위

③ 집행관사무소에 유체동산 집행위임을 하면 채권자는 일정 집행비용을 예납해야 합니다(집행관수수료규칙 제25조제1항). 그 비용은 해당 집행관사무소에서 바로 알 수 있으며, 그 자리에서 바로 납부하면 됩니다.

④ 가압류 집행은 채무자 또는 가족이나 친족의 입회가 있어야 집행이 가능하므로 채무자나 그 가족이 있을 때 집행해야 다시 집행하지 않는 수고를 덜 수 있습니다. 따라서 채무자가 직장 그 밖의 사유로 주간에 집행할 수 없거나 공휴일이 아니면 집행할 수 없는 경우에는 야간·휴일 집행허가 신청을 할 수 있습니다(민사집행법 제8조).

⑤ 집행한 가압류에 위배하여 물건을 다른 곳으로 이전하거나 봉인표시(가압류의 경우 연두색 종이)를 떼어낼 경우 공무상비밀표시무효죄에 해당하여 5년 이하의 징역 또는 700만원 이하의 벌금에 처해집니다(형법 제140조).

[서식 예] 야간집행허가신청서

야간집행허가신청

채권자 (이름)   (주민등록번호   -   )
       (주소)
       (연락처)
채무자 (성명)
       (주소)

채권자는 채무자에 대하여 집행력있는 정본에 의하여 주간에 집행을 하려 하였으나 채무자는 주간에는 폐문부재하여 그 집행을 하지 못하였으므로 야간에 집행을 할 수 있도록 허가하여 주시기 바랍니다.

첨부서류: 1. 동산압류 불능조서 사본 1부.
          2. 집행력있는 정본 사본 1부.

20 . . .

위 채권자   (날인 또는 서명)

○○○○법원 ○○집행계

◇ 유의사항

◇연락처란에는 언제든지 연락 가능한 전화번호나 휴대전화번호(팩스번호, 이메일 주소등도 포함)를 기재하기 바랍니다.

■ 헬스기구를 대여하였는데 채권자들이 유체동산을 가압류하여 제 물건들이 경매될 것 같은 경우 임대한 헬스기구들을 찾을 수 있는 방법이 없을까요?

Q. 저는 헬스기구 대여업을 하는 사람입니다. 헬스장을 운영하는 갑에게 3천만원 상당의 헬스기구를 대여하였는데 갑의 채권자들이 유체동산을 가압류하여 제 물건들이 경매될 것 같습니다. 이 경우 제가 임대한 헬스기구들을 찾을 수 있는 방법이 없을까요?

A. 원칙적으로 제3자는 가압류명령에 대하여 사실상의 이해관계를 가지고 있다 하더라도 당사자가 이의신청을 할 수 없습니다. 그러나 가압류 목적물이 처음부터 제3자에게 속하거나 가압류 후 가압류목적물의 소유권을 취득한 제3자가 가압류의 효력을 부정할 수 있는 경우 등은 제3자이의의 소로써 가압류집행의 배제를 구할 수는 있습니다.(대법원 1996. 6. 14. 선고 96다14494 판결 참고.) 따라서, 귀하는 제3자이의의 소로써 위 헬스기구에 대한 소유권을 지켜낼 수 있을 것입니다.

5-2. 가압류집행의 효력

① 가압류된 유체동산을 제3자가 점유하게 된 경우 채권자는 그 제3자의 점유를 안 날부터 1주내에 법원에 가압류물의 인도명령을 신청하여 그 물건을 집행관에게 인도하도록 할 수 있습니다(민사집행법 제291조, 제193조제1항 및 제2항).

② 가압류집행은 가압류 목적물에 대하여 채무자가 매매, 증여, 질

권 등의 담보권 설정 그 밖에 일체의 처분을 금지하는 효력이 발생
합니다.

■ 가압류 결정 후 일정기간 내에 집행을 해야 하는지요?

Q. 임대인 갑은 임차인 을이 1년 동안이나 차임을 지급하지
않고 있습니다. 보증금에서 연체된 차임을 제하더라도 부
족하여 임차인의 유체동산을 가압류하여 가압류 결정을 받
았는데 가압류 결정 후 일정기간 내에 집행을 해야 하는지
요?

A. 민사집행법 제292조 제2항 "가압류에 대한 재판의 집행은
채권자에게 재판을 고지한 날부터 2주를 넘긴 때에는 하지
못한다."고 규정하고 있습니다. 가압류 결정서를 송달 받은
때로부터 2주의 기간 내에 집행에 착수하여야 하며, 위 2
주의 기간이 도과하면 가압류는 집행력을 잃어버리게 됩니
다. 따라서, 갑은 가압류결정을 받은 날로부터 2주 내에 집
행에 착수하여야 하고, 2주가 도과하여 집행개시를 하지
못한다면 다시 새로운 가압류 신청을 하여야 합니다.

6. 채권가압류명령 및 집행

6-1. 가압류명령

채권가압류는 가압류의 목적인 특정 채권을 가압류한다는 선언과 동
시에 제3채무자에 대하여 채무자에게 지급해서는 안 된다는 명령만
을 해야 합니다(민사집행법 제296조제3항).

6-2. 집행과 효력

① 채권가압류는 그 발령과 동시에 가압류명령법원이 제3채무자에게 가압류재판 정본을 송달함으로써 집행됩니다(민사집행법 제227조제3항 및 제296조제2항).

② 금전채권이 가압류되었어도 그 이행기가 도래한 때에는 제3채무자는 권리공탁을 해야만 그 지체의 책임을 면할 수 있습니다(민사집행법 제248조제1항).

③ 제3채무자가 가압류 집행된 금전채권액을 공탁한 경우 그 가압류의 효력은 그 청구채권액에 해당하는 공탁금액에 대한 채무자의 공탁금출급청구권에 대하여 존속하게 됩니다(민사집행법 제297조).

[서식 예] 가압류를 본압류로 이전하는 채권압류 및 추심명령신청
(가압류금액이 적을 경우)

(가압류를 본압류로 이전하는)

채권압류 및 추심명령신청

채 권 자　　○○○(주민등록번호)

　　　　　　○○시 ○○구 ○○길 ○○(우편번호)

　　　　　　전화·휴대폰번호:

　　　　　　팩스번호, 전자우편(e-mail)주소:

채 무 자　　◇◇◇(주민등록번호)

　　　　　　○○시 ○○구 ○○길 ○○(우편번호)

　　　　　　전화·휴대폰번호:

　　　　　　　　팩스번호, 전자우편(e-mail)주소:

제3채무자　　◈◈◈

　　　　　　　○○시 ○○구 ○○길 ○○(우편번호)

　　　　　　　전화·휴대폰번호:

　　　　　　　팩스번호, 전자우편(e-mail)주소:

청구채권의 표시 : 금 ○○○○○원

　1. 금 ○○○○○원

　　　귀원 20○○가소○○○ 구상금청구사건의 집행력 있는 판결정본에

　　　기초한 원금

　2. 금 ○○○○원

　　　위 금원에 대한 20○○. ○. ○.부터 20○○. ○. ○.까지는 연

　　　5%의, 그 다음날부터 20○○. ○. ○.까지는 연 ○○%의 각 비

　　　율에 의한 지연손해금

　3. 금 ○○○원(집행비용)

　　　내역 : 금 ○○○원(신청서 첩부인지대)

　　　　　　금 ○○○원(송달료)

　　　　　　금 ○○○원(집행문부여신청인지대)

　4. 합계 금 ○○○○○원(1＋2+3)

본압류로 이전하는 압류 및 추심 할 채권 등의 표시

　별지목록 기재와 같습니다.

신 청 취 지

1. 채권자와 채무자간 귀원 20○○카단○○○ 채권가압류결정에 의하

　여 가압류된 별지목록 제1기재 채권은 본압류로 이전하고, 별지목

- 335 -

록 제2기재 채권은 압류한다.

2. 제3채무자는 채무자에 대하여 위 압류된 채권을 지급을 하여서는 아니 된다.

3. 채무자는 위 압류된 채권의 처분과 영수를 하여서는 아니 된다.

4. 위 압류된 채권은 채권자가 추심할 수 있다.

라는 재판을 구합니다.

신 청 이 유

1. 채권자는 채무자에 대하여 금 ○○○○○원의 구상금채권이 있어서 채무자에게 여러 차례에 걸쳐 독촉하였음에도 이를 지급하지 아니하여 채권자는 위 채권의 집행보전을 위하여 별지목록 제1기재의 채권을 귀원 20○○카단○○○호로 채권가압류집행을 한 뒤 귀원에 구상금청구를 위한 소(20○○가소○○○호)를 제기하여 이에 대한 판결을 얻고 확정되었습니다.

2. 따라서 채권자는 채무자가 제3채무자에 대하여 가지는 별지목록 제1기재 채권을 본압류로 전이하고, 가압류가 되지 않은 별지목록 제2기재 채권을 압류함과 아울러 별지목록 제1, 제2기재 각 채권에 대하여 추심명령을 구하기 위하여 이 사건 신청에 이르게 된 것입니다.

첨 부 서 류

1. 채권가압류결정문	1통
1. 가압류결정송달증명원	1통
1. 집행력 있는 판결정본	1통
1. 판결정본송달 및 확정증명	1통
1. 송달료납부서	1통

2000. 0. 0.
위 채권자 ○○○ (서명 또는 날인)

○○지방법원 ○○지원 귀중

[별 지]

본압류로 이전하는 압류 및 추심 할 채권 등의 표시

1. 가압류를 본압류로 이전 및 추심 할 채권
   금 ○○○○원
   채무자가 제3채무자로부터 2000. 0. 0. ○○시 ○○구 ○○길 ○○에 있
   는 ○○아파트 ○○동 ○○○호를 임차함에 있어 제3채무자에게 지급한 임
   대차보증금 ○○○○○원의 반환채권[다만, 「주택임대차보호법」 제8조,
   같은 법 시행령의 규정에 따라 우선변제를 받을 수 있는 금액에 해
   당하는 경우에는 이를 제외한 나머지 금액] 가운데 위 금액.
2. 압류 및 추심 할 채권
   금 ○○○○원(청구채권 금 ○○○○○원-본압류전이채권 금 ○○○
○원)
   채무자가 제3채무자로부터 2000. 0. 0. ○○시 ○○구 ○○길 ○○에 있
   는 ○○아파트 ○○동 ○○○호를 임차함에 있어 제3채무자에게 지급한 임
   대차보증금 ○○○○○원의 반환채권[다만, 「주택임대차보호법」 제8조,
   같은 법 시행령의 규정에 따라 우선변제를 받을 수 있는 금액에 해
   당하는 경우에는 이를 제외한 나머지 금액] 가운데 위 금액. 끝.

(관련판례)

같은 채권에 관하여 추심명령이 여러 번 발부되더라도 그 사이에는
순위의 우열이 없고, 추심명령을 받아 채권을 추심하는 채권자는 자
기채권의 만족을 위하여서 뿐만 아니라 압류가 경합되거나 배당요구

가 있는 경우에는 집행법원의 수권에 따라 일종의 추심기관으로서 압류나 배당에 참가한 모든 채권자를 위하여 제3채무자로부터 추심을 하는 것이므로 그 추심권능은 압류된 채권 전액에 미치며, 제3채무자로서도 정당한 추심권자에게 변제하면 그 효력은 위 모든 채권자에게 미치므로 압류된 채권을 경합된 압류채권자 및 또 다른 추심권자의 집행채권액에 안분하여 변제하여야 하는 것도 아님(대법원 2001.3.27. 선고 2000다43819 판결).

제2절 가압류집행취소

1. 채권자의 집행해제 신청

1-1. 집행해제의 신청

채권자와 채무자 사이에 원만한 합의가 성립된 경우와 같이 이미 집행된 가압류집행을 해제(취소)할 필요가 있는 경우 채권자는 가압류의 집행상태가 계속되고 있는 한 채무자의 동의 없이 언제든지 집행기관에 대하여 집행해제신청을 할 수 있습니다(대법원 1980. 2. 15. 자 79마351 결정).

1-2. 신청서 작성

집행해제신청서에는 집행해제를 구하는 사건을 특정하기 위해 사건번호, 사건명 등을 정확히 기재하고, 결정일, 집행해제 이유를 간단히 표시해야 합니다. 그리고 보통 신청취하의 의사와 더불어 신청취하로 인한 집행해제의사를 표시해야 합니다(법원행정처, 법원실무제요 민사집행Ⅳ).

***집행해제신청 이유 기재례**

① 부동산가압류 신청취하 및 집행해제 신청

위 당사자 사이의 OO지방법원 20OO카단OOO호 부동산가압류신청 사건에 관하여 같은 법원에서 20OO. O. O. 결정한 가압류결정에 기초하여 채무자 소유의 별지목록 기재 부동산에 대하여 20OO. O. O. OO지방법원 OO등기소 등기접수 제OO호로서 가압류집행을 하였으나, 위 당사자 사이에 원만한 합의가 성립되었으므로 위 가압류를 해제하여 주시기 바랍니다.

② 채권가압류 신청취하 및 집행해제 신청

위 당사자 사이의 위원 20OO카단OOO호 채권가압류 신청사건에 관하여 귀원의 가압류 결정에 의하여 그 집행이 완료되었는바, (당사자 사이에 원만한 합의가 성립되었으므로) 채권자는 위 가압류신청을 전부취하하오니 집행해제를 하여 주시기 바랍니다.

③ 유체동산가압류 신청취하 및 집행해제 신청

위 당사자 사이의 위원 20OO카단OOO호 유체동산가압류 신청사건에 관하여 (당사자 사이에 원만한 합의가 성립되었으므로) 채권자는 이 가압류신청을 취하하오니 가압류의 집행을 해제(취소)하여 주시기 바랍니다.

④ 가압류 일부취하 및 집행해제 신청

위 당사자 사이의 위원 20OO카단OOO호 채권가압류 신청사건에 관하여 귀원의 가압류 결정에 의하여 그 집행이 완료되었는바, (당사자 사이에 원만한 합의가 성립되었으므로) 채권자는 채무자 OOO에 대한 가압류신청을 취하하오니 그 집행해제하여 주시기를 신청합니다.

1-3. 신청비용 납부

① 채권자에 의한 집행해제신청을 하는 경우 그 해제절차에 필요한 비용(송달료, 등록면허세 등)을 예납해야 하나, 인지는 붙일 필요가

없습니다(법원행정처, 법원실무제요 민사집행Ⅳ).

② 집행해제를 신청하려는 자는 송달료(등기소 또는 제3채무자의 수 × 2회분 × 3,700원)를 납부해야 합니다(송달료규칙의 시행에 따른 업무처리요령9 제7조제1항, 별표 1 및 9국내 통상우편요금 및 우편 이용에 관한 수수료9 별표).

③ 부동산 또는 자동차와 같이 등기·등록을 해야 하는 가압류의 집행해제신청은 해당 목적물의 등록면허세 및 지방교육세를 납부해야 합니다(지방세법 제24조제1호, 제28조제1항제1호마목, 제3호라목, 제150조제2호 및 제151조제1항제2호).

	등록면허세	지방교육세
부동산	부동산 1개당 6,000원	부동산 1개당 1,200원
자동차	매 1건당 15,000원	면제

④ 부동산과 같이 등기를 요하는 가압류에 대한 집행해제신청을 하려는 자는 부동산 1개당 3,000원의 대법원수입증지를 구입해야 합니다(등기신청수수료 징수에 관한 예규 제2호자목 및 별표 1).

⑤ 납부방법 : 송달료 납부방법은 우표를 구입하여 신청서에 풀로 붙이지 말고 고정하여 제출합니다.

⑥ 부동산의 경우 대법원 인터넷 등기소의 등기신청-등록면허세 정액분 신고에서 납부통지서를 발부받아 금융기관에 납부하면 됩니다.

⑦ 자동차의 경우 자동차에 대한 해제신청서를 소재지 관할 시·군·구청의 세무과에 제시하고 등록면허세납부통지서를 발부받아 금융기관에 납부하고, 등록면허세영수필확인서 및 통지서를 해제신청서에 첨부합니다.

⑧ 대법원수입증지는 법원 구내은행에서 구입하여 풀로 붙이지 말고 클립 등으로 고정 후 신청서 상단에 끼워서 제출합니다.

[서식 예] 채권가압류집행해제신청서(채권만족을 원인으로 채권자가 신청)

채권가압류집행해제신청

사 건　　　20○○카단○○○○○호 채권가압류

신청인(채권자) ○○○

　　　　　○○시 ○○구 ○○길 ○○(우편번호 ○○○-○○○)

　　　　전화·휴대폰번호:

　　　　팩스번호, 전자우편(e-mail)주소:

피신청인(채무자) ◇◇◇

　　　　　○○시 ○○구 ○○길 ○○(우편번호 ○○○-○○○)

　　　　전화·휴대폰번호:

　　　　팩스번호, 전자우편(e-mail)주소:

제3채무자 ◉◉◉

　　　　　○○시 ○○구 ○○길 ○○(우편번호 ○○○-○○○)

　　　　전화·휴대폰번호:

　　　　팩스번호, 전자우편(e-mail)주소:

　위 당사자 사이의 귀원 20○○카단○○○○호 사건에 관하여 신청인 소유의 별지 목록 기재 채권에 대한 가압류 집행의 해제를 신청합니다.

　　　　　　　　　20○○.　○.　○.

　　　　　위 신청인(채권자) ○○○ (서명 또는 날인)

○○지방법원　귀중

┌───┐
[별 지]

가압류채권의 표시

금 5,000,000원

채무자가 제3채무자에게 지급 받을 대여금 5,000,000원의 채권. 끝.
└───┘

1-4. 집행해제 신청 접수

① 채권자의 집행해제는 해당 가압류를 집행한 집행기관에 집행해제 신청서를 제출함으로써 신청해야 합니다.

② 집행법원이 집행하는 가압류(채권·부동산가압류, 채권가압류 및 선박·자동차·항공기의 가압류 등)의 경우 해당 집행법원에 집행해제 신청서 2부를 제출해야 합니다.

③ 집행관이 집행하는 가압류(동산가압류 등)의 경우 집행관에게 집 행해제신청서 2부를 제출해야 합니다.

[서식 예] 부동산가압류해제신청서(합의에 의하여)

┌───┐

부동산가압류해제신청

채 권 자 ○○○

　　　○○시 ○○구 ○○길 ○○(우편번호 ○○○-○○○)

　　　전화·휴대폰번호:

　　　팩스번호, 전자우편(e-mail)주소:

채 무 자 ◇◇◇

　　　○○시 ○○구 ○○길 ○○(우편번호 ○○○-○○○)
└───┘

전화·휴대폰번호:

팩스번호, 전자우편(e-mail)주소:

위 당사자 사이의 ○○지방법원 20○○카단○○○호 부동산가압류신청 사건에 관하여 같은 법원에서 20○○. ○. ○. 결정한 가압류결정에 기초하여 채무자 소유의 별지목록 기재 부동산에 대하여 20○○. ○. ○○. ○○지방법원 ○○등기소 등기접수 제○○호로서 가압류집행을 하였으나, 위 당사자 사이에 원만한 합의가 성립되었으므로 위 가압류를 해제하여 주시기 바랍니다.

20○○. ○. ○.

위 채권자 ○○○ (서명 또는 날인)

○○지방법원 귀중

[별 지]

가압류부동산의 표시

1. ○○시 ○○구 ○○동 ○○-○○

    대 157.4㎡

1. 위 지상

    벽돌조 평슬래브지붕 2층주택

        1층 74.82㎡

        2층 74.82㎡

        지층 97.89㎡. 끝.

[서식 예] 해제증명신청서(채권가압류)

해 제 증 명 신 청

사   건   20○○카단○○○호 채권가압류
채 권 자   ○○○
채 무 자   ◇◇◇
제3채무자   ▣▣개발주식회사 외2

　위 사건에 관하여 채권자는 제3채무자들 가운데 ▣▣개발주식회사에 대한 채권가압류를 20○○. ○. ○. 해제하였음을 증명하여 주시기 바랍니다.

20○○.　○.　○.

위 채권자 ○○○ (서명 또는 날인)

○○지방법원　귀중

[서식 예] 가압류해제신청 접수증명원(채권자의 해제신청)

해제신청 접수증명원

사   건 20○○카단○○○호 채권가압류
채 권 자 ○○○

　　　○○시 ○○구 ○○길 ○○(우편번호 ○○○-○○○)

전화·휴대폰번호:

팩스번호, 전자우편(e-mail)주소:
채 무 자 ◇◇◇
　　　　　○○시 ○○구 ○○길 ○○(우편번호 ○○○-○○○)
　　　　　전화·휴대폰번호:
　　　　　팩스번호, 전자우편(e-mail)주소:
제3채무자 ■■■
　　　　　○○시 ○○구 ○○길 ○○(우편번호 ○○○-○○○)
　　　　　전화·휴대폰번호:
　　　　　팩스번호, 전자우편(e-mail)주소:

　　위 사건에 관하여 채권자의 해제신청서가 20○○. ○. ○. 귀원에 접수되었음을 증명하여 주시기 바랍니다.

20○○. ○. ○.

위 채권자 ○○○ (서명 또는 날인)

○○지방법원 ○○지원　귀중

1-5. 가압류 종류별 집행기관

① 부동산가압류, 채권가압류, 선박·자동차·항공기 가압류의 경우 : 해당 집행법원

② 동산가압류 등의 경우 : 해당 집행관사무소

2. 채무자의 신청에 의한 가압류집행취소

채무자는 법원이 정한 해방공탁금을 공탁하여 집행법원으로 하여금 결정으로 집행한 가압류를 취소할 수 있습니다.

2-1. 가압류해방금액 공탁

① 채무자는 법원이 정한 가압류해방금액을 공탁하여 집행법원으로 하여금 결정으로 집행한 가압류를 취소할 수 있습니다(민사집행법 제299조제1항).

② 법원은 가압류 명령 결정을 내릴 때 가압류의 집행을 정지시키거나 집행한 가압류를 취소시키기 위하여 공탁할 금액을 가압류명령서에 기재해야 하고, 이 공탁할 금액을 가압류해방금액이라 합니다(민사집행법 제282조).

[서식 예] 금전 공탁서(가압류해방)

금전 공탁서(가압류해방)

공 탁 번 호	년 금 제 호		년 월 일 신청	법령 조항	민사집행법 제282조
공 탁 자 (가압류 채무자)	성 명 (상호, 명칭)	○ ○ ○			
	주민등록번호 (법인등록번호)	111111-1111111			
	주 소 (본점, 주사무소)	○○시○○구○○길○○			
	전화번호	00-000-0000			
공 탁 금 액	한글 금삼천만원정		보 관 은 행		은행 지점
	숫자 30,000,000원				
법원의 명칭과 사 건	○○지방법원 200○카단○○○○호 부동산가압류사건				
	당 사 자	채 권 자	□□□	채 무 자	○○○
공탁원인사실	위 사건의 가압류 집행 취소를 위한 해방공탁				
비고(첨부서 류 등)	1. 가압류 결정문 사본 2. □ 계좌납입신청				

위와 같이 신청합니다.　　　대리인 주소
　　　　　　　　　　　　　　전화번호
　　공탁자 성명○ ○ ○(서명)　　성명　　　　　　　인(서명)

위 공탁을 수리합니다.
    공탁금을   년   월   일까지 위 보관은행의 공탁관 계좌에
납입하시기 바랍니다.
    위 납입기일까지 공탁금을 납입하지 않을 때는 이 공탁 수리결정
의 효력이 상실됩니다.

                        년   월   일

    법원   지원 공탁관   (인)

(영수증) 위 공탁금이 납입되었음을 증명합니다.

                        년   월   일
공탁금 보관은행(공탁관)   (인)

※ 1. 서명 또는 날인을 하되, 대리인이 공탁할 때에는 대리인의 성
명, 주소(자격자대리인은 사무소)를 기재하고 대리인이 서명 또는
날인하여야 합니다. 전자공탁시스템을 이용하여 공탁하는 경우에는
날인 또는 서명은 공인인증서에 의한 전자서명 방식으로 합니다.
2. 공탁당사자가 국가 또는 지방자치단체인 경우에는 법인등록번호
란에 '고유번호'를 기재하시기 바랍니다.
3. 공탁금 회수청구권은 소멸시효 완성으로 국고에 귀속될 수 있습
니다.
4. 공탁서는 재발급 되지 않으므로 잘 보관하시기 바랍니다.

1. 가압류해방공탁 관할

  O 가압류해방공탁을 하여야 할 공탁소의 관할에 관한 규정이 없습니다.
  O 통상 가압류명령을 한 법원소재지의 공탁소에 공탁하고 있는 것이
    실무입니다.

2. 가압류해방공탁 제출서류 등

◇ 공탁서 2통(공탁소)
◇ 가압류결정문사본(공탁근거서류로 첨부하여야함)
◇ 자격증명서 등(※ 관공서에서 작성하는 증명서는 작성일로부터 3월
  이내의 것)
  ① 법인의 대표자(대표이사 등) 및 등기된 지배인이 신청하는 경우 :
    법인등기부등·초본

② 법인 아닌 사단·재단의 대표자가 신청하는 경우 : 정관(규약) 및 규약에 따른 대표자선출 회의록(대표자선임결의서)(※ 부동산등기용 등록번호를 증명하는 종중등록증명서는 대표자자격증명에 해당되지 않음)

③ 법정대리인(미성년자의 친권자 등)이 신청하는 경우 : 가족관계증명서 또는 법원의 선임심판서 등

④ 임의대리인이 신청하는 경우
   ▷ 개인(변호사, 법무사 포함)인 경우 - 위임장(공탁자의 도장이 날인된)
   ▷ 법인의 피용자(직원)인 경우 - 법인등기부등본, 위임장(법인대표이사의 도장이 날인된)

◇ 첨부서면의 생략
   동일 공탁법원에 대하여 동일인이 동일에 수 건의 공탁을 하는 경우 1건의 공탁서에 첨부하고 다른 공탁서의 비고란에는 원용한다고 기재

◇ 신분증(주민등록증·운전면허증·여권·공무원신분증)《대리인에 의한 공탁은 대리인의 신분증》

◇ 도장《대리인에 의한 공탁은 대리인의 도장》

■ **수개의 채권으로 가압류를 했을 때 채권의 변동으로 청구금액에 대한 보정명령이 있은 후 채무자의 가압류 집행 취소 방법은 어떤 절차를 거쳐야 하나요?**

Q. 저는 사기, 횡령 등으로 유죄판결을 받고 피해자로부터 민사소송 제기 및 저의 집에 가압류를 당하였습니다. 그런데 소송과정에서 일부 채권이 없는 것으로 드러나 가압류 사건에서도 채권자에게 청구금액을 다시 조사할 것을 명하는 보정명령이 나왔습니다. 저는 그러한 보정명령이 나온 사실을 모르고 당장 집을 처분해야 하는 문제가 있어서 청구금액 전부를 채권자에게 주고 가압류 취하에 대한 합의서를 받았습니다. 위와 같은 보정명령이 있었으니 청구금액

이 분명히 줄어 들었는데, 채권자가 가압류 사건을 취하해 버리고 나면 나중에 그 차액만큼을 돌려받을 수 있을까요?

A. 가압류가 들어온 경우 이를 해제하기 위하여 직접 채권자에게 청구금액 상당의 돈을 직접 지급하고 가압류를 취하받는 것은 위험부담이 큰 문제입니다. 귀하와 같은 경우 보정명령으로 청구금액이 달라질 수도 있는데 먼저 청구금액 상당의 돈을 직접 지급하게 되면 차후에 다시 그 차액 상당을 돌려달라는 형태의 소송을 하여야 하고 그 차액만큼의 증명의 문제도 귀하에게 넘어오게 됩니다.

따라서 이런 경우 해방금액의 공탁을 이유로 한 채무자의 가압류 취소(민사집행법 제299조 제1항)을 이용하는 것이 간편합니다. 이 신청에 의하여 가압류집행이 취소되더라도 가압류 명령 그 자체의 효력이 소멸되는 것은 아니므로 가압류채권자는 본안청구에서 승소확정판결을 받으면 그 해방공탁금에 대하여 집행을 할 수 있는 것인데, 그렇게 되면 차후에 본안 소송과 가압류 사건에서 올바른 청구금액으로 보정이 된 만큼만 채권자가 가져갈 수 있습니다. 그렇게 되면 채무자는 그 차액만큼은 돌려받을 수 있는 절차적 보장이 되어 있는 것입니다.

결국 귀하께서는 본안 소송에서 감액된 금액만큼을 차후에 다시 청구하는 방법을 강구할 수 밖에 없을 것으로 판단됩니다.

2-2. 공탁금 납부

① 가압류해방금액은 금전에 의한 공탁만이 허용되고 유가증권에

의한 공탁은 그 유가증권이 실질적 통용가치가 있는 것이더라도 허용되지 않습니다(대법원 1996. 10. 1.자 96마162 전원합의체 결정).
② 금전 공탁서(가압류해방)를 작성하여, 가압류결정을 내린 법원의 공탁소의 공탁관에게 가압류결정문사본과 작성한 공탁서 2부를 제출합니다(공탁규칙 제20조제1항).
③ 수리된 공탁서 중 1부를 받아 법원이 지정한 은행에 공탁금을 납부합니다(공탁규칙 제26조제1항).

■ 가압류 시 제공한 보증공탁금의 회수방법은 어떤 절차인지요?

Q. 저는 甲회사의 채권관리업무를 담당하고 있으면서 가끔 채무자의 재산을 가압류하고 있습니다. 이러한 경우 법원에서는 현금공탁을 명하기도 하는데, 법원에 납입한 공탁금은 어떻게 회수할 수 있는지요?

A. 민사집행법 제280조, 제301조는 가압류 또는 가처분할 때에는 가압류 등으로 인한 채무자의 손해를 담보하기 위하여 법원은 일정한 담보를 제공하게 하고 가압류 등을 명할 수 있다고 규정하고 있습니다.
이러한 담보를 취소하고 공탁금을 회수하기 위해서는 원칙적으로는 가압류 등을 위하여 제공된 담보는 본안소송이 계속중인 한 담보사유가 소멸되지 않으므로(대법원 1981. 12. 22.자 81마290 결정), 본안소송이 종료되지 않은 이상 그 회수가 불가능하다 할 것이나 채무자가 담보취소에 동의하는 경우에는 본안소송의 결과에 불구하고 공탁금을 회수할 수 있다 하겠습니다.

그리고 본안소송이 종료된 경우에는 소송비용이나 기타 가압류 등으로 인한 채무자의 손해배상청구권 등과 관련, 채권자가 전부승소한 경우에는 바로 담보취소결정이 내려지나 채권자의 일부승소, 전부패소, 소취하 등의 경우에는 채무자에게 담보물에 대하여 권리행사할 것을 최고한 후, 일정한 기간(통상 14일)이 경과되어도 그 권리행사가 없을 경우에 담보취소결정이 내려지고 공탁금을 회수할 수가 있습니다(민사소송법 제125조, 민사집행법 제19조 제3항).

그런데 민사집행법 제19조 제3항에 의하여 민사집행절차의 담보에 관하여 준용되는 민사소송법 제125조 소정의 담보권리자의 권리행사방법에 관하여 판례는 "민사소송법 제115조(현행 민사소송법 제125조)에 의하여 담보제공자가 담보의 사유가 소멸된 것을 증명하거나 담보권리자의 동의 있음을 증명한 때에는 법원은 신청에 의하여 담보취소의 결정을 하여야 하고, 소송완결 후 담보제공자의 신청이 있는 때에는 법원은 담보권리자에 대하여 일정한 기간 내에 그 권리를 행사할 것을 최고하고, 담보권리자가 그 권리를 행사하지 아니하는 때에는 담보취소에 대한담보권리자의 동의가 있는 것으로 간주하는 것인바, 이 경우 '담보권리자의 권리행사는 담보의무자에 대하여 소송의 방법으로' 하여야 한다."라고 하였습니다(대법원 1992. 10. 20.자 92마728 결정).

2-3. 해방금액 공탁을 이유로 한 가압류집행취소신청

① 가압류집행 취소

해방금액을 공탁한 채무자는 그 공탁서를 첨부하여 집행법원 또는 가압류명령을 발령한 법원에 가압류집행의 취소를 신청할 수 있습니다(민사집행법 제299조제1항).

② 신청서 작성 및 신청비용 납부

해방금액 공탁을 이유로 한 가압류집행취소신청을 하려는 자는 해방공탁을 이유로 해당 가압류집행취소신청서를 작성해야 합니다.

③ 해방금액 공탁을 이유로 한 가압류집행집행취소신청을 하려는 자는 가압류집행취소신청서에 1,000원의 대한민국수입인지를 구입하여 붙여야 합니다(민사소송 등 인지법 제9조제5항제4호, 민사접수서류에 붙일 인지액 및 그 편철방법 등에 관한 예규 제3조 및 별표).

④ 해방금액 공탁을 이유로 한 가압류집행집행취소신청을 하려는 자는 당사자 1명당 2회분의 송달료(당사자의 수 × 2회분 × 3,700원)를 납부해야 합니다(송달료규칙의 시행에 따른 업무처리요령 제7조제1항, 별표 1 및 국내 통상우편요금 및 우편이용에 관한 수수료 별표).

⑤ 부동산 또는 자동차와 같이 등기·등록을 해야 하는 가압류집행 취소신청을 하려는 자는 해당 목적물의 등록면허세 및 지방교육세를 납부해야 합니다(지방세법 제24조제1호, 제28조제1항제1호마목, 제3호라목, 제150조제2호 및 제151조제1항제2호).

	등록면허세	지방교육세
부동산	부동산 1개당 6,000원	부동산 1개당 1,200원
자동차	1대당 15,000원	면제

⑥ 납부방법

부동산의 경우 대법원 인터넷 등기소(http://www.iros.go.kr)의 등기신청-등록면허서 정액분 신고에서 납부통지서를 발부받아 금융기관에 납부하면 됩니다.

⑦ 자동차의 경우 자동차에 대한 가압류집행해제신청서를 소재지 관할 시·군·구청의 세무과에 제시하고 등록면허세납부통지서를 발부받아 금융기관에 납부하고, 등록면허세영수필확인서 및 통지서를 해제신청서에 첨부합니다.

⑧ 부동산과 같이 등기를 요하는 가압류에 대한 집행취소신청을 하려는 자는 등기신청수수료로 부동산 1개당 3,000원의 대법원수입증지와 말소등기촉탁을 위한 우표 2회분(6,120원)을 구입해야 합니다(송달료규칙 제14조, 등기신청수수료 징수에 관한 예규 제2호자목 및 별표 1).

[서식 예] 부동산가압류 집행취소신청서(해방공탁을 이유로)

부동산가압류집행취소신청

채 권 자 ○○○
　　　　　○○시 ○○구 ○○길 ○○(우편번호 ○○○-○○○)
　　　　　전화·휴대폰번호:
　　　　　팩스번호, 전자우편(e-mail)주소:
채 무 자 ◇◇◇
　　　　　○○시 ○○구 ○○길 ○○(우편번호 ○○○-○○○)
　　　　　전화·휴대폰번호:
　　　　　팩스번호, 전자우편(e-mail)주소:

신 청 취 지

위 당사자 사이의 귀원 20○○카단○○호 부동산가압류신청사건에 관하여 귀원에서 20○○. ○. ○.자 결정한 가압류결정에 의한 채무자 소유의 별지목록 표시 부동산에 대한 가압류의 집행이 완료되었는바, 채무자는 위 결정주문에 표시된 해방금을 공탁하였기에 집행을 취소하여 주시기 바랍니다.

신 청 이 유

1. 채권자 ○○○, 채무자 ◇◇◇ 사이의 ○○지방법원 20○○카단○○호 부동산 가압류결정정본에 의하여 채권자는 채무자 소유의 부동산에 가압류집행을 하였습니다.
2. 이 사건 가압류결정 주문에는 채무자가 공탁하고 가압류집행의 정지 또는 취소를 구할 수 있는 해방금으로서 금 ○○○만원이 정해져 있습니다.
3. 그러므로 채무자는 위 결정주문에 따라 20○○. ○. ○. 해방금 ○○○만원을 귀원 공탁공무원에게 20○○년 금 제○○호로 공탁하였으므로 위 집행처분의 취소를 구하기 위하여 이 사건 신청에 이른 것입니다.

첨 부 서 류

1. 가압류결정등본	1통
1. 가압류집행조서등본	1통
1. 공탁서	1통
1. 송달료납부서	1통

20○○. ○. ○.

위 채무자 ◇◇◇ (서명 또는 날인)

○○지방법원 귀중

[별 지]

가압류부동산의 표시

1. ○○시 ○○구 ○○동 ○○-○○

   대 157.4㎡

1. 위 지상

   벽돌조 평슬래브지붕 2층주택

   1층 74.82㎡

   2층 74.82㎡

   지층 97.89㎡. 끝.

[서식 예] 부동산가압류 집행취소신청서(해방공탁을 이유로)

부동산가압류집행취소신청

신청인(채무자) ◇◇◇

　　　　　○○시 ○○구 ○○길 ○○(우편번호 ○○○-○○○)

　　　　　전화·휴대폰번호:

　　　　　팩스번호, 전자우편(e-mail)주소:

피신청인(채권자) ○○○

　　　　　○○시 ○○구 ○○길 ○○(우편번호 ○○○-○○○)

　　　　　전화·휴대폰번호:

신 청 취 지

위 당사자 사이의 ㅇㅇ지방법원 20ㅇㅇ카단ㅇㅇㅇㅇ호 부동산가압류사건에 관하여, 신청인(채무자)은 가압류결정에서 정한 청구금액 금 ㅇㅇㅇ원의 해방금을 공탁하였으므로, 별지목록 기재 부동산에 대한 가압류집행은 이를 취소한다.

라는 재판을 구합니다.

신 청 이 유

1. 피신청인(채권자)은 귀원에 신청인(채무자) 소유의 별지목록 기재 부동산에 관하여 손해배상 금 ㅇㅇㅇ원을 청구금액으로 하여 귀원 20ㅇㅇ카단ㅇㅇㅇㅇ호로 20ㅇㅇ. ㅇ. ㅇ. 부동산가압류결정을 받고, 위 결정에서 가압류해방금으로 금 ㅇㅇㅇ원을 정하였습니다.

2. 신청인은 위 결정에서 정한 해방금을 20ㅇㅇ. ㅇ. ㅇ. 귀원 공탁공무원에게 20ㅇㅇ년 금 제ㅇㅇ호로 공탁하였으므로, 위 부동산에 대한 가압류집행의 취소를 신청합니다.

첨 부 서 류

1. 가압류결정등본	1통
1. 가압류집행조서등본	1통
1. 공탁서	1통
1. 송달료납부서	1통

20ㅇㅇ. ㅇ. ㅇ.

위 신청인(채무자)　◇◇◇　(서명 또는 날인)

○○지방법원　귀중

[별 지]

부동산의 표시

○○시 ○○구 ○○동 ○○ 대 ○○○㎡. 끝.

(관련판례)

가압류집행의 목적물에 갈음하여 가압류해방금이 공탁된 경우에 그 가압류의 효력은 공탁금자체가 아니라 공탁자인 채무자의 공탁금회수청구권에 대하여 미치는 것이므로 채무자의 다른 채권자가 가압류해방공탁금회수청구권 에 대하여 압류명령을 받은 경우에는 가압류채권자의 가압류와 다른 채권자의 압류는 그 집행대상이 같아 서로 경합하게 됨. 가압류채권자가 가압류목적물에 대하여 우선변제를 받을 권리가 없는 것과 마찬가지로 가압류해방공탁금에 대하여도 우선변제권이 없다(대법원 1996. 11. 11.자 95마252 결정).

■ **가압류해방공탁금 회수청구권을 압류한 공탁금 대여자의 대항력은 어떻게 주장할 수 있는지요?**

Q. 甲은 乙이 그의 유일한 재산인 주택 및 대지를 채권자 丙으로부터 가압류 당하고 그 가압류를 취소시키고자 해방공탁금 3,000만원을 차용해달라고 하여 그러한 사정을 알면서 3,000만원을 대여하였습니다. 그런데 甲은 위 해방공탁금에 대하여 丙이 우선변제권을 가지지 못한다는 것을 알고서 위 해방공탁금에 대하여 乙로부터 작성·교부받은

약속어음공정증서에 기하여 압류 및 전부명령을 발부 받았습니다. 이 경우 甲이 위 압류 및 전부명령의 효력을 丙에 대하여 주장할 수 있는지요?

A. 민사집행법 제282조는 "가압류명령에는 가압류의 집행을 정지시키거나 집행한 가압류를 취소시키기 위하여 채무자가 공탁할 금액을 적어야 한다."라고 규정하고 있고, 같은 법 제299조 제1항은 "가압류명령에 정한 금액을 공탁한 때에는 법원은 결정으로 집행한 가압류를 취소하여야 한다."라고 규정하고 있습니다.

위와 같은 공탁금을 해방공탁금이라고 하는데, 가압류채권자의 해방공탁금에 대한 권리에 관하여 판례는 "가압류집행의 목적물에 갈음하여 가압류해방금이 공탁된 경우에 그 가압류의 효력은 공탁금 자체가 아니라 공탁자인 채무자의 공탁금회수청구권에 대하여 미치는 것이므로 채무자의 다른 채권자가 가압류해방공탁금회수청구권에 대하여 압류명령을 받은 경우에는 가압류채권자의 가압류와 다른 채권자의 압류는 그 집행대상이 같아 서로 경합하게 된다."라고 하였습니다(대법원 1996. 11. 11.자 95마252 결정).

그런데 가압류채무자에게 가압류집행취소를 위한 해방공탁금의 용도로 금원을 대여한 자가 그 대여금 채권에 기하여 한 가압류채무자의 해방공탁금회수청구권에 대한 압류 또는 가압류의 효력을 가압류채권자에게 주장할 수 있는지에 관하여 판례는 "해방금액의 공탁에 의한 가압류집행취소제도의 취지에 비추어 볼 때, 가압류채권자의 가압류에 의하여 누릴 수 있는 이익이 가압류집행취소에 의하여 침해되어서는 안 되므로, 가압류채무자에게 해방공탁금의 용도로 금원을 대여하여 가압류집행을 취소할 수 있도록 한 자는 비록 가압류채무자에 대한 채권자라 할지라도 특별한 사정이 없는 한 가압류채권자에 대한 관계에서 가압류 해방공탁금회수청구권에 대하여 위 대여금채권에 의한 압류 또는 가압류의 효력을 주장할 수는 없다."라고 하였습니다(대법원 1998. 6. 26. 선고 97다30820 판결).

따라서 위 사안에 있어서도 해방공탁금대여자인 甲은 가압류채권자인 丙에 대하여 위 압류 및 전부명령의 효력을 주장할 수 없을 것이므로, 위 해방공탁금의 배당절차에서 해방공탁금으로 대여한 그의 대여금채권을 배당받기 어려울 것으로 보입니다.

(관련판례)

해방금액의 공탁에 의한 가압류집행취소제도의 취지에 비추어 볼 때, 가압류 채권자의 가압류에 의하여 누릴 수 있는 이익이 가압류집행취소에 의하여 침해되어서는 안되므로, 가압류채무자에게 해방공탁금의 용도로 금원을 대여하여 가압류집행을 취소할 수 있도록 한 자는 비록 가압류채무자에 대한 채권자라 할지라도 특별한 사정이 없는 한 가압류 채권자에 대한 관계에서 가압류 해방공탁금회수청구권에 대하여 위 대여금채권에 의한 압류 또는 가압류의 효력을 주장할 수는 없음(대법원 1998. 6. 26. 선고 97다30820 판결).

■ 모든 상황이 정리되었는데 아직까지 가압류가 안 풀린 경우

에는 어떻게 해야 하나요?

Q. 2001년도에 부동산에 가압류가 들어왔지만, 모든 상황이 정리되었습니다. 그런데 아직까지 가압류가 안 풀렸습니다. 어떻게 해야 하나요?

A. 가압류 원인이 되는 상황이 정리되었다면, 아마도 채권채무관계가 종료된 것으로 보입니다.

이와 같은 경우 가압류의 피보전권리가 소멸되었으므로 사정변경을 이유로 법원에 가압류 취소를 신청할 수 있습니다.

① 사정 변경

채무자는 다음의 어느 하나에 해당하는 사유가 있는 경우 가압류가 인가된 뒤에도 가압류 취소를 신청할 수 있습니다.

1. 가압류 이유가 소멸되었거나 그 밖에 사정이 바뀐 경우

2. 채무자가 법원이 정한 담보를 제공한 경우

② 가압류가 집행된 뒤 채권자가 일정기간 내에 본안의 소를 제기하지 않은 경우

가압류가 집행된 뒤 채권자가 민사집행법 부칙에 따라 본안의 소를 제기하지 않는 경우 채무자나 이해관계인은 법원에 가압류의 취소를 신청하여 가압류를 풀 수 있습니다.

(관련판례)

구 민사소송법 제702조의 가압류해방금액은, 채무자가 입을 수 있는 손해를 담보하는 취지의 이른바 소송상의 담보와는 달리 가압류의 목적물에 갈음하는 것으로서, 금전에 의한 공탁만이 허용되고, 유가증권에 의한 공탁은 그 유가증권이 실질적 통용가치가 있는 것이라고 하더라도 허용되지 않는

다(대법원 1996. 10. 1. 자 96마162 전원합의체 결정).

■ **가압류의 경합이 없는 경우에도 공탁이 가능한지요?**

Q. 저는 갑에게 500만원의 채무를 지고 있습니다. 그런데 갑에게 200만원의 채권을 가지고 있는 사람이 갑의 저에 대한 채권을 가압류하여 저는 공탁을 하려고 합니다. 이 경우에 공탁이 가능할까요?

A. 구 민사소송법 아래에서는 배당요구가 있거나 중복압류가 있는 등 채권자가 경합하는 경우에만 집행공탁을 할 수 있었지만, 현행 민사집행법 하에서는 채권이 압류되면 채권자의 경합이 없더라도 제3채무자(귀하)는 그의 선택에 따라 압류채권 상당액 또는 압류에 관련된 금전채권을 공탁하여 채무를 벗어날 수 있도록 하였습니다.(민사집행법 제248조 제1항) 가압류의 경우에도 민사집행법 제291조는 "가압류의 집행에 대하여는 강제집행에 관한 규정을 준용한다"고 규정하여 가압류 경우에도 채권자가 경합하지 않아도 공탁이 허용되도록 하였습니다. 따라서, 귀하는 귀하의 선택에 따라 압류채권 상당액(200만원) 또는 압류에 관련된 금전채권(500만원)전액을 공탁할 수 있습니다. 이 경우 가압류의 효력은 공탁금액에 대한 채무자의 출급청구권에 대하여 존속합니다(민사집행법 제297조),

■ **가압류 해방공탁금에 대하여 가압류채권자에게 우선권이 있**

는지요?

Q. 저는 甲의 부동산을 가압류한 후 그에 대한 대여금 700만원 청구소송을 제기하여 소송진행 중에 있습니다. 그런데 甲은 700만원을 해방공탁한 후 가압류가 해제되자 그 부동산을 처분하였으며, 甲의 채권자 乙은 甲의 위 해방공탁금회수청구권을 압류하였습니다. 이 경우 위 해방공탁금은 저의 부동산가압류에 대한 해방공탁금이므로 제가 乙보다 우선하여 채권의 만족을 얻을 수 있는지요?

A. 가압류해방금액에 관하여 민사집행법 제282조는 "가압류명령에는 가압류의 집행을 정지시키거나 집행한 가압류를 취소시키기 위하여 채무자가 공탁할 금액을 적어야 한다."라고 규정하고 있고, 가압류집행의 취소에 관하여 같은 법 제299조 제1항은 "가압류명령에 정한 금액을 공탁한 때에는 법원은 결정으로 가압류를 취소하여야 한다."라고 규정하고 있습니다.

그러므로 채무자가 가압류명령에 기재된 해방금액을 공탁하였을 때에는 법원은 가압류를 취소하여야 합니다. 그러나 이와 같이 가압류집행이 취소되더라도 가압류명령 그 자체의 효력이 소멸되는 것은 아니고, 가압류채권자가 본안소송에서 승소의 확정판결을 받거나 가집행선고가 있는 때에는 그 가압류해방공탁금이 집행의 대상이 됩니다.

그런데 이 경우 판례는 가압류의 효력은 그 가압류해방공탁금 자체가 아니라 공탁자인 채무자의 가압류해방공탁금회수청구권에 대하여 미치는 것으로 보기 때문에 채무자의 다른 채권자가 가압류해방공탁금회수청구권에 대하여 압류명령을 받은 경우에는 가압류채권자의 가압류와 다른 채권자의 압류는 그 집행대상이 같아 서로 경합하게 됩니다. 따라서 이러한 경우 가압류채권자에게 어떤 우선권이 주어지는지 문제되는데, 가압류채권자가 가압류목적물에 대하여 우선변제 받을 권리가 없는 것과 마찬가지로 가압류해방공탁금에 대하여도 우선변제권이 없으므로, 집행력 있는 집행권원을 가진 다른 채권자가 가압류해방공탁금회수청구권에 대하여 강제집행절차를 밟는다고 하여 가압류채권자에게 별다른 손해를 주는 것도 아니므로 가압류채권자가 다른 채권자에 대하여 우선권을 가진다고 할 수는 없다 하겠습니다(대법원 1996. 11. 11.자 95마252 결정).

따라서 귀하의 경우에도 귀하의 채권과 乙의 채권이 채권액에 비례하여 안분배당되는데, 귀하의 대여금청구소송이 끝나기 전에 배당이 실시된다면 귀하의 배당액은 공탁될 것이고, 귀하는 위 소송이 끝난 후 공탁된 금원을 수령할 수 있을 것입니다.

제3절 공탁금 회수

1. 현금 공탁금 회수

가압류 결정을 받기 위해 현금공탁을 한 경우 가압류 결정 이전에 신청을 취하하거나 각하된 때 또는 가압류 결정 이후 법원의 담보취

소결정을 받아 공탁금을 회수할 수 있습니다(민사집행법 제19조제3
항, 민사소송법 제125조 및 공탁법 제9조제2항제3호).

2. 가압류 명령 결정 전 공탁금 회수

① 채권자는 가압류 명령 결정 전 가압류 신청을 취하하거나 가압
류 신청이 각하된 경우 공탁의 원인이 소멸하였음을 증명하여 공탁
금을 회수할 수 있습니다(공탁법 제9조제2항제3호).
② 공탁금을 회수하려는 자는 공탁소멸을 증명하는 서류와 공탁물
회수청구서를 2부 작성하여 제출해야 합니다(공탁규칙 제32조제1항
및 제34조제2호).

3. 가압류 명령 결정 후 공탁금 회수

3-1. 본안 소송에서 채권자가 승소한 경우(담보사유가 소멸한경우)
① 본안 소송에서 전부 승소한 채권자는 담보취소신청을 하고, 법원
으로부터 담보취소결정을 받아 공탁금을 회수할 수 있습니다(민사소
송법 제125조제1항).
② 담보취소신청을 하려는 채권자는 담보취소신청서와 첨부서류를
기존에 담보제공명령을 한 법원에 제출해야 합니다(민사소송법 제
125조제1항 및 민사소송규칙 제23조제1항).
③ 담보취소신청을 하려는 채권자는 1,000원의 인지와 2회분의 송달
료(당사자 수 × 2회분 × 3,700원)를 납부해야 합니다.
④ 법원으로부터 담보취소결정이 있으면 결정정본의 각 당사자에게
송달되고, 그로부터 7일이 경과하면 담보취소 사건은 확정됩니다(민

사소송법 제125조제4항 및 제444조제1항).

⑤ 채권자는 확정된 담보취소사건의 결정정본과 확정증명원, 공탁서 원본을 공탁금 회수청구서(2부)에 첨부하여 공탁소에서 공탁금을 회수할 수 있습니다(공탁규칙 제32조제1항 및 제34조제2호).

***확정증명원 작성례**

확정증명원

사 건 20○○카담○○○○ 담보취소
신 청 인 ○○○
피신청인 ◇◇◇
위 당사자간 귀원 20○○카담○○○호 담보취소신청 사건에 관하여 동 담보취소결정이 이미 확정되었음을 증명하여 주시기 바랍니다.

20○○. ○. ○.

위 신청인 ○○○ (서명 또는 날인)

○○지방법원 귀중

⑥ 법원으로부터 담보취소결정확정증명원을 받으려는 채권자는 확정증명원 2부를 작성하여 1부에는 500원의 인지를 붙여 법원에 제출해야 합니다(민사접수서류에 붙일 인지액 및 그 편철방법 등에 관한 예규 제3조 및 별표).

■ 판결 확정 전에도 가집행정지를 위한 공탁금을 회수할 수 있는지요?

Q. 甲은 乙이 제기한 물품대금청구의 제1심 소송에서 패소하여 항소하였는데, 乙이 가집행선고부 제1심 판결에 기하여 강제집행을 할 것으로 보여 강제집행정지담보공탁을 한 후 강제집행을 정지시켰습니다. 그런데 甲이 항소심에서 승소하여 제1심 판결이 취소되었으나 아직 확정되지는 않은

상태인바, 이 경우 甲이 강제집행정지를 위한 담보의 사유가 소멸되었음을 이유로 위 공탁금을 회수할 수 있는지요?

A. 민사소송법 제125조 제1항은 "담보제공자가 담보하여야 할 사유가 소멸되었음을 증명하면서 취소신청을 하면, 법원은 담보취소결정을 하여야 한다."라고 규정하고 있고, 이 규정은 민사집행법 제19조 제3항에 의하여 민사집행절차에도 준용하고 있습니다.

가집행선고 있는 판결에 대한 강제집행정지를 위한 담보는 채권자가 그 강제집행정지로 인하여 입게 될 손해의 배상채권을 확보하기 위한 것인데, 가집행선고부 제1심 판결이 항소심판결에 의하여 취소되었으나 그 항소심판결이 미확정인 경우, 가집행선고부 제1심 판결에 대한 강제집행정지를 위한 담보는 그 사유가 소멸되었다고 볼 수 있는지에 관하여 판례는 "제1심 판결에 붙은 가집행선고는 그 본안판결을 변경한 항소심판결에 의하여 변경의 한도에서 효력을 잃게 되지만, 그 실효는 변경된 그 본안판결의 확정을 해제조건으로 하는 것이어서 그 항소심판결을 파기하는 상고심판결이 선고되면 가집행선고의 효력은 다시 회복되기에, 그 항소심판결이 확정되지 아니한 상태에서는 가집행선고부 제1심 판결에 기한 가집행이 정지됨으로 인하여 입은 손해의 배상을 상대방에게 청구할 수 있는 가능성이 여전히 남아 있다고 할 것이므로, 가집행선고부 제1심 판결이 항소심판결에 의하여 취소되었다 하더라도 그 항소심판결이 미확정인 상태에서는 가집행선고부 제1심 판결에 대한 강제집행정지를 위한 담보는 그 사유가 소멸되었다고

볼 수 없다."라고 하였습니다(대법원 1999. 12. 3.자 99마
2078 결정).

따라서 위 사안의 경우 甲은 항소심이 확정되지 않은 상태
에서는 위 강제집행정지를 위한 담보공탁의 담보취소결정
을 받을 수 없을 것으로 보입니다.

3-2. 채무자의 동의가 있는 경우(담보권리자인 채무자로부터 담보취소에 대한 동의 및 항고권포기서를 받은 경우)

① 본안 소송이 종료되지 않아도 채무자의 동의를 받았음을 증명한
경우 채권자는 법원의 담보취소결정을 받아 그 확정증명원을 첨부하
여 공탁금을 회수할 수 있습니다(민사소송법 제125조제2항).

② 담보취소신청을 하려는 채권자는 1,500원의 인지(담보취소신청·확
정증명원 각 1,000원·500원)와 2회분의 송달료(당사자 수 × 2회분
× 3,700원)를 납부해야 합니다(민사접수서류에 붙일 인지액 및 그
편철방법 등에 관한 예규 제3조 및 별표, 송달료규칙의 시행에 따른
업무처리요령 제7조제1항, 별표 1 및 국내 통상우편요금 및 우편이
용에 관한 수수료 별표).

③ 채권자는 확정된 담보취소사건의 결정정본과 확정증명원, 공탁서
원본을 공탁금 회수청구서에 첨부하여 공탁소에서 공탁금을 회수할
수 있습니다(공탁규칙 제32조제1항 및 제34조제2호).

④ 공탁물이 금전인 경우 그 원금 또는 이자의 수령, 회수에 대한
권리는 그 권리를 행사할 수 있는 때부터 10년간 행사하지 않으면
시효로 인하여 소멸합니다(공탁법 제9조제3항).

3-3. 채권자가 본안 소송에서 패소한 경우(권리행사최고 기간이 만

료된 경우)

① 채권자가 본안 소송에서 패소하였지만, 채권자의 신청에 의해 법원은 담보권리자(채무자)에게 일정한 기간 이내에 그 권리를 행사하도록 최고하고, 담보권리자가 그 행사를 하지 않은 때에는 담보취소에 대하여 동의한 것으로 보아 위의 경우와 같이 공탁금을 회수할 수 있습니다(민사소송법 제125조제3항).

② 권리행사최고를 통해 공탁금을 회수하려는 채권자는 2,500원의 인지(권리행사최고·담보취소신청·확정증명원 각 1,000원·1,000원·500원)와 5회분(권리행사최고 3회분, 담보취소신청 2회분)의 송달료(당사자 수 × 5회분 × 3,700원)를 납부해야 합니다(민사접수서류에 붙일 인지액 및 그 편철방법 등에 관한 예규 제3조 및 별표, 송달료규칙의 시행에 따른 업무처리요령 제7조제1항 및 별표 1).

③ 채권자는 확정된 담보취소사건의 결정정본과 확정증명원, 공탁서 원본을 공탁금 회수청구서에 첨부하여 공탁소에서 공탁금을 회수할 수 있습니다(공탁규칙 제32조제1항 및 제34조제2호).

[서식 예] 담보취소신청서(피신청인으로부터 동의를 얻었을 경우)

담보취소신청

신청인 ○○○(주민등록번호)
    ○○시 ○○구 ○○길 ○○(우편번호 ○○○-○○○)
    전화·휴대폰번호:
    팩스번호, 전자우편(e-mail)주소:
피신청인 ◇◇◇(주민등록번호)

○○시 ○○구 ○○길 ○○(우편번호 ○○○-○○○)

전화·휴대폰번호:

팩스번호, 전자우편(e-mail)주소:

위 당사자 사이의 귀원 20○○카단○○호 유체동산가압류신청사건에 관하여 신청인이 피신청인의 손해담보를 위하여 금 ○○만원을 귀원 20○○년 금 제○○호로 공탁하였는데, 피신청인이 담보취소에 동의를 하였으므로 이 사건 담보취소를 신청합니다.

첨 부 서 류

1. 담보취소동의서   1통
1. 즉시항고권포기서   1통
1. 인감증명서   2통
1. 영수증(피공탁자 1통, 공탁자 3통)   3통
1. 가압류결정문   1통
1. 송달료납부서   1통

20○○. ○. ○.

위 신청인 ○○○ (날인)

○○지방법원   귀중

[서식 예] 담보취소동의서

담보취소동의서

신청인 ○○○(주민등록번호)

○○시 ○○구 ○○길 ○○(우편번호 ○○○-○○○)

전화·휴대폰번호:

팩스번호, 전자우편(e-mail)주소:

피신청인 ◇◇◇(주민등록번호)

○○시 ○○구 ○○길 ○○(우편번호 ○○○-○○○)

전화·휴대폰번호:

팩스번호, 전자우편(e-mail)주소:

위 당사자 사이의 귀원 20○○카단○○호 유체동산가압류신청사건에 관하여 신청인이 피신청인의 손해담보를 위하여 금 ○○만원을 귀원 20○○년 금 제○○호로 공탁하였는데, 피신청인은 신청인이 위 공탁금을 회수하는데 동의하고, 그 회수를 위한 담보취소에 동의합니다.

첨 부 서 류

1. 인감증명　　　　　　　　　　　　　　　1통

20○○. ○. ○.

위 피신청인 ◇◇◇ (날인)

○○지방법원 귀중

■ 집을 팔려고 하는데 가압류를 풀려면 어떻게 해야 되나요?

Q. 임차보증금 반환과 관련하여 소송 중에 임차인이 주택을 가압류했습니다. 집을 팔려고 하는데 가압류를 려면 어떻게 해야 되나요?

A. 집주인은 가압류를 풀려면 법원이 가압류 결정을 할 때 정한 가압류 해방금액을 공탁한 후, 집행법원에 가압류 취소를 신청해야 합니다.

이에 따라 가압류를 취소하려는 채무자는 가압류 결정을 내린 법원의 공탁소에 공탁서를 제출하고, 공탁금을 지정된 은행에 납부하면 됩니다.

가압류 해방금액을 공탁한 채무자는 그 공탁서를 첨부하여 집행법원 또는 가압류명령을 발령한 법원에 가압류집행의 취소를 신청할 수 있습니다.

① 가압류 해방금액

법원은 가압류 결정을 내릴 때 가압류의 집행을 정지시키거나 집행한 가압류를 취소시킬 때 필요한 공탁금액(해방공탁금)을 가압류명령서에 기재해야 합니다.

② 임차인이 공탁금을 받는 경우

임차인이 가압류 해방공탁금을 찾기 위해서는 먼저 집주인을 상대로 소송을 제기하여 '집주인은 임차보증금을 지급하라'는 판결을 받아야 합니다.

판결을 받고 난 뒤 '공탁금회수청구권'에 대하여 전부명령 또는 추심명령을 받아 가압류 해방공탁금을 받아가면 됩니다.

③ 집주인이 공탁금을 회수하는 경우

집주인이 본안소송에서 승소하면 집주인은 사정변경에 의한 가압류취소결정을 받고 그 확정증명서를 받아 공탁금을 회수할 수 있습니다.

■ 가압류취소판결 후 제3자로 소유권이전등기가 경료된 경우

가압류권자에게 대항할 수 있나요?

Q. 저는 A아파트를 얼마 전 구매하였습니다. 그런데 사실 이 A 아파트는 가압류가 되어있었는데, 가압류취소판결의 집행에 의하여 가압류등기가 말소된 후 소유권 이전등기를 받았습니다. 이 경우에 제가 가압류권자에게 대항할 수 있나요?

A. 가압류 취소판결로 가압류등기가 말소된 경우 그 이후에 A 아파트에 관하여 소유권이전등기를 경료한 귀하는 가압류의 제한을 받지 않고 가압류 신청인에게 그 소유권 취득의 효력으로 대항할 수 있습니다.(대법원 2007. 11. 30. 선고 2006므 2580 판결 참조.) 그러므로 위와 같이 이미 A아파트에 관하여 귀하 앞으로 소유권이전등기가 경료된 경우에는 가압류 신청인은 더 이상 그 가압류명령을 신청할 이익이 없게 됩니다.(대법원 1998. 10. 13. 선고96다42307 판결 등 참조.) 따라서, 귀하는 가압류 신청인에게 소유권 취득으로 대항할 수 있으며 가압류 신청인은 가압류신청이익을 잃게 됩니다.

제6장 가압류 채무자의 구제

제1절 가압류에 대한 이의신청

① 가압류 결정에 대하여 이의신청을 하려는 채무자 등은 신청의 취지와 이유를 적은 이의신청서를 관할법원에 제출해야 합니다.

② 이의신청에 대한 결정으로 가압류 결정의 전부나 일부를 인가·변경 또는 취소할 수 있습니다. 이 경우 법원은 채권자에게 적당한 담보를 제공하도록 명할 수 있습니다.

■ **타인의 물건이 가압류된 경우 물건소유자의 불복방법은 없나요?**

Q. 저는 남편 甲과 함께 친정에서 살다가 3년 전부터 별거하고 있으며, 甲의 주거가 일정하지 않아 주민등록은 친정집 주소지로 계속 사용하고 있었습니다. 그런데 甲의 채권자가 친정집의 가재도구인 유체동산에 가압류집행을 하였는데, 그 집행된 물건은 친정식구들 소유입니다. 위 가압류집행에 불복하려면 어떻게 해야 하는지요?

A. 채무자는 가압류결정에 대하여 이의신청을 할 수 있을 뿐(민사집행법 제283조 제1항), 항고하는 것은 허용되지 않습니다(대법원 1973. 7. 26.자 73마656 결정, 1999. 4. 20.자 99마865 결정). 이의를 신청할 수 있는 사람은 채무자와 그 일반승계인에 한하고 이의신청에는 기간의 제한이 없어

가압류명령이 유효하게 존재하는 한 언제든지 할 수 있습니다.

그런데 귀하의 질문과 같이 위 가압류목적물이 채무자의 소유가 아닌 제3자 소유인 경우에는 제3자 이의의 소로써 다투어야 합니다. 유체동산의 강제집행은 집행대상물이 채무자 소유(책임재산이라고 함)인지의 여부 즉, 실체관계를 따지지 않고 대상물의 외형과 존재상황만에 의하여 판별하도록 하고 있어, 귀하의 경우와 같이 실체법적으로 채무자의 책임재산에 속하지 아니함에도 불구하고 집행기관에 의하여 강제집행대상이 되는 경우가 있는데, 이런 경우에는 그 집행기관이 아닌 권리판정기관이 신중한 절차로써 그 실체를 가리도록 하는바, 이 제도가 「민사집행법」제48조에 규정된 '제3자 이의의 소'입니다. 이 소송은 일반적인 소송방법과 같으며 채권자를 피고로 하는 것이고, 특별한 경우 채무자도 공동피고로 할 수 있는 경우도 있으며(같은 법 제48조 제1항 단서), 이의 승소판결로써 위 가압류집행을 정지 또는 취소시킬 수 있을 것입니다.

다만 제3자 이의의 소 제기만으로 당연히 강제집행이 정지되는 것은 아니므로, 강제집행정지 신청을 함께하여 정지결정을 받아 집행관 사무실에 제출하여 집행을 정지시킨 후, 제3자 이의의 소에서 승소 확정되면, 그 판결문을 다시 집행관에게 제출하여 강제집행을 취소시켜야 종국적으로 해결됩니다.

1. 가압류에 대한 이의

1-1. 채무자의 이의신청

채무자는 가압류 결정에 대하여 이의를 신청할 수 있습니다(민사집행법 제283조제1항).

[서식 예] 가압류결정에 대한 이의신청서

가압류결정에 대한 이의신청

신청인(채무자)　○○○(주민등록번호)

　　　　　　　　○○시 ○○구 ○○길 ○○(우편번호 ○○○-○○○)

　　　　　　　　전화·휴대폰번호:

　　　　　　　　팩스번호, 전자우편(e-mail)주소:

피신청인(채권자)　◇◇◇(주민등록번호)

　　　　　　　　○○시 ○○구 ○○길 ○○(우편번호 ○○○-○○○)

　　　　　　　　전화·휴대폰번호:

　　　　　　　　팩스번호, 전자우편(e-mail)주소:

신 청 취 지

1. 피신청인의 신청인에 대한 ○○지방법원 20○○카단○○○호 유체동산가압류신청사건에 관하여 귀원이 20○○. ○. ○.자에 한 가압류결정을 취소한다.
2. 피신청인의 위 가압류신청을 기각한다.
3. 소송비용은 피신청인의 부담으로 한다.

라는 재판을 구합니다.

신 청 원 인

1. 피신청인(채권자)은 20○○. ○. ○. 신청인(채무자)에게 대여한 대
   여금채권이 있는데도 변제기일이 지난 뒤에도 변제하지 않고 있다고
   주장하고 같은 채권의 집행보전을 위하여 신청인(채무자) 소유의 유
   체동산가압류신청에 이른 것이라고 주장하여 ○○지방법원 20○○
   카단○○○호 유체동산가압류결정에 의하여 신청인(채무자) 소유의
   유체동산을 가압류집행한 사실이 있습니다.

2. 그러나 신청인(채무자)은 20○○. ○. ○. 피신청인(채권자)으로부터
   금 ○○○원을 차용한 사실은 인정하나 변제기일이 지난 현재에 이
   르도록 변제하지 않고 있다는 사실은 부인합니다. 왜냐하면, 피신청
   인(채권자)이 위 채권을 20○○. ○. ○. ○○시 ○○구 ○○동 ○
   ○○에 주소를 둔 신청외 ■■■에게 양도하고 같은 날짜로 채권
   양도통지와 함께 변제기일이 도래하면 양수인인 신청외 ■■■에게
   지급하라는 당부까지 있어서 신청인(채무자)은 변제기일인 20○○.
   ○. ○. 신청외 ■■■에게 채무전액을 변제하였기 때문입니다.

3. 그러므로 신청인(채무자)의 피신청인(채권자)에 대한 채무는 소멸하
   였으므로 이에 기한 이 사건 유체동산가압류신청은 그 이유가 없으
   므로 이의 취소를 구하고자 이 사건 신청을 하기에 이른 것입니다.

소 명 방 법

    1. 소을 제1호증　　　　　유체동산가압류집행조서

    1. 소을 제2호증　　　　　채권양도통지서

    1. 소을 제3호증　　　　　영수증

첨 부 서 류

1. 위 소명방법　　　　　　　　　각 1통
1. 송달료납부서　　　　　　　　　1통

20○○. ○. ○.

위 신청인(채무자) ○○○ (서명 또는 날인)

○○지방법원　귀중

1-2. 이의사건의 관할법원

① 이의사건은 가압류 명령을 발령한 법원의 전속관할에 속합니다(법원행정처, 법원실무제요 민사집행Ⅳ).

② 채권자의 가압류 신청이 제1심에서 배척되고 채권자의 항고에 의해 항고심에서 가압류 명령을 하게 된 경우 항고심법원이 관할법원이 됩니다(대법원 1999.4.20.자 99마865 결정).

③ 법원은 가압류 이의신청사건에 관하여 현저한 손해 또는 지연을 피하기 위한 필요가 있는 때에는 직권으로 또는 당사자의 신청에 따라 결정으로 그 가압류 사건의 관할권이 있는 다른 법원에 사건을 이송(移送)할 수 있습니다. 다만, 이송받는 법원의 심급이 다른 경우에는 이송이 허용되지 않습니다(민사집행법 제284조).

1-3. 이의신청 자격

① 이의신청을 할 수 있는 사람은 가압류의 채무자와 그 일반승계

인, 파산관재인 등이며, 구체적으로 살펴보면 다음과 같습니다(법원
행정처, 법원실무제요 민사집행 Ⅳ).

② 채무자의 특정승계인은 직접 자기 이름으로 이의신청을 할 수는
없고, 민사소송법 제81조에 따른 참가승계의 절차를 거쳐 승계인으
로서 이의신청을 할 수 있습니다(대법원 1970. 4. 28. 선고 69다
2108 판결).

③ 채무자의 채권자는 채무자를 대위하여 이의신청할 수 없습니다.
다만, 이해관계인으로서 보조참가신청과 동시에 이의신청을 할 수
있습니다(민사소송법 제71조 및 제76조).

④ 가압류의 제3채무자는 당사자가 아니므로 이의신청을 할 수 없
습니다(대법원 1998. 2. 13. 선고 95다15667 판결).

⑤ 가처분의 피보전권리의 전부 또는 일부가 가처분 결정 당시부터
자기의 권리라고 주장하는 제3자가 동시에 권리보전에 필요가 있는
때에는 독립당사자 참가를 할 수 있고, 그 제3자는 참가신청과 동
시에 이의신청을 할 수 있습니다(민사소송법 제79조).

2. 이의신청

2-1. 신청시기

이의신청의 시기는 법률상 제한이 없으므로 가압류가 유효하게 존재
하고 취소·변경을 구할 이익이 있는 한 언제든지 할 수 있습니다(법
원행정처, 법원실무제요 민사집행 Ⅳ).

■ 불복절차인 이의신청이나 취소신청에 의하지 않고 불법행위
를 이유로 한 손해배상을 청구할 수 있는지요?

Q. 을은 약속어음금채권을 피보전권리로 하여 갑 소유의 부동산에 대한 가압류를 신청하여 인용된 바 있습니다. 그 후 을은 갑을 상대로 약속어음금의 지급을 청구하는 본안소송을 제기하였으나, 을이 전부 패소한 경우, 갑은 을을 상대로 위 가압류가 불법행위를 구성한다고 주장하면서 그로 인한 손해배상을 청구할 수 있나요?

A. "가압류나 가처분 등 보전처분은 법원의 재판에 의하여 집행되는 것이기는 하나 그 실체 상 청구권이 있는지 여부는 본안소송에 맡기고 단지 소명에 의하여 채권자의 책임 아래 하는 것이므로, 그 집행 후에 집행채권자가 본안소송에서 패소 확정되었다면 그 보전처분의 집행으로 인하여 채무자가 입은 손해에 대하여는 특별한 반증이 없는 한 집행채권자에게 고의 또는 과실이 있다고 추정되고, 따라서 부당한 집행으로 인한 손해에 대하여 이를 배상할 책임이 있고, 부당한 보전처분으로 인한 손해배상책임이 성립하기 위하여 일반적인 불법행위의 성립에 있어서 필요한 고의 또는 과실 이외에 오로지 채무자에게 고통을 주기 위하여 보전처분을 하였다는 점까지 필요한 것은 아니다"라는 것이 판례의 태도입니다(대법원 1999. 4. 13. 선고 98다52513 판결). 또한 "가압류신청에서 채권액보다 지나치게 과다한 가액을 주장하여 그 가액대로 가압류 결정이 된 경우 본안 판결에서 피보전권리가 없는 것으로 확인된 부분의 범위 내에서는 고의·과실이 추정되고 다만 특단의 사정이 있으면 고의·과실이 부정된다고 보아야 할 것이다(대법원 1995. 12. 12. 선고 95다34095, 34101 판결)"라고 판시

하고 있습니다. 이러한 판례의 태도에 비추어 보전처분의 채무자는 이의신청이나 취소신청에 따른 불복절차 외에 보전처분이 불법행위에 해당한다는 이유로 그로 인한 손해배상 청구도 가능하다고 하겠습니다.

따라서 갑이 을에게 불법행위를 이유로 손해배상청구를 할 수 있다고 하겠습니다.

[서식 예] 제3자이의의 소(가압류집행에 대한 이의)

소   장

원　　고　　○○○ (주민등록번호)

　　　　　　○○시 ○○구 ○○로 ○○(우편번호 ○○○-○○○)

　　　　　　전화·휴대폰번호:

　　　　　　팩스번호, 전자우편(e-mail)주소:

피　　고　　주식회사◇◇은행

　　　　　　○○시 ○○구 ○○로 ○○(우편번호 ○○○-○○○)

　　　　　　대표이사 ◈◈◈

　　　　　　전화·휴대폰번호:

　　　　　　팩스번호, 전자우편(e-mail)주소:

제3자이의의 소

청　구　취　지

1. 피고가 소외 ◉◉주택주식회사에 대한 ○○지방법원 ○○지원 20○
　　○ 카단○○○○호 집행력 있는 가압류결정정본에 기하여 20○○.
　　○. ○. 가압류 집행한 물건 중 별지목록 기재 물건에 대하여 한

가압류집행은 이를 불허한다.

2. 소송비용은 피고의 부담으로 한다.

라는 판결을 구합니다.

청 구 원 인

1. 피고는 소외 ◉◉주택주식회사(다음부터 소외회사라고만 함)에 대한 귀 원 20○○카단○○○○호 유체동산가압류결정정본에 기하여 20○○. ○. ○. 소외회사의 소재지인 ○○ ○○시 ○○면 ○○로 140에서 별지 가압류조서 기재와 같이 각 물건을 가압류하였습니다.

2. 그러나 위 가압류 물건 중 별지목록 기재의 물건은 소외회사의 소유물이 아니라 원고의 소유에 속하는 것으로서, 원고가 주택을 신축하기 위하여 20○○. ○. ○. 소외 ◎◎◎로부터 금 5,000,000원에 매수하였습니다.

3. 원고는 위 물건을 매수한 날부터 그 다음날까지 별지목록 기재 물건{소나무 원목 통나무 11,000사이('사이'란 통나무를 3m간격으로 절단한 경우의 단위임}를 소외회사로 운반하였으며 갑 제4호증(원목작업확인서1), 같은 달 13. 원고의 요청이 있으면 언제든지 반환 받기로 하고 위 물건를 소외회사에게 보관시켰습니다.

4. 그러므로 원고는 위 통나무에 대하여 정당한 소유자로서 피고로부터 집행을 당할 하등의 이유가 없으므로 청구취지와 같은 판결을 구하고자 이 사건 소제기에 이른 것입니다.

입 증 서 류

1. 갑 제1호증　　　　　　　　　유체동산가압류집행조서 등본

1. 갑 제2호증   소나무원목판매확인서

1. 갑 제3호증   각 원목작업확인서

1. 갑 제4호증   물품보관증

1. 갑 제5호증   인감증명서

첨 부 서 류

1. 위 입증서류   각 1통

1. 법인등기사항증명서   1통

1. 소장부본   1통

1. 송달료납부서   1통

2000. 0. 0.

위 원고   ○○○   (서명 또는 날인)

○○지방법원 ○○지원 귀중

[별 지]

물 건 목 록

소나무 원목 통나무 11,000사이

('사이'란 통나무를 3m간격으로 절단한 경우의 단위임}

물건소재지 : ○○시 ○○구 ○○로 ○○. 끝.

관할법원	※ 아래(1)참조	소멸시효 기　간	○○년(☞소멸시효일람표)
제출부수	소장원본 1부 및 피고 수만큼의 부본 제출		
비　　용	· 인지액 : ○○○원(☞산정방법) ※ 아래(2)참조 · 송달료 : ○○○원(☞적용대상사건 및 송달료 예납기준표)		
불복절차 및 기 간	· 항소(민사소송법 제390조) · 판결서가 송달된 날부터 2주 이내(민사소송법 제396조 제1항)		
기　　타	· 제3자가 강제집행의 목적물에 대하여 소유권이 있다고 주장하거나 목적물의 양도나 인도를 막을 수 있는 권리가 있다고 주장하는 때에는 채권자를 상대로 그 강제집행에 대한 이의의 소를 제기할 수 있고, 다만, 채무자가 그 이의를 다투는 때에는 채무자를 공동피고로 할 수 있는데(민사집행법 제48조(제3자이의의 소) 제1항), 이 규정은 가압류집행에 대하여도 준용됨(민사집행법 제291조).		

※ (1) 관　할

집행법원의 관할에 속함. 유체동산에 대한 보전처분의 집행법원에 대하여는 특별한 규정이 없으므로 집행절차를 실시할 곳이나 실시한 곳을 관할하는 지방법원이 집행법원이 되고, 시·군법원에서 한 보전처분에 대한 제3자이의의 소의 관할법원은 시·군법원이 있는 곳을 관할하는 지방법원 또는 지방법원지원이 됨(민사집행법 제22조 제2호).

※ (2) 인　지

소장에는 소송목적의 값에 따라 민사소송등인지법 제2조 제1항 각 호에 따른 금액 상당의 인지를 붙여야 함. 다만, 대법원 규칙이 정하는 바에 의하여 인지의 첩부에 갈음하여 당해 인지액 상당의 금액을 현금이나 신용카드·직불카드 등으로 납부하게 할 수 있는바, 현행 규정으로는 인지첩부액이 1만원 이상일 경우에는 현금으로 납부하여야 하고 또한 인지액 상당의 금액을 현금으로 납부할 수 있는 경우 이를 수납은행 또는 인지납부대행기관의 인터넷 홈페이지에서 인지납부대행기관을 통하여 신용카드 등으로도 납부할 수 있음(민사소송등인지규칙 제27조 제1항 및 제28조의 2 제1항).

2-2. 이의신청서의 제출

① 가압류 결정에 대하여 이의신청을 하려는 채무자 등은 신청의 취지와 이유를 적은 이의신청서를 관할법원에 제출해야 합니다(민사집행법 제283조제2항 및 민사집행규칙 제203조).

② 가압류 결정에 대하여 이의신청을 하려는 채무자 등은 이의신청서에 10,000원의 인지를 붙여야 하고, 당사자 1명당 8회분의 송달료(당사자가 채권자 및 채무자 2명이라 할 경우: 2명 × 3,700원 × 8회 = 56,800원)를 송달료납부서로 납부해야 합니다(민사소송 등 인지법 제9조제2항 본문, 민사접수서류에 붙일 인지액 및 그 편철방법 등에 관한 예규 제3조·별표, 송달료규칙의 시행에 따른 업무처리요령 제7조제1항·별표 및 국내 통상우편요금 및 우편이용에 관한 수수료 별표).

2-3. 이의신청의 효과

이의신청은 가압류의 집행을 정지시키지 않습니다(민사집행법 제283조제3항).

제3채무자에 대한 진술최고신청

채권자 　○○○(주민등록번호)

　　　　○○시 ○○구 ○○길 ○○(우편번호 ○○○-○○○)

　　　　전화·휴대폰번호:

　　　　팩스번호, 전자우편(e-mail)주소:

채무자 　◇◇◇(주민등록번호)

　　　　○○시 ○○구 ○○길 ○○(우편번호 ○○○-○○○)

　　　　전화·휴대폰번호:

　　　　팩스번호, 전자우편(e-mail)주소:

제3채무자 1. ■■주식회사

　　　　　　○○시 ○○구 ○○길 ○○(우편번호 ○○○-○○○)

　　　　　　대표이사 ■■■

　　　　　　전화·휴대폰번호:

　　　　　　팩스번호, 전자우편(e-mail)주소:

　　　　2. 주식회사 ◆◆은행

　　　　　　○○시 ○○구 ○○길 ○○(우편번호 ○○○-○○○)

　　　　　　대표이사 ◆◆◆

　　　　　　전화·휴대폰번호:

　　　　　　팩스번호, 전자우편(e-mail)주소:

　　　　3. 주식회사 ◎◎은행

　　　　　　○○시 ○○구 ○○길 ○○(우편번호 ○○○-○○○)

　　　　　　대표이사 ◎◎◎

　　　　　　전화·휴대폰번호:

팩스번호, 전자우편(e-mail)주소:

　　위 당사자 사이의 귀원 20○○카합○○○호 채권가압류사건에 관하여, 채권자는 민사집행법 제291조, 제237조에 의하여 제3채무자들로 하여금 채권을 인정하는지의 여부 및 인정한다면 그 한도, 채권에 대하여 지급할 의사가 있는지의 여부 및 의사가 있다면 그 한도, 채권에 대하여 다른 사람으로부터 청구가 있는지의 여부 및 청구가 있다면 그 종류, 다른 채권자에게 채권을 압류 당한 사실이 있는지의 여부 및 그 사실이 있다면 그 청구의 종류 등에 관하여 진술할 것을 귀원에서 최고하여 주실 것을 신청합니다.

20○○. ○. ○.

위 채권자 ○○○ (서명 또는 날인)

○○지방법원　귀중

■ 신청 당시 이미 사망한 자를 상대로 한 보전처분의 효력 및 이의신청이 허용되는지요?

Q. 갑은 을이 이미 사망하였음에도 불구하고 법원에 을 소유 명의로 되어 있던 토지에 대하여 위 을을 채무자로 표시한 가압류신청서를 제출하여 법원으로부터 같은 내용의 가압류결정을 받았습니다. 이와 같은 가압류결정이 유효한지요? 혹시 무효라면 을의 상속인인 병이 이러한 가압류결정에 대하여 이의신청을 할 수 있나요?

A. 판례는 신청당시 이미 사망한 자를 상대로 한 보전처분신청 및 그에 따른 보전명령의 효력에 대하여 "사망한 자를

채무자로 한 가압류신청은 부적법하고 위 신청에 따른 가압류결정이 있었다 하여도 그 결정은 당연무효라고 할 것이며 그 효력이 상속인에게 미친다고 할 수는 없는 것이므로, 채무자표시를 상속인으로 할 것을 이미 사망한 피상속인으로 잘못 표시하였다는 사유는 결정에 명백한 오류가 있는 것이라고 할 수 없고 따라서 결정을 경정할 사유에 해당한다 할 수 없다."라고 하여 보전처분의 신청은 부적법하고 그 신청에 따른 보전처분 역시 당연무효라고 판시하고 있습니다(대법원 1991.3.29. 자 89그9 결정). 다만 당연무효라고 하더라도 부동산등기부 상 가압류등기가 경료됨에 따라 마치 유효한 가압류가 경료된 것과 같은 외관이 있어 이를 제거할 필요가 있습니다. 이를 위하여 판례는 "이미 사망한 자를 채무자로 한 처분금지가처분신청은 부적법하고 그 신청에 따른 처분금지가처분결정이 있었다고 하여도 그 결정은 당연무효로서 그 효력이 상속인에게 미치지 않는다고 할 것이므로, 채무자의 상속인은 일반승계인으로서 무효인 그 가처분결정에 의하여 생긴 외관을 제거하기 위한 방편으로 가처분결정에 대한 이의신청으로써 그 취소를 구할 수 있다"라고 하여 망인의 상속인은 일반승계인으로서 이의신청으로써 취소를 구할 수 있다고 하고 있습니다(대법원 2002. 4. 26. 선고 2000다30578 판결).

참고로 이와 달리 신청당시 피신청인이 생존해 있었던 경우에 대하여 판례는 " 당사자 쌍방을 소환하여 심문절차를 거치거나 변론절차를 거침이 없이 채권자 일방만의 신청에 의하여 바로 내려진 처분금지가처분결정은 신청 당시 채무자가 생존하고 있었던 이상 그 결정 직전에 채무자가 사망함으로 인하여 사망한 자를 채무자로 하여 내려졌다고 하더라도 이를 당연무효라고 할 수 없다"라고 판시하여 그 효력을 인정하고 있습니다(대법원 1993.7.27. 선고 92다48017 판결).

따라서 위 사안의 경우 갑이 신청하여 결정된 부동산가압류는 당연무효이며 이에 대하여 병은 이의신청으로서 취소를 구할 수 있다고 하겠습니다.

(관련판례 1)

이미 사망한 자를 채무자로 한 처분금지가처분신청은 부적법하고 그 신청에 따른 처분금지가처분결정이 있었다고 하여도 그 결정은 당연무효로서 그 효력이 상속인에게 미치지 않는다고 할 것이므로, 채무자의 상속인은 일반승계인으로서 무효인 그 가처분결정에 의하여 생긴 외관을 제거하기 위한 방편으로 가처분결정에 대한 이의신청으로써 그 취소를 구할 수 있다(대법원 2002. 4. 26. 선고 2000다30578 판결).

(관련판례 2)

채권자가 이미 사망한 자를 그 사망 사실을 모르고 제3채무자로 표시하여 압류 및 전부명령을 신청하였을 경우 채무자에 대하여 채무를 부담하는 자는 다른 특별한 사정이 없는 한 이제는 사망자가 아니라 그 상속인이므로 사망자를 제3채무자로 표시한 것은 명백한 오류이고, 또한 압류 및 전부명령에 있어서 그 제3채무자의 표시가 이미 사망한 자로 되어 있는 경우 그 압류 및 전부명령의 기재와 사망이라는 객관적 사정에 의하여 누구라도 어느 채권이 압류 및 전부되었는지를 추인할 수 있다고 할 것이어서 그 제3채무자의 표시를 사망자에서 그 상속인으로 경정한다고 하여 압류 및 전부명령의 동일성의 인식을 저해한다고 볼 수는 없으므로, 그 압류 및 전부명령의 제3채무자의 표시를 사망자에서 그 상속인으로 경정하는 결정은 허용된다(대법원 1998. 2. 13. 선고 95다15667 판결).

2-4. 이의신청의 취하

① 채무자는 가압류 이의신청에 대한 재판이 있기 전까지 채권자의 동의 없이 이의신청을 취하할 수 있습니다(민사집행법 제285조제1항 및 제2항).

② 가압류에 대한 이의신청을 취하하려는 자는 서면으로 해야 합니다. 다만, 변론 또는 심문기일에서는 말로 할 수 있습니다(민사집행법 제285조제3항).

③ 이의신청서가 송달한 후에 이의신청이 취하가 있는 경우 법원은 취하의 서면을 채권자에게 송달해야 합니다(민사집행법 제285조제4항).

■ 가압류 취소는 어떤 절차가 필요한가요?

Q. 건축물에 가압류가 잡혀 있습니다, 타인 명의에 땅에 건물 등기만 구매하여 건물을 사용했는데 땅주인이 땅을 매매하여야하니 한 달이라는 시간안에 건물을 철거하고 가압류도 해지시켜달라고 합니다, 가압류는 아버지가 사업을 하시다가 물품대금을 지급하지 못하여 걸린 부분이구요, 현재 아버지는 돌아가시고 가압류는 98년도에 잡혔던 상황입니다,

땅주인이 건물등기는 구입하겠다고 하여 가압류를 먼저 풀라고 하는데 가압류 잡은 업체는 현제 부도상태이고 현제까지 아무런 법적인 조치가 없어 이번에 상속받으면서 알게 되었습니다. 이럴 경우 가압류시효가 만료되서 해제할 수 있다고 들었는데 어떻게 하는 건가요?

A. 민사집행법 제288조는 가압류 취소에 관한 사항을 규정하고 있습니다.

민사집행법 제288조 (사정변경 등에 따른 가압류취소)

①채무자는 다음 각호의 어느 하나에 해당하는 사유가 있는 경우에는 가압류가 인가된 뒤에도 그 취소를 신청할 수 있다. 제3호에 해당하는 경우에는 이해관계인도 신청할 수 있다.

1. 가압류이유가 소멸되거나 그 밖에 사정이 바뀐 때

2. 법원이 정한 담보를 제공한 때

3. 가압류가 집행된 뒤에 3년간 본안의 소를 제기하지 아니한 때

②제1항의 규정에 의한 신청에 대한 재판은 가압류를 명한 법원이 한다. 다만, 본안이 이미 계속된 때에는 본안법원이 한다.

③제1항의 규정에 의한 신청에 대한 재판에는 제286조제1항 내지 제4항·제6항 및 제7항을 준용한다.

귀하의 사례를 보건데, 98년 경 부동산을 가압류 하고 현재까지 본안을 제기하지 않은 것으로 보입니다. 따라서 민사집행법 제288조 1항 3호에 따라 가압류 취소를 신청하실 수 있습니다.

즉 귀하 부동산 가압류를 명한 법원에 가압류 취소 신청을 하시면 됩니다.

3. 이의신청의 심리와 재판

3-1. 심문기일 통지
① 이의신청이 있는 때에는 법원은 변론기일 또는 당사자 쌍방이 참여할 수 있는 심문기일을 정하고 당사자에게 이를 통지해야 합니다(민사집행법 제286조제1항).
② 법원은 심리를 종결하려는 경우에는 상당한 유예기간을 두고 심리를 종결할 기일을 정하여 이를 당사자에게 고지해야 합니다. 다만, 변론기일 또는 당사자 쌍방이 참여할 수 있는 심문기일에는 즉시 심리를 종결할 수 있습니다(민사집행법 제286조제2항).

3-2. 이의신청에 대한 재판
① 이의신청에 대한 재판은 결정으로 합니다(민사집행법 제286조제3항).
② 이의신청에 대한 결정으로 가압류의 전부나 일부를 인가·변경 또는 취소할 수 있습니다. 이 경우 법원은 채권자에게 적당한 담보를 제공하도록 명할 수 있습니다(민사집행법 제286조제5항).
③ 법원은 가압류를 취소하는 결정을 하는 경우 채권자가 그 고지를 받은 날부터 2주를 넘지 아니하는 범위에서 상당하다고 인정하는 기간이 경과해야 그 결정의 효력이 생긴다는 뜻을 선언할 수 있습니다(민사집행법 제286조제6항).
(법령용어해설)
결정 : 임의적 변론 또는 서면심리를 근거로 하여 법원이 행하는 재

판을 말합니다.

판결 : 법원이 변론을 근거로 하여 민사소송법 제208조에 규정된 일정한 방식에 따라 판결원본을 작성하고 선고라는 엄격한 방법으로서 당사자에게 고지하는 재판을 말합니다.

3-3. 이의신청 재판에 대한 불복

① 이의신청에 대한 결정에 대하여 즉시항고를 할 수 있습니다. 이 경우 집행정지의 효력은 없습니다(민사집행법 제286조제7항).

② 이의신청에 따라 가압류를 취소하는 결정에 대하여 즉시항고를 하는 경우 채권자는 다음과 같은 요건을 갖추어 법원에 가압류취소결정의 효력정지신청을 할 수 있고, 법원은 그 신청에 따라 담보를 제공하게 하거나 담보를 제공하지 아니하게 하고 가압류취소결정의 효력을 정지시킬 수 있습니다(민사집행법 제289조제1항).

1. 불복의 이유로 주장한 사유가 법률상 정당한 사유가 있다고 인정되고 그 사실에 대한 소명이 있어야 합니다.

2. 가압류를 취소함으로 인하여 회복할 수 없는 손해가 생길 위험이 있다는 사정에 대한 소명이 있어야 합니다.

(관련판례)

보전처분 채무자의 신청에 의한 제소명령은 기본적으로 보전처분 절차에 부수하는 것으로서 보전처분의 유지 여부를 결정하기 위한 것에 불과한 점, 보전처분의 신청을 대리한 소송대리인은 그 보전처분에 대한 이의가 있는 경우에 그 이의소송에서도 소송대리권이 있는 것으로 해석되는 점 등에 비추어 보면, 보전처분 신청절차에서 이루어진 소송위임의 효력은 그에 기한 제소명령 신청사건에도 미친다(대법원 2003. 8. 22.자 2003마1209 결정).

제2절 채무자에 의한 가압류취소

1. 제소명령의 신청

① 가압류는 본안 제소를 전제로 하는 소송절차입니다. 따라서 가압류명령이 발령되어 유효하게 존속함에도 불구하고 채권자가 본안소송을 제기하지 않는 경우 채무자는 가압류 발령법원에 채권자로 하여금 본안의 소를 제기할 것을 명하도록(제소명령)을 신청할 수 있습니다(민사집행법 제287조제1항 전단).
② 이 신청의 채무자는 가압류가 발령된 사실을 소명해야 합니다. 그러나 본안이 제소되지 않았음을 입증할 필요가 없습니다.

[서식 예] 제소명령신청서

<h3 align="center">제소명령신청</h3>

신청인(채무자)　○○○(주민등록번호)

　　　　　　　　○○시 ○○구 ○○길 ○○(우편번호 ○○○-○○○)

　　　　　　　　　전화·휴대폰번호:

　　　　　　　　　팩스번호, 전자우편(e-mail)주소:

피신청인(채권자)　◇◇◇(주민등록번호)

　　　　　　　　○○시 ○○구 ○○길 ○○(우편번호 ○○○-○○○)

　　　　　　　　　전화·휴대폰번호:

팩스번호, 전자우편(e-mail)주소:

위 당사자 사이의 피신청인이 신청인에 대하여 한 귀원 20○○카단
○○○호 부동산가압류신청사건에 대하여 피신청인은 신청인에 대하여
본안소송을 제기하지 않고 있으므로 금번 귀원에서 피신청인에게 소정
의 기간 내에 소를 제기하라는 명령을 내려 주시기 바랍니다.

20○○. ○. ○.

위 신청인 ○○○ (서명 또는 날인)

○○지방법원 귀중

■ 동일 채권으로 여러 부동산에 대한 각 별건의 가압류를 했을 때 채무자가 그 집행을 취소하는 방법은 없는지요?

Q. 저는 사업자금으로 3,000만원을 빌리고 갚지 못해 채권자 甲으로부터 소송을 제기당함과 동시에 순차로 저의 집, 사무실, 사무실 대지에 각 가압류를 당하였습니다. 이제 경기가 풀려 위 각 가압류를 풀고 싶은데, 각 가압류사건마다 해방금을 공탁하면 3,000만원보다 훨씬 많은 금액을 공탁해야 한다고 합니다. 하나의 가압류에 대하여 해방금을 공탁하여 집행취소를 구하고, 나머지 사건은 가압류이의를 하여 보전의 필요성이 없다는 주장을 하는 방법으로 가능할까요?

A. 가압류의 집행정지나 집행한 가압류를 취소하기 위하여 채무자가 공탁할 금액을 해방공탁금이라고 합니다. 이는 가압류가 금전적 청구권을 보전하기 위한 수단이므로 집행목

적재산 대신 상당한 금전을 공탁하면 채권자는 채권보전의 목적을 달성할 수 있으므로 채무자로 하여금 불필요한 집행을 당하지 않도록 하기 위하여 둔 제도입니다.

그러나 해방금액은 채권자의 손해를 담보하는 것이 아니고 가압류의 목적 재산에 갈음하는 것이므로 채권자는 이에 대하여 우선변제권이 없습니다. 따라서 하나의 가압류 사건에 청구금액 상당의 해방공탁금이 있다 하여 다른 가압류 사건에 보전의 필요성이 없다고 보기는 어렵습니다. 다른 채권자가 해방공탁금에 대하여 가압류나 압류를 할 가능성을 배제할 수 없기 때문입니다. 따라서 질문하신 방법으로는 가압류 집행을 취소할 수가 없을 것으로 판단됩니다.

이 때 가능한 방법은, 적당한 담보를 제공하여 취소를 구할 수 있도록 하는 제도가 있습니다(민사집행법 288조 제1항 후단). 위 담보는 해방공탁금과 달리 직접 피보전권리를 담보하는 것이므로 채권자는 이에 대하여 일종의 질권을 갖게 됩니다. 채무자는 담보의 종류와 액수 등을 특정하지 아니하고 단순히 적당한 담보를 제공하고 가압류를 취소하여 달라는 신청을 하면 되는데, 이 때 신청 취지에 취소할 수 개의 가압류를 모두 표시합니다. 법원은 변론을 열어 적당한 담보의 종류와 수액을 결정하고, 미리 담보의 제공을 명해 그 이행 즉시 가압류 취소 판결을 할 수 있습니다(민사집행법 제288조 제3항).

2. 신청절차

① 제소명령을 신청하려는 자는 신청취지와 이유를 적은 제소명령신청서를 작성해야 합니다(민사집행규칙 제203조제1항제4호 및 제2항).

② 제소명령을 신청하려는 자는 1,000원의 대한민국수입인지를 구입하여 신청서 우측상단에 붙여야 합니다(민사소송 등 인지법 제9조제5항제4호, 민사접수서류에 붙일 인지액 및 그 편철방법 등에 관한 예규 제3조 및 별표).

③ 제소명령을 신청하려는 자는 당사자 1명당 2회분의 송달료(3,700원 × 당사자 수 × 2회분)를 예납해야 합니다(송달료규칙의 시행에 따른 업무처리요령 제7조제1항·별표 1 및 국내 통상우편요금 및 우편이용에 관한 수수료 별표).

④ 신청서 작성과 신청비용을 완납한 자는 가압류 결정법원에 제소명령신청서 1부를 제출해야 합니다.

3. 제소명령

① 제소명령은 변론 없이 결정의 형식으로 채권자로 하여금 2주 이상의 기간 이내에 본안의 소를 제기하여 이를 증명하는 서류를 제출하거나 이미 소를 제기했으면 소송계속사실을 증명하는 서류를 제출하도록 명합니다(민사집행법 제287조제1항 및 제2항).

② 제소명령은 채무자의 신청이 있어야 하는 재판이므로 신청을 인용하는 경우에는 채권자와 채무자에게 고지하고, 이를 배척하는 경우에는 채무자에게만 고지합니다(민사집행규칙 제7조제2항).

■ 제소명령에 의한 본안소송이 취하 간주된 때 소제기의 효력은 있는지요?

Q. 甲은 乙이 금전채권에 기하여 甲의 부동산에 가압류를 하였으나 본안소송을 제기하지 않기에 제소명령을 신청하였습니다. 그런데 乙은 제소명령에 응하여 본안소송을 제기하였으나 변론기일에 계속 불출석하여 본안소송이 취하간주 되었습니다. 이 경우 甲이 어떠한 조치를 취하여야 하는지요?

A. 제소명령에 관하여 민사집행법 제287조 제1항은 "가압류법원은 채무자의 신청에 따라 변론 없이 채권자에게 상당한 기간내에 본안의 소를 제기하여 이를 증명하는 서류를 제출하거나 이미 소를 제기하였으면 소송계속사실을 증명하는 서류를 제출하도록 명하여야 한다."고 규정하고 있고, 제2항에서는 "제1항의 기간은 2주일 이상으로 정하여야 한다"고 규정하고 있으며, 제3항에서는 "채권자가 제1항의 기간내에 제1항의 서류를 제출하지 아니한 때에는 법원은 채무자의 신청에 따라 결정으로 가압류를 취소하여야 한다"고 규정하고 있습니다. 또한 제4항에 따르면 "제1항의 서류를 제출한 뒤에 본안의 소가 취하되거나 각하된 경우에는 그 서류를 제출하지 아니"한 것으로 보며, 제5항에서는 "제3항의 신청에 관한 결정에 대하여는 즉시항고를 할 수 있으며, 이 경우 민사소송법 제447조의 규정은 준용하지 아니한다."라고 규정하고 있습니다.

그러므로 위 사안에서 乙이 제기한 본안소송이 乙의 변론기일 불출석으로 취하간주 되었다면 「민사집행법」제287조 제4항에 따라 본안소송이 제기되지 아니한 것으로 볼 수 있어, 甲으로서는 같은 조 제3항에 따른 가압류취소신청을 해볼 수 있을 것입니다.

그리고 가압류결정에 대한 채무자의 이의신청에 관하여 같은 법 제283조에서 규정하고 있습니다. 제1항에서는 "채무자는 가압류결정에 대하여 이의를 신청할 수 있다."고 규정하고 있으며, 제2항에서는 "제1항의 이의신청에는 가압류의 취소나 변경을 신청하는 이유를 밝혀야 한다.", 제3항에서는 위 "이의신청은 가압류의 집행을 정지하지 아니한다."라고 규정하고 있습니다.

이에 관하여 판례는"가압류이의소송은 가압류결정의 취소·변경을 구하는 절차라는 면에서 제소기간 도과(徒過)로 인한 가압류취소소송과 다를 바 없고, 소송경제적 측면과 보전소송의 긴급성의 요청에 비추어 볼 때 제소명령기간 내에 본안소송을 제기하지 아니한 때에 그 기간이 도과되었다는 것도 가압류이의사유로 주장할 수 있으며, 제소기간의 도과여부를 판단함에 있어서 제소명령에 응하여 채권자가 제기한 본안의 소송이나 중재판정절차가 취하되거나 당사자의 불출석으로 인하여 취하간주 또는 종료선언되거나 소송요건의 흠결을 이유로 한 소각하 판결이 확정되었을 때에는 본안의 소제기나 중재신청을 하지 아니한 것과 같이 보아야 할 것이고, 가압류결정에 대한 제소명령에 응하여 제기한 본안의 소를 각하한 판결이나 중재절차를 종료한 선언의 당부는 당해 절차에서 판단되어야 할 것이고, 제소기간의 도과여부를 심리하는 법원이 그 당부에 관하여 심리·판단할 수 있는 것이 아니므로, 그 판결이나 중재절차에 위법이 있다 하더라도 위 가압류결정에 대한 제소명령기간의 도과여부를 판단함에 있어서는 아무런 영향도 미칠 수 없다."라고 하였습니다(대법원 2000.2.11.선고 99다50064 판결).

따라서 위 사안에서 甲은 乙이 제기한 본안소송이 乙의 변론기일 불출석으로 취하간주 되어 제소명령기간 내에 본안소송을 제기하지 아니한 것으로 되었으므로, 그것을 이유로 가압류이의소송을 제기하여 다툴 수도 있을 것으로 보입니다.

4. 제소명령 등에 대한 불복

① 제소명령 신청을 기각 또는 각하하는 결정 또는 너무 장기간의 제소기간에 대하여는 일반 항고(抗告)로 불복할 수 있습니다(민사소송법 제439조).

② 제소명령을 받은 채권자는 제소명령의 내용이 부당하더라도 항고할 수 없고, 제소기간 도과로 인한 가압류취소결정이 내려지면 이에 대하여 즉시항고를 할 수 있습니다(법원행정처, 법원실무제요 민사집행Ⅳ).

■ 가압류취소소송의 변론종결 전 본안소송 제기 시 가압류취소 되는지요?

Q. 乙은 대여금채권에 기하여 甲소유 부동산에 가압류를 하였으나, 甲은 대여금채무를 변제하였고 이자에 관하여만 다툼이 있는 상태이므로 가압류법원에 제소명령을 신청하였습니다. 그런데 채권자 乙은 소를 제기하였다는 증명서류

의 제출기간이 지났음에도 불구하고 본안소송을 제기하지 않았습니다. 그러므로 채무자 甲은 제소기간이 지났음을 이유로 가압류취소소송을 제기해 둔 상태입니다. 만일 乙이 가압류취소소송이 끝나기 전에 대여금청구의 본안소송을 제기한다면 甲이 신청한 가압류취소소송은 어떻게 되는지요?

A. 본안의 제소명령에 관하여 민사집행법 제287조 제1항은 "가압류법원은 채무자의 신청에 따라 변론 없이 채권자에게 상당한 기간내에 본안의 소를 제기하여 이를 증명하는 서류를 제출하거나 이미 소를 제기하였으면 소송계속사실을 증명하는 서류를 제출하도록 명하여야 한다."고 규정하고 있고, 제2항에서는 "제1항의 기간은 2주일 이상으로 정하여야 한다"고 규정하고 있으며, 제3항에서는 "채권자가 제1항의 기간내에 제1항의 서류를 제출하지 아니한 때에는 법원은 채무자의 신청에 따라 결정으로 가압류를 취소하여야 한다"고 규정하고 있습니다. 또한 제4항에 따르면 "제1항의 서류를 제출한 뒤에 본안의 소가 취하되거나 각하된 경우에는 그 서류를 제출하지 아니"한 것으로 보며, 제5항에서는 "제3항의 신청에 관한 결정에 대하여는 즉시항고를 할 수 있으며, 이 경우 민사소송법 제447조의 규정은 준용하지 아니한다."라고 규정하고 있습니다.

그러므로 가압류채권자가 가압류채무자의 신청으로 법원에서 정한 일정기간내에 소를 제기하여 이를 증명하는 서류를 제출하거나 이미 소를 제기하였으면 소송계속사실을 증명하는 서류를 제출하지 아니한 때에는 법원은 채무자의 신청에 따라 결정으로 가압류를 취소하여야 하며, 또한 소제기 입증서류를 제출한 뒤에 본안의 소가 취하되거나 각하된 경우에는 그 서류를 제출하지 아니한 것으로 보게 됩니다.

그런데 구 민사소송법 제705조 제1항은 "본안이 계속하지 아니한 때에는 가압류법원은 채무자의 신청에 의하여 변론 없이 상당한 기간내에 소를 제기할 것을 채권자에게 명하여야 한다."라고 규정하고, 제2항은 "제1항의 기간을 도과하면 채무자의 신청에 의하여 종국판결로 가압류를 취소하여야 한다."라고 규정하였고, 구 「민사소송법」하의 판례는 "제소명령에서 정한 기간이 경과함을 이유로 한 가압류취소사건에 있어서 그 기간이 지난 후라도 채권자가 그 취소소송의 사실심 변론종결시까지 본소제기의 사실을 소명한 때에는 그 가압류의 취소를 면할 수 있다."라고 하였으며(대법원 1990. 12. 26. 선고 90다8541 판결), 또한 "제소명령 불준수에 따른 가처분취소소송에 있어서 본안의 소는 제소명령에서 정한 기간을 도과(徒過)한 후라 하더라도 그 도과를 원인으로 하는 가처분취소소송의 사실심변론종결 당시까지 제기된 경우에는 그 가처분을 취소할 수 없다."라고 하였습니다(대법원 2001. 4. 10. 선고 99다49170 판결).

그러나 현행 민사집행법은 구 민사소송법상의 제소명령규정을 소제기증명서 등의 제출기간으로 명시하여 규정하고 있으므로 이 기간 내에 소제기를 증명하는 서류를 제출하지 아니하면 법원은 채무자의 신청에 따라 결정으로 가압류를 취소하여야 합니다.

따라서 위 사안에서도 채무자 甲이 제기한 가압류취소소송

의 사실심 변론종결 이전에 채권자 乙이 대여금청구의 본
안소송을 제기하더라도 이는 이미 법원의 제출명령기간을
도과한 후이므로 위 가압류취소소송은 기각되지 않고 유효
하게 인용될 수 있을 것으로 보입니다.

5. 소제기증명서 등의 제출

① 제소명령을 받은 채권자가 제소기간 내에 소제기증명서, 소송계
속사실증명을 제출하지 않으면 채무자의 취소신청에 따라 결정으로
가압류가 취소될 수 있습니다(민사집행법 제287조제3항).
② 채권자가 법원이 정한 제소기간 이후에 소제기증명서 등을 제출
한 경우라도 가압류는 취소될 수 있습니다(대법원 2003. 8. 22.자
2003마1209 결정).
③ 소제기 증명서류의 제출 후 본안의 소가 취하되거나 각하된 경우
에는 관련 서류를 제출하지 않은 것으로 봅니다(민사집행법 제287조
제4항).

[서식 예] 제소신고서

<table>
<tr><td colspan="2" align="center">제 소 신 고</td></tr>
<tr><td>채권자</td><td>○ ○ ○</td></tr>
<tr><td>채무자</td><td>◇ ◇ ◇</td></tr>
<tr><td>제3채무자 주식회사</td><td>■■</td></tr>
<tr><td colspan="2">귀원 20○○카단○○○호 채권가압류사건과 관련하여 채무자가 제소명령신</td></tr>
</table>

청 하였는바, 채권자는 ○○지방법원 20○○가단○○○호 임금 등 청구사건으로 20○○. ○. ○.자로 소제기하였으므로 신고합니다.

첨부서류 : 소제기증명원　1통

20○○.　○.　○.

위 채권자 ○○○ (서명 또는 날인)

○○지방법원　귀중

---

6. 제소명령 불이행으로 인한 가압류취소(제소기간 도과로가압류취소)

6-1. 취소신청

① 제소명령을 받은 채권자가 법원이 정한 제소기간 안에 제소증명서 등을 제출하지 않은 경우 채무자는 가압류의 취소를 법원에 신청할 수 있습니다(민사집행법 제287조제3항).

② 제소기간 도과로 인한 가압류취소를 신청하려는 자는 신청서를 당사자수+1부 작성하여 가압류결정문 사본 등 첨부서류를 법원에 제출해야 합니다(민사집행규칙 제203조제1항제5호).

③ 제소기간 도과로 인한 가압류취소를 신청하려는 자는 10,000원의 수입인지를 구입하고 당사자 1명당 8회분의 송달료(당사자 수+1 × 8회 × 3,700원)를 예납해야 합니다.

＊제소기간 도과로 인한 채권가압류 취소신청 기재례

제소기간도과에 의한 가압류 취소신청

신청인(채무자) ○○○

　　○○시 ○○구 ○○동 ○○(우편번호 ○○○-○○○)

피신청인(채권자) ◇◇◇

　　○○시 ○○구 ○○동 ○○(우편번호 ○○○-○○○)

신 청 취 지

1. 위 당사자간 귀원 20○○카단○○○호 채권가압류 신청사건에 관하여 별지목록 기재 채권에 대하여 귀원에서 20○○. ○○. ○　○. 결정한 가압류결정은 이를 취소한다.

2. 소송비용은 피신청인(채권자)의 부담으로 한다.

3. 위 제1항은 가집행할 수 있다.

라는 재판을 구합니다.

신 청 이 유

1. 위 당사자 사이의 피신청인이 신청인에 대하여 한 귀원 20○　○카단○○○호 부동산가압류신청사건에 의해 채권가압류결정을　받았음에도 더 이상 본안의 소를 제기하지 않아 20○○. ○. 경　귀원에 제소명령신청(20○○카기○○○제소명령)을 한 바 있습니　다.

2. 그러나 피신청인은 귀원이 발령한 제소명령에 따라 소정의　기간 내에 본안의 소를 제기하지 않아 이건 가압류취소신청에　이른 것입니다.

소 명 방 법

1. 소갑 제1호증 채권가압류 결정문 사본

20○○. ○. ○.

위 신청인 ○○○ (서명 또는 날인)

○○지방법원 귀중

6-2. 가압류취소결정

제소기간 도과에 의한 가압류취소신청서를 받은 법원은 결정으로 가압류를 취소해야 합니다(민사집행법 제287조제3항).

[서식 예] 부동산가압류 취소신청서(채무변제를 원인으로)

부동산가압류취소신청

신청인(채무자)　　◇◇◇

　　　　　　　　○○시 ○○구 ○○길 ○○(우편번호 ○○○-○○○)

　　　　　　전화·휴대폰번호:

　　　　　　팩스번호, 전자우편(e-mail)주소:

피신청인(채권자)　○○○

　　　　　　　　○○시 ○○구 ○○길 ○○(우편번호 ○○○-○○○)

　　　　　　전화·휴대폰번호:

　　　　　　팩스번호, 전자우편(e-mail)주소:

신 청 취 지

1. 피신청인의 신청인에 대한 귀원 20○○카단○○○○호 부동산가압
　 류신청사건에 관하여 귀원이 20○○. ○○. ○○. 신청인 소유의
　 별지목록 기재 부동산에 대하여 한 가압류결정은 이를 취소한다.
2. 소송비용은 피신청인의 부담으로 한다.
3. 위 제1항은 가집행할 수 있다.
라는 재판을 구합니다.

신 청 이 유

1. 피신청인(채권자)은 신청인(채무자)에 대한 대여금청구채권의 집행보
　 전을 위하여 귀원으로부터 20○○카○○○○호 부동산가압류결정

을 받아 신청인 소유의 별지목록 기재 부동산을 가압류하였습니다.

2. 그러나 신청인은 피신청인으로부터 차용한 금 ○○○원 및 이에 대한 이자를 20○○. ○○. ○○.에 모두 변제하였습니다.

3. 따라서 피보전채권이 모두 소멸되었으므로, 신청인 소유의 부동산에 대한 위 가압류결정은 마땅히 취소되어야 하나, 아직까지도 위 가압류결정이 취소되지 않고 있어 신청인의 재산권행사에 막대한 지장을 주고 있으므로 부득이 신청취 지와 같은 재판을 구하고자 이 사건 신청에 이르게 되었습니다.

첨 부 서 류

1. 변제영수증	1통
1. 부동산가압류결정문	1통
1. 부동산등기사항증명서	1통
1. 송달료납부서	1통

20○○. ○. ○.

위 신청인(채무자) ◇◇◇ (서명 또는 날인)

○○지방법원 ○○지원 귀중

[별 지]

부동산의 표시

1. ○○시 ○○구 ○○동 ○○ 대 ○○○㎡
2. ○○시 ○○구 ○○동 ○○ 임야 ○○○㎡. 끝.

6-3. 가압류취소결정에 대한 불복

① 가압류취소신청에 대한 결정은 즉시항고가 가능하나, 집행정지의 효력은 발생하지 않습니다(민사집행법 제287조제5항).

② 가압류를 취소하는 결정에 대하여 즉시항고를 하는 경우 채권자는 다음과 같은 요건을 갖추어 법원에 가압류취소결정의 효력정지신청을 할 수 있고, 법원은 그 신청에 따라 담보를 제공하게 하거나 담보를 제공하지 아니하게 하고 가압류취소결정의 효력을 정지시킬 수 있습니다(민사집행법 제289조제1항).

 1. 불복의 이유로 주장한 사유가 법률상 정당한 사유가 있다고 인정되고 그 사실에 대한 소명이 있어야 합니다.

 2. 가압류를 취소함으로 인하여 회복할 수 없는 손해가 생길 위험이 있다는 사정에 대한 소명이 있어야 합니다.

■ 은행계좌에 가압류가 되었는데 상대편은 가압류 이후에 어떤 행동도 취하고 있지 않은 경우에 어떻게 하면 될까요?

Q. 은행계좌에 가압류가 들어왔습니다. 그런데 상대편은 가압류 이후에 어떤 행동도 취하고 있지 않습니다, 어떻게 하면 될까요?

A. 채무자는 가압류 발령법원에 채권자에 대한 제소명령을 신청할 수 있습니다.

이 경우 제소명령을 받은 채권자가 법원이 정한 제소기간 내에 제소증명서나 소송계속사실 증명서를 제출하지 않으면 채무자는 가압류의 취소를 법원에 신청할 수 있습니다.

① 제소명령 신청(채무자)

제소명령을 신청하려면 신청취지와 이유를 적은 제소명령신청서를 법원에 제출해야 합니다. 이 때 제소명령을 신청하는 채무자는 가압류가 발령된 사실에 대해서는 소명해야 하지만, 본안이 제소되지 않았음은 입증할 필요가 없습니다.

② 제소명령(법원)

법원은 제소명령에 따라 변론 없이 결정의 형식으로 채권자로 하여금 2주 이상의 기간 이내에 본안의 소를 제기하여 이를 증명하는 서류를 제출하거나 이미 소를 제기했으면 소송계속사실을 증명하는 서류를 제출하도록 명하게 됩니다.

법원은 제소명령 신청을 인용하는 경우에는 채권자와 채무자에게 그 사실을 알려야 하고, 제소명령 신청을 배척하는 경우에는 채무자에게만 알리면 됩니다.

③ 가압류 취소 신청(채무자)

제소명령을 받은 채권자가 법원이 정한 제소기간 안에 제소증명서나 소송계속사실 증명서를 제출하지 않으면 채무자는 가압류의 취소를 법원에 신청할 수 있습니다. 이 경우 가압류 취소 신청을 하려면 신청서를 2부 작성하여 가압류결정문 사본 등 첨부서류와 함께 법원에 제출하면 됩니다.

(관련판례)

보전처분 채무자의 신청에 의한 제소명령은 기본적으로 보전처분 절차에 부수하는 것으로서 보전처분의 유지 여부를 결정하기 위한 것에 불과한 점, 보전처분의 신청을 대리한 소송대리인은 그 보전처분에 대한 이의가 있는 경우에 그 이의소송에서도 소송대리권이 있는 것으로 해석되는 점 등에 비추어 보면, 보전처분 신청절차에서 이루어진 소송위

임의 효력은 그에 기한 제소명령 신청사건에도 미친다(대
법원 2003. 8. 22.자 2003마1209 결정).

7. 사정변경 등에 따른 가압류취소

① 채무자는 가압류 이유가 소멸되었거나 그 밖에 사정이 바뀐 경
우에는 가압류 명령이 있은 후라도 그 취소를 신청할 수 있습니다.
② 채무자는 가압류결정상의 해방금액을 공탁하고 가압류집행의 취
소·정지를 구할 수도 있으나, 법원이 자유재량에 의해 정한 담보를
제공하고서 그 가압류 자체의 취소를 구할 수도 있습니다.
③ 가압류가 집행된 뒤 채권자가 3년간 본안의 소를 제기하지 않은
경우 채무자나 이해관계인은 가압류의 취소를 신청할 수 있습니다.

7-1. 가압류취소 사유

채무자는 다음의 어느 하나에 해당하는 사유가 있는 경우 가압류가
인가된 뒤에도 그 취소를 신청할 수 있습니다(민사집행법 제288조제
1항 본문).
1. 가압류이유가 소멸되었거나 그 밖에 사정이 바뀐 때
2. 법원이 정한 담보를 제공한 때
3. 가압류가 집행된 뒤에 3년간 본안의 소를 제기하지 아니한때

■ 보증인의 사정변경에 의한 가압류취소신청을 다툴 수 있나요?

Ｑ. 무는 갑, 을, 병의 보증 아래 정으로부터 금원을 대여하였
  으나, 무가 변제기가 지나도록 대여원리금을 변제하지 아

니하자, 무는 원금의 일부 및 그 이자에 대한 집행을 보전하기 위하여 갑의 부동산에 대한 가압류 신청을 하여 인용, 가압류등기까지 경료 되었습니다. 그 후 무의 정에 대한 채무는 갑, 을, 병, 정으로부터 일부씩 변제받음으로써 모두 소멸하였습니다. 이에 대하여 갑이 무를 상대로 사정변경을 이유로 한 가압류취소신청을 하자 을과 병은 자기들은 부담부분을 넘어 변제하여 갑에 대하여 구상권을 행사할 수 있고, 무가 갑에 대하여 가지고 있던 채권 및 그 담보에 관한 권리는 법률상 당연히 변제자인 자신들에게 이전된다는 점을 이유로 갑의 가압류취소를 다투면서 위 가압류취소사건에 참가신청을 하였습니다. 이러한 을과 병의 주장은 타당한가요?

A. 민법 제448조 제2항, 제425조에 따르면 수인의 보증인이 있는 경우에 어느 보증인이 자기의 부담부분을 넘은 변제를 한 때에는 다른 보증인에 대하여 구상권을 행사할 수 있다는 점에는 의문이 없습니다. 그러나 민법 제482조 제1항의 변제자 대위의 범위에 과연 채권자의 가압류채권자의 지위도 포함되어 가압류취소신청을 다툴 수 있는지가 문제됩니다. 이에 대하여 판례는 "수인의 보증인이 있는 경우에 어느 보증인이 자기의 부담부분을 넘은 변제를 한 때에는 다른 보증인에 대하여 구상권을 행사할 수 있고, 그 구상권의 범위 내에서 종래 채권자가 가지고 있던 채권 및 그 담보에 관한 권리는 법률상 당연히 그 변제자에게 이전되는 것이므로, 채권자가 어느 공동보증인의 재산에 대하여 가압류결정을 받은 경우에, 그 피보전권리에 관하여 채

권자를 대위하는 변제자는 채권자의 승계인으로서, 가압류의 집행이 되기 전이라면 민사소송법 제708조 제1항(2002. 1. 26. 법률 제6626호로 전문 개정되기 전의 것)에 따라 승계집행문을 부여받아 가압류의 집행을 할 수 있고, 가압류의 집행이 된 후에는 위와 같은 승계집행문을 부여받지 않더라도 가압류에 의한 보전의 이익을 자신을 위하여 주장할 수 있다. 위의 경우에 변제를 한 보증인은 구상권의 범위 내에서 채권자가 다른 공동보증인에 대하여 가지고 있던 가압류의 피보전권리를 대위행사할 수 있다고 보아야 할 것이므로, 가압류가 대위변제의 경우에 이전되는 담보에 관한 권리에 해당하지 아니한다거나, 위 변제로 인하여 가압류의 피보전권리가 변제를 한 보증인에게 이전되는 결과 채권자가 그 범위 내에서 피보전권리를 상실한다는 사정 때문에 가압류채권자의 지위를 승계한 보증인이 다른 공동보증인의 사정변경에 의한 가압류취소신청을 다툴 수 없는 것은 아니다"라고 판시하여 민법 제482조 제1항의 변제자 대위의 범위에 과연 채권자의 가압류채권자의 지위도 포함되므로 채무자가 신청한 가압류취소신청 역시 다툴 수 있다고 판시하고 있습니다(대법원 1993.7.13. 선고 92다33251 판결).

따라서 을, 병은 갑이 무를 상대로 사정변경을 이유로 한 가압류취소신청에 참가하여 갑의 가압류 취소신청을 다툴 수 있다고 하겠습니다.

7-2. 사정변경에 의한 가압류취소

채무자는 가압류 이유가 소멸되었거나 그 밖에 사정이 바뀐 경우에는 가압류 명령이 있은 후라도 그 취소를 신청할 수 있습니다(민사집행법 제288조제1항제1호).

① 사정변경에 해당한다고 본 경우

1. 본안소송에서 채권자 패소의 판결이 있으나 아직 확정되지 않은 경우라도 잠정적인 보전처분보다는 확정성이 있는 판단이기 때문에 그 판결이 상급심에서 취소나 파기될 염려가 없다고 확정되는 경우(대법원 1977.5.10. 선고 77다471 판결)

2. 채권자가 본안소송에서 패소판결을 받고 항소심에서 소를 취하하여 재소금지 원칙의 적용을 받은 경우(대법원 1999. 3. 9. 선고 98다12287 판결)

② 사정변경에 해당하지 않는다고 본 경우

1. 가압류의 목적인 채무자의 제3채무자에 대한 채권이 존재하지 않음이 밝혀졌다 하더라도 이는 가압류결정이 결과적으로 채권보전의 실효를 거둘 수 없게 됨에 그칠 뿐임(대법원 1999. 3. 23. 선고 98다63100 판결)

2. 본안소송이 이송된 것만으로는 사정변경이라 볼 수 없으며, 본안소송에서 소송법상 이유로 각하판결을 받은 경우 일   반적으로 사정변경이 있다고 볼 수 없음(대법원 1995. 8. 25. 선고 94다42211 판결)

■ 보전명령에 대한 본안소송의 취하간주가 보전명령 취소사유인지요?

Q. 乙은 甲에 대한 금전채권에 기하여 甲의 부동산에 가압류를 하고 본안소송을 제기하였으나, 변론기일에 계속 불출석

하여 취하간주로 종결되었습니다. 이 경우 甲은 사정변경을 이유로 위 부동산가압류의 취소를 청구할 수 있는지요?

A. 사정변경에 의한 가압류취소에 관하여 민사집행법 제288조 제1항은 "채무자는 다음 각호의 어느 하나에 해당하는 사유가 있는 경우에는 가압류가 인가된 뒤에도 그 취소를 신청할 수 있다. 제3호에 해당하는 경우에는 이해관계인도 신청할 수 있다.

1.가압류이유가 소멸되거나 그 밖에 사정이 바뀐 때

2.법원이 정한 담보를 제공한 때

3.가압류가 집행된 뒤에 3년간 본안의 소를 제기하지 아니한 때"라고 규정하고 있습니다.

그런데 보전명령(가압류·가처분 등)에 대한 본안소송이 취하간주 되었다는 사실만으로 보전명령취소사유인 사정변경에 해당하는지에 관하여 판례는 "채권자가 보전명령이 있은 후 그 보전의 의사를 포기하였다고 볼 만한 사정이 있는 경우에는 보전명령취소사유인 사정변경에 해당한다고 보아야 하는데, 소(訴)의 의제적 취하는 여러 가지 동기와 원인에서 이루어지고, 보전명령에 대한 본안소송이 쌍방불출석으로 취하된 것으로 간주되었다고 하더라도, 통상의 소취하의 경우와 마찬가지로 본안에 대한 종국판결이 있기 전이라면 피보전권리에 영향을 주는 것이 아니어서 다시 같은 소송을 제기할 수도 있으므로, 그 취하의 원인, 동기, 그 후의 사정 등에 비추어 채권자가 보전의 의사를 포기하였다고 인정되지 아니하는 이상 보전명령에 대한 본안소송이 취하된 것으로 간주되었다는 사실 자체만으로 보전명령

취소사유인 사정변경에 해당한다고 볼 수는 없다."라고 하였습니다(대법원 1992. 6. 26. 선고 92다9449 판결, 1998. 5. 21. 선고 97다47637 판결).

따라서 위 사안에 있어서도 甲은 乙이 제기한 본안소송이 취하 또는 취하간주 되었다는 사유만으로 「민사집행법」제288조 제1항의 사정변경이 있음을 이유로 위 부동산 가압류의 취소를 신청하기는 어려울 것으로 보입니다.

그런데 같은 법 제287조 제1항은 "가압류법원은 채무자의 신청에 따라 변론 없이 채권자에게 상당한 기간 이내에 본안의 소를 제기하여 이를 증명하는 서류를 제출하거나 이미 소를 제기하였으면 소송계속사실을 증명하는 서류를 제출하도록 명하여야 한다."라고 규정하고 있고, 같은 조 제3항은 "채권자가 제1항의 기간 이내에 제1항의 서류를 제출하지 아니한 때에는 법원은 채무자의 신청에 따라 결정으로 가압류를 취소하여야 한다."라고 규정하고 있으며, 같은 조 제4항은 "제1항의 서류를 제출한 뒤에 본안의 소가 취하되거나 각하된 경우에는 그 서류를 제출하지 아니한 것으로 본다."라고 규정하고 있습니다.

따라서 乙이 제기한 본안소송이 취하간주 된 뒤 다시 소를 제기하지 아니할 경우 제소명령을 신청하여 제소기간이 경과되도록 소제기가 없거나, 다시 본안소송을 제기하였다가 불출석으로 취하간주 된다면(이 경우에는 제소명령을 이행하지 않은 것으로 됨, 「민사집행법」 제287조 제4항) 그것을 이유로 「민사집행법」제287조 제3항에 따라 가압류취소의 소를 제기할 수 있고, 또한 가압류이의의 소를 제기할 수도 있을 것으로 보입니다(대법원 2000. 2. 11. 선고 99다 50064 판결).

7-3. 사정변경에 의한 가압류취소신청

① 사정변경으로 가압류취소신청을 하려는 자는 사정변경에 의한 가압류취소신청서(당사자 수+1부)를 작성하고 소명방법에 기재된 첨부서류를 가압류 명령을 결정한 법원에 제출해야 합니다. 다만, 본안이 이미 계속된 때에는 본안법원에 제출해야 합니다(민사집행법 제288조제2항).

② 사정변경에 의한 가압류취소를 신청하려는 자는 10,000원의 수입인지를 구입하고 당사자 1명당 8회분의 송달료(당사자 수 × 8회 × 3,700원)를 예납해야 합니다(민사소송 등 인지법 제9조제2항 본문, 민사접수서류에 붙일 인지액 및 그 편철방법 등에 관한 예규 제3조·별표, 민사소송법 제116조제1항, 민사소송규칙 제19조제1항제1호, 송달료규칙 제2조, 송달료규칙의 시행에 따른 업무처리요령 제7조제1항, 별표 1 및 국내 통상우편요금 및 우편이용에 관한 수수료 별표).

[서식 예] 가압류 취소신청서

가압류 취소신청

신청인(채무자) ○○○

　○○시 ○○구 ○○동 ○○(우편번호 ○○○-○○○)

피신청인(채권자) ◇◇◇

ㅇㅇ시 ㅇㅇ구 ㅇㅇ동 ㅇㅇ(우편번호 ㅇㅇㅇ-ㅇㅇㅇ)
제3채무자 ㅇㅇ은행
  ㅇㅇ시 ㅇㅇ구 ㅇㅇ동 ㅇㅇ
    대표이사 ㅇㅇㅇ

신 청 취 지

1. 위 당사자간 ㅇㅇ법원 ㅇㅇ지원 20ㅇㅇ카단ㅇㅇㅇㅇ호 채권가압류 신청사건에 관하여 귀원에서 20ㅇㅇ. ㅇ. ㅇㅇ. 결정한 가압류결정을 취소한다.
2. 신청비용은 채권자(피신청인)의 부담으로 한다.
라는 재판을 구합니다.

신 청 이 유

1. 피신청인(채권자, 이하 '피신청인'이라고 함)은 신청인(채무자, 이하 '신청인'이라고 함) 소유의 별지목록 기재 채권에 대하여 선급금 반환 청구의 보전을 위하여 귀원 20ㅇㅇ카단ㅇㅇ호로서 20ㅇㅇ. ㅇ. ㅇㅇ.가압류 결정을 받아 가압류집행 촉탁을 하였습니다.
2. 그러나 피신청인이 신청인을 상대로 귀원 20ㅇㅇ가소ㅇㅇㅇㅇ호 선급금반환 청구사건을 제기하여 20ㅇㅇ. ㅇ. ㅇㅇ. 신청인 승소의(원고청구 기각) 판결선고가 있었으며, 위 판결은 ㅇㅇ지방법원 20ㅇㅇ나ㅇㅇㅇ호 선급금반환 항소심이 20ㅇㅇ. ㅇ. ㅇㅇ.자로 항소취하간주되어 동년 ㅇ. ㅇㅇ.자로 확정되었기에 위 가압류 결정의 취소를 구하기 위하여 이 사건 신청에 이른 것입니다.

소 명 방 법

1. 소갑제 1호증 결정문(채권가압류)

1. 소갑제 2호증 판결문(1심)

1. 소갑제 3호증 신청서(송달,확정증명원)

1. 소갑제 4호증 항소취하간주증명원

첨 부 서 류

1. 별지목록   4통

2. 등기사항전부증명서   1통

3. 신청서부본   1통

2000. O. O.

위 신청인 OOO (서명 또는 날인)

OO지방법원 귀중

8. 법원이 정한 담보의 제공에 의한 가압류취소

① 채무자는 가압류결정상의 해방금액을 공탁하고 가압류집행의 취소·정지를 구할 수도 있으나(민사집행법 제282조), 법원이 자유재량에 의해 정한 담보를 제공하고서 그 가압류 자체의 취소를 구할 수도 있습니다(동법 제288조제1항제2호).

② 채무자는 단순히 적당한 담보를 제공하게 하고 가압류를 취소하여 달라는 신청을 하면 됩니다. 그 밖에 그 담보의 종류, 액수 등을 특정하여 표시할 필요가 없습니다.

9. 가압류가 집행된 뒤 3년간 본안의 소를 제기하지 아니한 사유에 의한 가압류취소

9-1. 본안의 소 제기 기간

가압류가 집행된 뒤 채권자가 다음의 구분에 따른 기간에 본안의 소를 제기하지 않은 경우 채무자나 이해관계인은 가압류의 취소를 신청할 수 있습니다(민사집행법 제288조제1항제3호).

가압류의 집행시기	기간	근거
2002. 6. 30. 이전에 집행	10년	민사집행법 부칙(제6627호) 제2조
2002. 7. 1.부터 2005. 7. 27. 까지 사이에 집행	5년	민사집행법 부칙(제7358호) 제2조
2005. 7. 28. 이후에 집행	3년	민사집행법 부칙(제7358호) 제1조

9-2. 3년간 본안의 소를 제기하지 않음에 따른 가압류취소신청

① 채권자가 3년간 본안의 소를 제기하지 않음에 따라 가압류취소신청을 하려는 자는 가압류취소신청서(당사자 수+1부)를 작성하고 소명방법에 기재된 첨부서류를 가압류 명령을 결정한 법원에 제출해야 합니다. 다만, 본안이 이미 계속된 때에는 본안법원에 제출해야 합니다(민사집행법 제288조제2항).

② 채권자가 3년간 본안의 소를 제기하지 않음에 따라 가압류취소를 신청하려는 자는 10,000원의 수입인지를 구입하고 당사자 1명당 8회분의 송달료(당사자 수 × 8회 × 3,700원)를 예납해야 합니다(민사소송 등 인지법 제9조제2항, 민사접수서류에 붙일 인지액 및 그 편철방법 등에 관한 예규 제3조·별표, 민사소송법 제116조제1항, 민사소송규칙 제19조제1항제1호, 송달료규칙 제2조, 송달료규칙의 시행에 따른 업무처리요령」 제7조제1항·별표 1 및 국내 통상우편요금 및 우편이용에 관한 수수료 별표).

10. 사정변경 등에 의한 가압류취소의 심리와 재판

10-1. 관할법원
사정변경 등에 의한 가압류취소신청에 대한 재판은 가압류를 명한 법원이 관할법원이 됩니다. 다만, 본안이 이미 계속된 때에는 본안법원이 관할법원이 됩니다(민사집행법 제288조제2항).

10-2. 심리와 재판
① 사정변경 등에 의한 가압류취소 신청은 변론 또는 당사자 쌍방이 참여할 수 있는 심문절차를 거쳐 결정으로 재판되어야 합니다(민사집행법 제288조제3항, 제286조제1항 및 제3항).

② 법원은 심리를 종결하고자 하는 경우에는 상당한 유예기간을 두고 심리를 종결할 기일을 정하여 이를 당사자에게 고지해야 합니다. 다만, 변론기일 또는 당사자 쌍방이 참여할 수 있는 심문기일에는 즉시 심리를 종결할 수 있습니다(민사집행법 제288조제3항 및 제286조제2항).

③ 가압류를 취소하는 결정을 하는 경우 채권자가 그 고지를 받은 날부터 2주를 넘지 아니하는 범위에서 상당하다고 인정하는 기간이 경과하여야 그 결정의 효력이 생긴다는 뜻을 선언할 수 있습니다(민사집행법 제288조제3항 및 제286조제6항).

10-3. 사정변경 등에 의한 가압류취소 결정에 대한 불복
① 가압류취소결정에 대하여는 즉시항고를 할 수 있습니다. 이 경우 집행정지의 효력은 발생하지 않습니다(민사집행법 제288조제3항, 제

286조제7항 및 민사소송법 제447조).

② 가압류를 취소하는 결정에 대하여 즉시항고를 하는 경우 채권자는 다음과 같은 요건을 갖추어 법원에 가압류취소결정의 효력정지신청을 할 수 있고, 법원은 그 신청에 따라 담보를 제공하게 하거나 담보를 제공하지 아니하게 하고 가압류취소결정의 효력을 정지시킬 수 있습니다(민사집행법 제289조제1항).

1. 불복의 이유로 주장한 사유가 법률상 정당한 사유가 있다고 인정되고 그 사실에 대한 소명이 있어야 합니다.

2. 가압류를 취소함으로 인하여 회복할 수 없는 손해가 생길 위험이 있다는 사정에 대한 소명이 있어야 합니다.

■ 보증인의 구상권 행사 시 피구상자의 채권자가 한 가압류의 효력을 주장할 수 있는지요?

Q. 甲은 乙과 함께 채무자 丙의 채권자 丁에 대한 채무에 대하여 연대보증을 하였는데, 丙이 그 채무를 변제하지 않자 채권자 丁은 연대보증인 甲과 乙의 부동산에 각각 가압류를 하였습니다. 그런데 甲이 가압류된 부동산을 매도하여야 할 필요성이 있어 위 보증채무를 전액 변제하였습니다. 이 경우 甲이 乙의 부담부분에 대한 구상금채권을 변제받기 위하여, 丁이 행한 乙의 부동산에 대한 가압류를 甲의 乙에 대한 구상금채권을 피보전권리로 하는 것으로 주장할 수 있는지요?

A. 연대보증인간에 어느 연대보증인이 변제 기타 자기의 출재로 공동면책 시킨 경우 다른 연대보증인의 부담부분에

대하여 구상권을 행사할 수 있으며(민법 제448조 제2항, 제425조), 그 부담부분은 특별히 정한 바가 없으면 균등한 비율로 부담하게 됩니다(민법 제439조, 제408조).

그리고 변제할 정당한 이익이 있는 자는 변제로 당연히 채권자를 대위하고(민법 제481조), 채권자를 대위한 자는 자기의 권리에 의하여 구상할 수 있는 범위에서 채권 및 그 담보에 관한 권리를 행사할 수 있습니다(민법 제482조 제1항). 그런데 자기의 부담부분을 넘은 변제를 한 보증인이 다른 보증인에 대하여 구상권을 행사하는 경우, 그 보증인이 채권자가 한 가압류의 효력을 주장할 수 있는지에 관하여 판례는 "수인의 보증인이 있는 경우에 어느 보증인이 자기의 부담부분을 넘은 변제를 한 때에는 다른 보증인에 대하여 구상권을 행사할 수 있고, 그 구상권의 범위 내에서 종래 채권자가 가지고 있던 채권 및 그 담보에 관한 권리는 법률상 당연히 그 변제자에게 이전되는 것이므로, 채권자가 어느 공동보증인의 재산에 대하여 가압류결정을 받은 경우에, 그 피보전권리에 관하여 채권자를 대위하는 변제자는 채권자의 승계인으로서, 가압류의 집행이 되기 전이라면 민사소송법 제708조(현행 민사집행법 제31조) 제1항에 따라 승계집행문을 부여받아 가압류의 집행을 할 수 있고, 가압류의 집행이 된 후에는 위와 같은 승계집행문을 부여받지 않더라도 가압류에 의한 보전의 이익을 자신을 위하여 주장할 수 있다."라고 하였습니다(대법원 1993. 7. 13. 선고 92다33251 판결).

또한, 변제를 한 보증인이 다른 보증인의 사정변경에 의한 가압류취소신청에 참가하여 다툴 수 있는지에 관하여 위 판례는 "변제를 한 보증인은 구상권의 범위 내에서 채권자가 다른 공동보증인에 대하여 가지고 있던 가압류의 피보전권리를 대위행사 할 수 있다고 보아야 할 것이므로, 가압류가 대위변제의 경우에 이전되는 담보에 관한 권리에 해당하지 아니한다거나, 위 변제로 인하여 가압류의 피보전권리가 변제를 한 보증인에게 이전되는 결과 채권자가 그 범위 내에서 피보전권리를 상실한다는 사정 때문에 가압류채권자의 지위를 승계한 보증인이 다른 공동보증인의 사정변경에 의한 가압류취소신청을 다툴 수 없는 것은 아니다."라고 하였습니다.

따라서 위 사안에서 연대보증인 甲은 다른 연대보증인 乙의 부담부분에 대한 구상금채권을 변제받기 위하여, 채권자 丁이 행한 乙의 부동산에 대한 가압류를 甲의 乙에 대한 구상금채권을 피보전권리로 하는 것으로 주장할 수 있을 것으로 보이고, 또한 乙이 공동면책 되었음을 이유로 丁을 상대로 사정변경에 의한 가압류취소신청을 제기할 경우에도 보조참가 하여 다툴 수 있을 것으로 보입니다.

(관련판례 1)

가압류의 목적인 채무자의 제3채무자에 대한 채권이 존재하지 않음이 밝혀졌다 하더라도 이는 가압류결정이 결과적으로 채권보전의 실효를 거둘 수 없게 됨에 그칠 뿐 이로써 가압류결정을 취소할 사유는 되지 못한다(대법원 1999. 3. 23. 선고 98다63100 판결).

(관련판례 2)

가압류의 피보전권리가 변제로 소멸된 경우에는 민사소송법 제706조 제1항에 정한 "사정변경에 의한 가압류취소" 사유가 되고, 가압류를 그 피보전권리와 다른 권리의 보전을 위하여 유용할 수 없다(대법원 1994. 8. 12. 선고 93므1259 판결).

(관련판례 3)
가압류 후 본안소송에서 패소하고 상소심에서 변경될 것 같지 아니하면 그 가압류결정은 사정변경을 이유로 취소될 수 있다(대법원 1977. 5. 10. 선고 77다471 판결).

부록

- 소액사건심판법
- 소액사건심판규칙

소액사건심판법

[시행 2008.1.1.] [법률 제7427호, 2005.3.31.]

제1조 (목적) 이 법은 지방법원 및 지방법원지원에서 소액의 민사사건을 간이한 절차에 따라 신속히 처리하기 위하여 민사소송법에 대한 특례를 규정함을 목적으로 한다.

제2조 (적용범위등) ①이 법은 지방법원 및 지방법원지원의 관할사건중 대법원규칙으로 정하는 민사사건(이하 "소액사건"이라 한다)에 적용한다.<개정 1975.12.31., 1980.1.4.>

②제1항의 사건에 대하여는 이 법에 특별한 규정이 있는 경우를 제외하고는 민사소송법의 규정을 적용한다.

제3조 (상고 및 재항고) 소액사건에 대한 지방법원 본원 합의부의 제2심판결이나 결정·명령에 대하여는 다음 각호의 1에 해당하는 경우에 한하여 대법원에 상고 또는 재항고를 할 수 있다.

1. 법률·명령·규칙 또는 처분의 헌법위반여부와 명령·규칙 또는 처분의 법률위반여부에 대한 판단이 부당한 때
2. 대법원의 판례에 상반되는 판단을 한 때

제4조 (구술에 의한 소의 제기) ①소는 구술로써 이를 제기할 수 있다.

②구술로써 소를 제기하는 때에는 법원서기관·법원사무관·법원주사 또는 법원주사보(이하 "법원사무관등"이라 한다)의 면전에서 진술하여야 한다.<개정 2001.1.29.>

③제2항의 경우에 법원사무관등은 제소조서를 작성하고 이에 기명날인하여야 한다.<개정 2001.1.29.>

제5조 (임의출석에 의한 소의 제기) ①당사자쌍방은 임의로 법원에 출석하여 소송에 관하여 변론할 수 있다.

②제1항의 경우에 소의 제기는 구술에 의한 진술로써 행한다.

제5조의2 (일부청구의 제한) ①금전 기타 대체물이나 유가증권의 일정한 수량의 지급을 목적으로 하는 청구에 있어서 채권자는 소액사건심판법의 적용을 받을 목적으로 청구를 분할하여 그 일부만을 청구할 수 없다.

②제1항의 규정에 위반한 소는 판결로 이를 각하하여야 한다.

[본조신설 1990.1.13.]

제5조의3 (결정에 의한 이행권고) ①법원은 소가 제기된 경우에 결정으로 소장부본이나 제소조서등본을 첨부하여 피고에게 청구취지대로 이행할 것을 권고할 수 있다. 다만, 다음 각호 가운데 어느 하나에 해당하는 때에는 그러하지 아니하다.

1. 독촉절차 또는 조정절차에서 소송절차로 이행된 때
2. 청구취지나 청구원인이 불명한 때
3. 그 밖에 이행권고를 하기에 적절하지 아니하다고 인정하는 때

②이행권고결정에는 당사자, 법정대리인, 청구의 취지와 원인, 이행조항을 기재하고, 피고가 이의신청을 할 수 있음과 이행권고결정의 효력의 취지를 부기하여야 한다.

③법원사무관등은 이행권고결정서의 등본을 피고에게 송달하여야 한다. 다만, 그 송달은 민사소송법 제187조, 제194조 내지 제196조에 규정한 방법으로는 이를 할 수 없다. <개정 2002.1.26.>

④법원은 민사소송법 제187조, 제194조 내지 제196조에 규정된 방법에 의하지 아니하고는 피고에게 이행권고결정서의 등본을 송달할 수 없는 때에는 지체없이 변론기일을 지정하여야 한다. <개정 2002.1.26.>

[본조신설 2001.1.29.]

제5조의4 (이행권고결정에 대한 이의신청) ①피고는 이행권고결정서의 등본을 송달받은 날부터 2주일내에 서면으로 이의신청을 할 수 있다. 다만, 그 등본이 송달되기 전에도 이의신청을 할 수 있다.

②제1항의 기간은 불변기간으로 한다.

③법원은 제1항의 이의신청이 있는 때에는 지체없이 변론기일을 지정하여야 한다.

④이의신청을 한 피고는 제1심 판결이 선고되기 전까지 이의신청을 취하할 수 있다.

⑤피고가 이의신청을 한 때에는 원고가 주장한 사실을 다툰 것으로 본다.

[본조신설 2001.1.29.]

제5조의5 (이의신청의 각하) ①법원은 이의신청이 적법하지 아니하다고 인정되는 경우에는 그 흠을 보정할 수 없으면 결정으로 이를 각하하여야 한다.

②제1항의 결정에 대하여는 즉시항고를 할 수 있다.

[본조신설 2001.1.29.]

제5조의6 (이의신청의 추후보완) ①피고는 부득이한 사유로 제5조의4제1항의

기간내에 이의신청을 할 수 없었던 경우에는 그 사유가 없어진 후 2주일내에 이의신청을 추후보완할 수 있다. 다만, 그 사유가 없어질 당시 외국에 있는 피고에 대하여는 그 기간을 30일로 한다.

②피고는 이의신청과 동시에 서면으로 그 추후보완사유를 소명하여야 한다.

③법원은 추후보완사유가 이유 없다고 인정되는 때에는 결정으로 이의신청을 각하하여야 한다.

④제3항의 결정에 대하여는 즉시항고를 할 수 있다.

⑤이의신청의 추후보완이 있는 때에는 민사소송법 제500조를 준용한다. <개정 2002.1.26.>

[본조신설 2001.1.29.]

제5조의7 (이행권고결정의 효력) ①이행권고결정은 다음 각호 가운데 어느 하나에 해당하면 확정판결과 같은 효력을 가진다.

1. 피고가 제5조의4제1항의 기간내에 이의신청을 하지 아니한 때

2. 이의신청에 대한 각하결정이 확정된 때

3. 이의신청이 취하된 때

②법원사무관등은 이행권고결정이 확정판결과 같은 효력을 가지게 된 때에는 이행권고결정서의 정본을 원고에게 송달하여야 한다.

③제1항에 해당하지 아니하는 이행권고결정은 제1심 법원에서 판결이 선고된 때에는 그 효력을 잃는다.

[본조신설 2001.1.29.]

제5조의8 (이행권고결정에 기한 강제집행의 특례) ①이행권고결정에 기한 강제집행은 집행문을 부여받을 필요 없이 제5조의7제2항의 결정서의 정본에 의하여 행한다. 다만, 다음 각호 가운데 어느 하나에 해당하는 경우에는 그러하지 아니하다.

1. 이행권고결정의 집행에 조건을 붙인 경우

2. 당사자의 승계인을 위하여 강제집행을 하는 경우

3. 당사자의 승계인에 대하여 강제집행을 하는 경우

②원고가 여러 통의 이행권고결정서의 정본을 신청하거나, 전에 내어준 이행권고결정서 정본을 돌려주지 아니하고 다시 이행권고결정서 정본을 신청한 때에는 법원사무관등이 이를 부여한다. 이 경우 그 사유를 원본과 정본에 적어야 한다.

③청구에 관한 이의의 주장에 관하여는 민사집행법 제44조제2항의 규정에 의한 제한을 받지 아니한다. <개정 2002.1.26.>

[본조신설 2001.1.29.]

제6조 (소장의 송달) 소장부본이나 제소조서등본은 지체없이 피고에게 송달하여야 한다. 다만, 피고에게 이행권고결정서의 등본이 송달된 때에는 소장부본이나 제소조서등본이 송달된 것으로 본다.
[전문개정 2001.1.29.]

제7조 (기일지정 등) ①소의 제기가 있는 경우에 판사는 민사소송법 제256조 내지 제258조의 규정에 불구하고 바로 변론기일을 정할 수 있다.
②제1항의 경우에 판사는 되도록 1회의 변론기일로 심리를 마치도록 하여야 한다.
③제2항의 목적을 달성하기 위하여 판사는 변론기일전이라도 당사자로 하여금 증거신청을 하게 하는 등 필요한 조치를 취할 수 있다.
[전문개정 2002.1.26.]

제7조의2 (공휴일, 야간의 개정) 판사는 필요한 경우 근무시간외 또는 공휴일에도 개정할 수 있다.
[본조신설 1990.1.13.]

제8조 (소송대리에 관한 특칙) ①당사자의 배우자·직계혈족 또는 형제자매는 법원의 허가없이 소송대리인이 될 수 있다. <개정 2005.3.31.>
②제1항의 소송대리인은 당사자와의 신분관계 및 수권관계를 서면으로 증명하여야 한다. 그러나 수권관계에 대하여는 당사자가 판사의 면전에서 구술로 제1항의 소송대리인을 선임하고 법원사무관등이 조서에 이를 기재한 때에는 그러하지 아니하다.<개정 2001.1.29.>

제9조 (심리절차상의 특칙) ①법원은 소장·준비서면 기타 소송기록에 의하여 청구가 이유없음이 명백한 때에는 변론없이 청구를 기각할 수 있다.
②판사의 경질이 있는 경우라도 변론의 갱신없이 판결할 수 있다.

제10조 (증거조사에 관한 특칙) ①판사는 필요하다고 인정한 때에는 직권으로 증거조사를 할 수 있다. 그러나 그 증거조사의 결과에 관하여는 당사자의 의견을 들어야 한다.
②증인은 판사가 신문한다. 그러나 당사자는 판사에게 고하고 신문할 수 있다.
③판사는 상당하다고 인정한 때에는 증인 또는 감정인의 신문에 갈음하여 서면을 제출하게 할 수 있다.

④삭제 <2002.1.26.>

제11조 (조서의 기재생략) ①조서는 당사자의 이의가 있는 경우를 제외하고 판사의 허가가 있는 때에는 이에 기재할 사항을 생략할 수 있다.

②제1항의 규정은 변론의 방식에 관한 규정의 준수와 화해·인낙·포기·취하 및 자백에 대하여는 이를 적용하지 아니한다.

제11조의2 (판결에 관한 특례) ①판결의 선고는 변론종결후 즉시 할 수 있다.

②판결을 선고함에는 주문을 낭독하고 주문이 정당함을 인정할 수 있는 범위안에서 그 이유의 요지를 구술로 설명하여야 한다.

③판결서에는 민사소송법 제208조의 규정에 불구하고 이유를 기재하지 아니할 수 있다. <개정 2002.1.26.>

[본조신설 1990.1.13.]

제12조 ~ 제14조 삭제 <1990.1.13.>

제15조 삭제<1996.11.23.>

제16조 (시행규칙) 이 법 시행에 관하여 필요한 사항은 대법원규칙으로 정한다.

　　부칙　　<제7427호, 2005.3.31.>　　(민법)

제1조 (시행일) 이 법은 공포한 날부터 시행한다. 다만, …생략… 부칙 제7조(제2항 및 제29항을 제외한다)의 규정은 2008년 1월 1일부터 시행한다.

제2조 ~ 제7조 생략

소액사건심판규칙

[시행 2017.1.1.] [대법원규칙 제2694호, 2016.11.29., 일부개정]

제1조(목적) 이 규칙은 소액사건심판법(이하 "법"이라 한다)의 시행에 필요한 사항을 규정함을 목적으로 한다.
[전문개정 2001.2.3.]

제1조의2(소액사건의 범위) 법 제2조제1항에 따른 소액사건은 제소한 때의 소송목적의 값이 3,000만원을 초과하지 아니하는 금전 기타 대체물이나 유가증권의 일정한 수량의 지급을 목적으로 하는 제1심의 민사사건으로 한다. 다만, 다음 각호에 해당하는 사건은 이를 제외한다. <개정 1987.8.19., 1993.9.8., 1997.12.31., 2002.6.28., 2016.11.29.>
1. 소의 변경으로 본문의 경우에 해당하지 아니하게 된 사건
2. 당사자참가, 중간확인의 소 또는 반소의 제기 및 변론의 병합으로 인하여 본문의 경우에 해당하지 않는 사건과 병합심리하게 된 사건
[전문개정 1985.12.23.]

제2조(상고 또는 재항고 이유서의 기재방식) 상고 또는 재항고 이유서에는 법 제3조 각호에 해당되는 사유만을 구체적으로 명시하여야 하며 이밖의 사유를 기재한 때에는 기재하지 아니한 것으로 본다.

제3조(구술제소) ①법 제4조 또는 법 제5조제2항에 의하여 구술제소를 하는 경우에 법원서기관, 법원사무관, 법원주사 또는 법원주사보(이하 "법원사무관등"이라 한다)는 제소조서의 말미에 민사소송법 제274조제1항에 규정된 사항을 첨가할 수 있다. <개정 2002.6.28.>
② 삭제 <2001.2.3.>
[전문개정 1990.8.21.]

제3조의2(소장부본) 원고는 소장에 원고와 피고의 수에 1을 더한 숫자 만큼의 소장부본을 첨부하여야 한다.
[본조신설 2001.2.3.]

제3조의3(변론기일 지정신청) ①원고는 법 제5조의3제1항에 의한 이행권고결정이 피고에게 송달되지 아니하여 법원으로부터 피고의 주소에 대한 보정명령을 받은 경우에 민사소송법 제187조 또는 제194조 내지 제196조에 규정된 방법에 의하지 아니하고는 송달할 방법이 없음을 소명하여 변론기일 지정신

청을 할 수 있다. <개정 2002.6.28.>

②제1항의 경우에 법원은 지체없이 변론기일을 지정하여야 한다.

[본조신설 2001.2.3.]

제4조 삭제 <1991.8.26.>

제5조(최초의 기일통지서의 기재사항) ①법 제7조제2항의 목적을 달성하기 위하여 원고에 대한 최초의 기일통지서에는 다음 각호의 사항을 적어야 한다. <개정 1988.5.4., 1990.8.21., 2001.2.3., 2002.6.28.>

1. 최초의 기일에 필요한 모든 증거방법을 제출할 수 있도록 사전 준비를 할 것

2. 최초의 기일전이라도 증거신청이 가능하다는 것

3. 서증을 제출할 때에는 동시에 그 사본 2통을 첨가하여 제출하여야 한다는 것(상대방의 수가 2인이상일 때에는 그 수에 1을 더한 통수)

4. 증인신문을 신청하는 때에는 신청서와 동시에 신문사항의 요령을 기재한 서면 4통을 제출하여야 한다는 것(상대방의 수가 2인이상일 때에는 그 수에 3을 더한 통수)

② 삭제 <2001.2.3.>

[제목개정 2002.6.28.]

제6조(서면신문의 방식) ①법 제10조제3항에 의하여 신문에 갈음하여 서면을 제출하기로 결정된 증인 또는 감정인은 법원에 그 신문서를 제출할 때에 주민등록표 초본이나, 동·이장이 그 동일성을 증명하는 서면을 첨부하여야 한다.

②증인 또는 감정인에 대한 서면신문은 재판사무에 관한 문서양식에 따른 신문서를 송달하여 행한다. <개정 1988.5.4., 1990.8.21., 2002.6.28.>

③신문서에는 증인 또는 감정인이 서명·날인하여야 한다.

제7조 삭제 <2001.2.3.>

제8조(민사소송규칙의 적용) 소액사건의 심판에 관하여 이 규칙에 특별한 규정이 있는 경우를 제외하고는 민사소송규칙의 규정을 적용한다.

[전문개정 1990.8.21.]

제9조 삭제 <1990.8.21.>

제10조 삭제 <1990.8.21.>

제11조 삭제 <1988.2.13.>

　　부칙　<제2694호, 2016.11.29.>
제1조(시행일) 이 규칙은 2017년 1월 1일부터 시행한다.
제2조(경과조치) 이 규칙 시행 당시 법의 적용을 받지 않는 사건으로서 법원에
　　계속 중인 사건에 관하여는 종전의 예에 의한다.

◆ 편저 김 만 기 ◆

- 전(前) 서울지방법원민사과장
- 전(前) 고등법원종합민원실장
- 저서 : 자동차사고의 법률적 해법과 지식(공저)
  법인등기실무
  의료사고의료분쟁속시원하게해결해드립니다(공저)
  채권채무 정석 요해
  채무 소액소장 사례실무
  이 정도도 모르면 대부업체 이용하지 마세요

대법원판례와 법제처 생활법령 사례들을 취합한

채권회수 비법과 묘수	定價 24,000원

2024年 3月 05日 2판 인쇄
2024年 3月 10日 2판 발행
　편 저 : 김 만 기
　발행인 : 김 현 호
　발행처 : 법문 북스
　공급처 : 법률미디어

１５２－０５０
서울 구로구 경인로 54길4(구로동 636-62)
TEL : 2636-2911 ~ 3, FAX : 2636 ~ 3012
등록 : 1979년 8월 27일 제5-22호
Home : www.lawb.co.kr

ISBN 978-89-7535-594-3 13360
이 도서의 국립중앙도서관 출판예정도서목록(CIP)은 서지정보유
통지원시스템 홈페이지(http://seoji.nl.go.kr)와 국가자료공동목
록시스템(http://www.nl.go.kr/kolisnet)에서 이용하실 수 있
습니다. (CIP제어번호 : CIP2017011158)
파본은 교환해 드립니다.